JN312086

Japanese Higher Education Reforms at a Turning Point

転換期日本の大学改革

アメリカとの比較

From Comparative Perspectives
between Japan and the United States

江原 武一

東信堂

はしがき

　日本の大学は現在、激動の転換期にあり、抜本的な改革が要請されている。このようなときに必要なのは、なによりもまず幅広い視野からその実状を的確に把握することであり、さらにそれをふまえて、21世紀日本の新しい大学にふさわしい将来構想（グランドデザイン）を構築し、その実現に向けて正面から一歩ずつ着実にとりくむことだろう。この本は、そうした観点から日本の大学改革の特徴と課題を、主にアメリカとの比較を手がかりにして明らかにし、その将来の方向を見通すことを意図している。

　現在の日本の大学改革の起点は、1984（昭和59）年に設置された臨時教育審議会に求められる。その答申にもとづいた改革は教育制度全般を対象としており、西欧の近代教育を導入した明治初期の改革、第二次世界大戦後の教育改革との対比で、第三の教育改革ともいわれる。このときから今日まで、とくに90年代以降、日本では文部科学省を中心にした政府行政当局が主導する形で、数多くの答申や報告が公表され、それらを受けて矢継ぎ早に大学政策が実施されてきた。個別の大学レベルでも行政主導の改革の大波が押し寄せるにつれて、さまざまな改革が進められるようになった。

　ところで国際比較の観点からみると、大学改革は日本のみならず世界各国で同時進行の形で進められてきている。その背景には絶え間なく変動する国際社会の大きな流れがあり、大学改革の動向を左右してきた。

　たとえばアメリカ、イギリス、フランス、西ドイツ、日本の主要先進5カ国が参加するG5（ジー・ファイブ）は、1986年にイタリアとカナダが加わってG7になったが、欧州連合（EU）も参加する財務大臣・中央銀行総裁会議を定期的に開催し、国際経済や通貨問題などに関する政策協調を推進してきた。しかしその後1998年にはロシア、さらに1999年には新興経済国12カ国

が加わって、20カ国・地域 (G20) の財務大臣・中央銀行総裁会議を開催し、国際社会のあり方を議論するようになった。

アメリカが実質的に主導してきた一極集中的なグローバル化は、経済成長が著しい BRICs、つまりブラジル、ロシア、インド、中国の台頭にともない、多極化の方向に進み、環境問題や人口問題などのグローバルな課題を解決する新しいアプローチが模索されている。また世界各国の政府の役割は80年代以降、「大きな政府」から「小さな政府」に変わり、政府の権限を縮小し、国民の自助努力や市場競争の原理を重視する政策が実施されてきたが、アメリカを震源地とする2008年の世界的経済危機を契機に、その見直しがようやくはかられようとしている。

日本の大学改革はこうした国際社会の動向をはじめ、日本社会の政治的経済的状況や政府の大学政策などの学外の諸力によって大きく左右されるところがある。しかし大学改革にとって重要なのは、各大学が一方で大学間の連携協力を推進しながら、自発的、主体的に改革を実施していくことである。そしてそのためには、大学関係者は80年代以降の日本の大学改革の歩みを幅広い視野から系統的にたどり、自らの国内外の立ち位置をあらためて確かめてみる必要があるのではないか。

本書の1章では、このような観点から、転換期における大学改革の主要な社会的背景を、①社会のグローバル化、②「小さな政府」の大学政策、③情報技術(IT)革新の進展の3つに集約して、大学改革の世界的動向を概観する。またそうした学外の環境変化に対応した大学改革の方向を、①大学経営の健全化、②増大する利害関係者（ステークホルダー）のニーズへの対応、③多様化する大学の3つに絞って整理することにより、日本の大学改革を考察する際のポイントを探ってみたい。

続いて2章と3章では、日本の大学が90年代初頭にどのような状況になっていたのかを、大学教員の目を通して日米比較の視点から整理する。転換期における日本の大学改革の出発点の状況を集約して理解するためである。さらに3章の後半では、4章以降の議論を展望することもかねて、その後の15年間にわたる日本の大学改革の成果の一端を実証的に確認する。

現在日本で進められている大学改革の目玉の1つは、大学教育の改革である。ところがこれまでの改革では大学教育のイメージが非常に不明確なまま、改革論議や提言、実際の改革が行われてきたように思われる。しかし幅広い社会的な関心や支持をえて、実質的な大学教育の改革を進めるには、なによりもまずそのイメージを明確にし、地に足のついた改革を実施する必要がある。

　4章から6章までの3つの章では、そうした観点から日本の大学教育の改革動向について、戦後日本の大学改革のモデルになってきたアメリカの動向を主に参照しながら分析し、その特徴と今後の改革の方向を整理する。大学教育は教育段階をめやすにすると、学部教育と大学院教育に分かれるが、4章と5章では主に学部教育の改革に、また6章では主に大学院教育の改革に焦点をあわせる。

　7章のテーマは管理運営改革である。この章では、大学における管理運営改革の世界的な動向を集約した後、日本の大学における管理運営改革を国立大学を中心に設置者別に整理する。さらにアメリカの大学における管理運営改革の考察を通して、日本の大学が対処すべき管理運営改革の課題についてまとめてみたい。

　大学評価は大学の教育研究水準の向上をはかり、その目的や社会的使命を達成するために重要な役割を果たしている。日本の大学にふさわしい大学評価、とくに大学の自己点検・評価を中核とした大学主導の大学評価を実質的に定着させるのは、日本の大学改革にとって非常に意義のあることである。8章では、このような観点から日本の大学評価制度の概要をまとめるとともに、大学の自己点検・評価の改革課題と大学主導の大学評価を左右する条件について、近年の日米の先行研究も参照しながら整理する。

　最後に終章では、これらの分析をふまえて、日本の大学改革のゆくえについて展望する。世界同時進行の大学改革には共通する面も少なくないが、日本は自分の国に最もふさわしい大学改革を推進する必要がある。政府の大学政策のポイントは、日本社会にふさわしい明確な将来構想（グランドデザイン）をふまえた大学政策を立案し、着実に実施していくことである。それと同時

に、現在の大学改革では、個別の大学における大学主導の大学改革が強く要請されている。大学をとりまく環境は非常に厳しいけれども、各大学はその理念や改革の基礎になる手持ちの資源や条件をふまえて、自らにふさわしい改革を独自に進めなければならない。

本書でとりあげたテーマは大学改革の世界的動向や基本的方向性、学部教育と大学院教育、大学の管理運営、大学評価など、きわめて限られている。大学の財政や大学における研究活動などの重要なテーマも正面からとりあげているわけではない。しかしこの本が転換期における日本の大学改革に関心のある学生や研究者をはじめ、大学関係者、とくに大学の経営や管理運営に直接たずさわっていたり、学内で実際に改革を進めている大学教職員、あるいは現代日本の大学の諸問題に興味と関心のある読者にとって、日本の大学改革の特徴と課題を幅広い視野から理解するのに少しでもお役に立てば幸いである。

私は大学卒業後、主に教育社会学と比較教育学を専攻して仕事を進めてきた。最も興味と関心がありエネルギーを注いできた研究テーマは本書と同じ大学問題である。私はこれまでに3冊の単著を刊行した。最初の著作『現代高等教育の構造』(1984年)は学位論文をベースにしており、第二次世界大戦後の日本の高等教育の大衆化過程を、主に全国レベルの調査データの統計的解析を通して社会学的に解明することを意図したものである。2冊目の『現代アメリカの大学——ポスト大衆化をめざして』(1994年)と3冊目の『大学のアメリカ・モデル——アメリカの経験と日本』(1994年)は姉妹書として位置づけられ、いずれも世界に先駆けて大衆化を達成した現代アメリカの大学像を、主に全米レベルの調査データの統計的解析を通して比較社会学的に解明することを試みたものである。4冊目の本書では、これらの経験をふまえて日米比較の視点から、現在の日本の大学改革の歩みをたどり、その将来の方向を見通すことを試みてみた。

この本をまとめるにあたって、多くの方々や機関のお世話になった。大学問題を調べるときにはこれまで、主に文献研究や調査データの統計的解析に依拠してきた。共同研究の実施や国際会議への参加のために、アメリカをは

じめ、ドイツや中国、台湾、韓国などを訪問したのも、大学改革の理解にとって非常に有益であった。それに加えて、この10年ほどは大学改革の現場近くに居合わせたり、身近で観察する機会にも恵まれた。その主なものは次の通りである。

現在勤務している立命館大学では、教育開発推進機構に所属して、大学教員の教育改善を支援する教員研修（FD）をはじめ、全学でとりくまれている大学教育改革のお手伝いをしてきた。『立命館百年史』「通史」第三巻を編纂中の立命館百年史編纂室事務局会議では、通史の何気ない記述に込められた膨大な情報や関係者の万感に圧倒され続けている。講師として参加した国際部国際協力事業課の「中国の大学管理運営幹部特別研修」や大学行政研究・研修センターの「大学アドミニストレーター養成プログラム」では、大学改革のあり方や実践的方策について受講生の方々からたくさん教えて頂いた。これらの作業を通じて、大学教員と大学職員の教職協働の一端を知ることができたのも貴重な経験である。

この他に、社会的活動として大学基準協会の特色ある大学教育支援プログラム（特色 GP）実施委員会委員、大学コンソーシアム京都の「大学アドミニストレータ研修プログラム」と SD（職員研修）研究の実施、文部科学省の大学設置・学校法人審議会大学設置分科会特別委員、日本学術振興会の科学研究費委員会専門委員、総務省の日本学術会議連携会員などを経験させて頂いた。それから大学改革に直接タッチしたわけではないが、奈良教育大学の経営協議会学外委員と学長選考会議委員、京都府の京都府公立大学法人評価委員会委員、福山市の大学設置基本構想検討委員会委員などを通して、大学改革の現場の雰囲気を実感させて頂いた。

本書の執筆当初は、こうした経験を日本の大学改革を考察する際に生かせるのではないかと密かに期待していた。しかし実際にはほとんど言及することができなかった。たしかに大学改革に関連した用語や事業などについて断片的な理解を深めることはできたかもしれないが、日本の大学改革を具体的な事実や実態に即して理解したり分析したりするのは非常に難しいことをますます実感するようになったからである。その意味では、本書は私にとって

日本の大学改革を理解するための出発点であり、今後も機会があれば少しずつ学んでいきたいと心積りしている。

東信堂の下田勝司社長には、この本の出版を勧めて頂いただけでなく、お会いするたびに暖かい激励や助言をたまわった。またご多忙にもかかわらず、きわめて質の高い編集をして頂いた。いちいちお名前を記す余裕はないけれども、この他にも多くの方々からご支援、ご助言を頂いた。この場を借りて厚くお礼を申し上げたい。

2009年12月21日

江原　武一

転換期日本の大学改革——アメリカとの比較／目次

はしがき ……………………………………………………………… i

1章　転換期の大学改革 …………………………………… 3

1　転換期の日本の大学改革 ……………………………… 3
予想よりもはるかに早い改革のスピード (3)
行政主導で進められてきた日本の大学改革 (4)
短期間に進んだ個別大学の改革の状況 (6)

2　大学改革の世界的動向 ………………………………… 7
世界同時進行の大学改革 (7)
社会のグローバル化の進展 (8)
国境を超える大学 (10)
「小さな政府」の登場 (12)
「小さな政府」の大学政策 (13)
大学改革をうながす情報技術 (IT) 革新 (14)

3　大学改革の基本的方向 ……………………………… 16
大学経営の健全化 (16)
管理運営組織改革の要請 (17)
増大する利害関係者のニーズへの対応 (17)
強化される公的資金の重点配分 (18)
重点投資政策のゆくえ——日本 (19)
多様化する大学 (20)
増加する多様な「隙間 (ニッチ)」志向の大学 (21)

4　「合わせ鏡」としてのアメリカの大学改革 …………… 22
有利な位置にあるアメリカの大学 (22)
進展する大学制度の多元的構造化と多様化 (25)
アメリカ・モデルの日本的受容 (26)

大学改革の日米比較：本書の構成 (30)

2章　大学教員のみた日米の大学(1) ……………33

1　大学改革のはじまり：90年代初頭の位置 …………33
新しい状況への対応をめざして (33)
研究大学と一般大学の役割分担 (34)

2　ゆらぐ大学教員の大学像 ………………36
多様化する大学の社会的役割 (36)
社会が求める科学技術研究の推進と高学歴人材の育成 (37)
距離のある大学政策の方向と大学教員の大学像 (40)

3　アクセスの拡大と質の維持 ……………40
避けられない学生の多様化と質の低下 (41)
形式的な大学教育改革の進展 (42)
忘れられたアクセスをめぐる課題 (43)

4　教育と研究のバランス ……………45
研究志向が多い日本の大学教員 (45)
求められる教育活動の評価と処遇 (46)

3章　大学教員のみた日米の大学(2) ……………50

1　キャンパスライフの条件整備 ……………50
置き去りにされた大学教職員の待遇改善 (50)
満足度の低い「昇進の見通し」と「大学の運営方針」(51)
研究活動に多くの時間を割く日本の大学教員 (53)
額面ではアメリカよりも年間収入が多い日本の大学教員 (54)
職業として「望ましい」大学教員 (56)
これからはじまる大学教職員受難の時代 (56)

2　管理運営の課題 ……………58

分権化している人事関係の意思決定 (58)
　　最も分権的な日本の国立一般大学 (60)
　　教授団革命があてはまらない大学の管理運営 (61)
　　必要な効率化と民主化の調整 (62)
　　関心の低い大学職員と学生の参加ルートの構築 (63)
　3　アカウンタビリティと大学評価 …………………………………64
　　大学教員の評価が普及しているアメリカの大学 (64)
　　学生による評価は教育活動が中心 (66)
　　自己点検・評価をベースにしたアメリカの大学評価 (67)
　　第三者評価と評価結果にもとづく資源配分へのシフト (70)
　4　大学改革の成果：1992年と2007年の比較 ………………72
　　教育志向が確実に増えた日本の大学教員 (72)
　　進展したキャンパスライフの条件整備 (74)
　　集権化した所属大学の管理運営 (76)
　　急速に普及した教育研究活動の評価 (77)

4章　大学教育の改革——アメリカ・モデルと日本 …………79

　1　大学教育改革の方向 ………………………………………………79
　　あいまいな大学教育のイメージ (79)
　　高学歴人材の育成をめざす大学教育改革 (81)
　　大学教育を構成する学部教育と大学院教育 (83)
　　流動的な教養教育と専門職業教育の区分 (84)
　2　大学教育の歴史をふりかえる ……………………………………86
　　大学の役割に研究を加えた「第2の科学革命」(86)
　　アメリカで発明された大学院 (88)
　　高等教育の大衆化と大学教育改革の要請 (89)
　　変わる教養教育の位置と内容 (91)
　　選択制と専攻制の導入による学部教育の再編成 (95)

アメリカの学部教育カリキュラム (99)
　　　多様な学部教育カリキュラムの構成 (100)
　3　学部教育改革の進展 ……………………………………103
　　　アメリカ・モデルによる戦後大学改革 (103)
　　　圧縮された戦後日本の学部教育 (105)
　　　長い年月が必要な大学教育の再編成 (108)

5章　学部教育の改革 ……………………………………110

　1　学部教育改革の条件 ……………………………………110
　　　最終的な学校教育段階としての大学教育 (110)
　　　同世代の半分強を受け入れる大学教育 (112)
　　　不可欠な教養教育と専門職業教育 (113)
　　　専門分野や進路に応じた教養教育の比重 (114)
　　　問われる教養教育のあり方 (116)
　　　近代科学の成果にもとづいた学部教育 (119)
　2　改革の進展：21世紀初頭の国立大学を中心に …………122
　　　大学設置基準と学部教育カリキュラム (122)
　　　学部教育カリキュラムの現状：国立大学 (124)
　　　学部教育カリキュラムの構成 (129)
　　　教養教育の具体的な内容と科目編成 (132)
　　　大きく変わった学部教育の内容 (135)
　3　学部教育改革の課題と方向 ……………………………136
　　　学部教育に浸透する導入教育と補習教育 (136)
　　　多様な学生への対応 (140)
　　　学部教育の効用 (143)
　　　難しい学部教育の教養教育化 (147)

6章　大学院教育の改革 …………………………………150

1　大学院改革の進展 …………………………………………150
　大学院の制度的特徴 (150)
　大学院の拡充をめざす臨教審以降の改革 (152)
　転換期の大学院改革の位置 (153)
　大学院制度の弾力化 (155)
　先端的な科学技術の研究開発と人材育成 (157)
　大学院教育の改革動向 (158)

2　大学院教育の改革課題：90年代後半 …………………159
　進展する大学院教育の改革：90年代後半 (159)
　カリキュラムの構造改革 (160)
　　(1)専門職業教育中心の大学院教育 (160)　(2)カリキュラム改革の特徴 (161)　(3)教育方法の改革 (162)　(4)体系的な構造化と補習教育の導入 (163)
　教育研究条件の整備 (164)
　　(1)施設設備の充実 (164)　(2)人的支援体制の強化 (165)　(3)改革のポイント：教育と研究のバランス (166)　(4)改革のポイント：学習環境の整備 (167)

3　アメリカの大学院教育改革：改革の先行モデル ………169
　第二次世界大戦後急速に拡大した大学院教育 (169)
　比重の高い実学的な専攻分野 (170)
　専門分野によって異なる大学院学生の社会化 (171)
　　(1)文理系の専門分野 (172)　(2)伝統的な専門職の専門分野 (175)　(3)実学志向の専門分野 (176)
　90年代の大学院教育改革の動向 (178)
　　(1)文理系博士課程教育の課題 (178)　(2)実学志向の修士課程教育の課題 (183)

4　大学院教育改革の方向 ……………………………………184
　新しい大学院教育のあり方 (184)
　体系的なカリキュラムの構築 (186)
　教育研究の基礎的条件の整備 (187)

教育も研究も重視する大学教員 (188)

　要請される補習教育の充実 (188)

7章　管理運営の改革 ……………………………………………190

1　管理運営改革の方向 …………………………………………190
　注目されはじめた管理運営の改革 (190)

　マクネイの大学組織モデル：改革の方向 (193)

　　(1)大学の4つの組織文化：同僚性・官僚性・法人性・企業性 (193)　(2)大学組織の変化：同僚性・官僚性から法人性・企業性へ (198)　(3)マクネイ・モデルのメリットと留意点 (201)

2　管理運営の改革動向 …………………………………………204
　日本における大学組織の変化：概要 (204)

　大学と「小さな政府」との関係 (205)

　国立大学法人化のインパクト (206)

　公立大学の動向 (211)

　問われる私立大学の管理運営 (212)

　私立大学の改革課題 (214)

3　アメリカの管理運営改革 ……………………………………216
　大学の管理運営の基本的な特徴 (216)

　　(1)大学と政府との関係 (216)　(2)大学の管理運営組織の構造 (217)

　管理運営組織改革の方向 (221)

　権限共有型管理運営の状況 (222)

　　(1)「2001年大学管理運営調査」の見取図 (222)　(2)権限共有型管理運営のメリット (225)

　大学教員の団体交渉の展開 (228)

　　(1)大学教員組合の進展 (228)　(2)拡大する大学教員の団体交渉 (231)
　　(3)大学教員の団体交渉の役割 (233)

4　管理運営改革の課題 …………………………………………236
　大学の管理運営に不可欠な同僚性の組織文化 (236)

日本の大学にふさわしい実践的な大学経営組織の整備 (237)
　　「大学経営」の時代における大学アドミニストレータの役割 (238)
　　大学構成員の意思を反映した管理運営組織の構築 (239)

8章　大学評価の効用 ……………………………………240

1　日本の大学評価制度：概要 ……………………………240
　大学評価への関心の高まり (240)
　大学評価の分類と構造 (242)

2　評価主体別にみる大学評価の改革動向 ………………243
　強化される行政主導の大学評価 (243)
　問われる第三者組織による大学評価の有効性 (247)
　大学主導の大学評価の定着 (250)

3　大学の自己点検・評価の改革課題 ……………………251
　大学構成員による大学評価の意義や効用の共有 (251)
　多様な大学評価と連動した大学の自己点検・評価の構築 (253)
　学内の実施体制の整備 (254)
　教育を重視した評価項目の体系化 (255)
　学生の学習成果を中心にした評価指標の設定 (256)
　学部の自己点検・評価を積み上げて構築する全学の大学評価 (259)

4　大学主導の大学評価を左右する条件：アメリカの経験 …261
　大学との協働をめざす適格認定協会 (262)
　実績による資金配分政策の限界 (264)
　適切な評価手法の開発 (268)
　大学評価の改革の方向 (272)

終章　日本型大学改革のゆくえ ……………………………275

　日本型大学改革の推進 (275)

不可欠な大学の制度的自律性 (276)

明確な将来構想をふまえた大学政策の実施 (277)

大学主導の大学改革の推進 (278)

【注】……………………………………………………281

【参考文献】……………………………………………286

索　　引…………………………………………………300

転換期日本の大学改革
　　──アメリカとの比較

1章　転換期の大学改革

1　転換期の日本の大学改革

予想よりもはるかに早い改革のスピード

　この本がめざしているのは、現在進められている日本の大学改革の動向を、90年代以降を中心に、主にアメリカと比較しながら国際比較の観点からたどってみることである。

　日本の高等教育は現在、激動の転換期にあり、大学関係者の予想よりもはるかに速いスピードで変わりつつある。この改革の起点は議論の進め方によっていろいろ想定することができる。しかし後で述べるように、その背景を国際比較の観点から探ってみると、現在の大学改革は70年代後半からはじまったと考えられる。もっとも日本ではこれまで、文部省(現、文部科学省)を中心にした政府行政当局が主導する形で大学改革が進められてきたので、一般的には1984 (昭和59) 年に設置された臨時教育審議会からはじまったと考えてよいだろう。行政側の改革動向に限ってみても、このときから臨時教育審議会の答申をはじめ、その提言にもとづいて創設された大学審議会を中心に、数多くの答申や報告が公表され、それらを受けて矢継ぎ早に大学政策が実施されてきた。

　90年代以降、長くてますます見通しのきかない「冬の時代」を経験してきた大学も、それぞれの立場から急ピッチで改革を進めている。日本の大学、なかでも国立大学は自分から主体的にはなかなか変わらないと長い間いわれてきた。しかし行政主導の改革の波が押し寄せるにつれて、個別の大学レベルでも、目にみえる形で改革が進められるようになった。それに加えて、大

学の現状批判や改革論議もそれぞれの立場から盛んに行われている。ところがこれまでの動きをみると、日本の高等教育は、大学政策の面でも各大学の改革でも、当面する課題の解決に必ずしも適切に対処してきたようには思われない。明確な将来展望がないまま、目前の制度いじりにふりまわされて、改革の熱意を失った大学関係者も少なくないようである。

　しかし日本の大学にとって、抜本的な改革が求められているのはまぎれもない事実である。このようなときに必要なのは、なによりもまず幅広い視野からその実状を的確に把握することであり、さらにそれをふまえて、21世紀日本の新しい大学にふさわしい改革を構想し、その実現に向けて正面から一歩ずつ着実にとりくむことだろう。この本は、そうした観点から日本の大学改革の特徴と課題を、主にアメリカとの比較を手がかりにして明らかにし、その将来の方向を見通すことを意図している。

行政主導で進められてきた日本の大学改革

　ところで現在の日本の大学改革の最も大きな特徴は、個別の大学よりも行政が主導する形で改革が進められてきたことである。その出発点でもある臨時教育審議会は1985年から1987年にかけて、教育改革の基本理念とされる個性重視と生涯学習体系への移行の観点から4つの答申を提出し、教育全般についてさまざまな提言を行った。高等教育に関する提言には、その後の改革動向も考慮しながら整理すると、次のような特徴がみられる。

　まず第1に、現在の大学政策の大まかな方向はほとんどこの答申にもりこまれている。それはたとえば、大学改革の論議でよく使われる個性化や高度化、多様化、大綱化、個別化、活性化などといった改革の方向を示すキーワードが、答申のいたるところにちりばめられていることにもよくあらわれている。

　ただし臨教審答申が提言した教育改革全般について、その達成目標のあいまいさが指摘されたのと同様に、こうした大学政策の方向が収れんする将来の日本の大学像や改革の最終的な達成目標は必ずしも明確ではない（市川、1995年、31-32頁）。その後、97年10月に発足した第6期大学審議会は、文部

大臣から「21世紀の大学像と今後の改革方策について」諮問を受けた。この大学審議会の設置以来10年ぶりの包括的な諮問では、検討課題の第1の柱として21世紀の大学像がとりあげられ、日本の大学がめざすべき具体的な方向を国民に分かりやすく提示することがあらためて求められた。その翌年に公表された答申の副題「競争的環境の中で個性が輝く大学」は大学審議会としての1つの回答だが、どの程度大学関係者に共有されているのかは大いに疑問である（大学審議会、1998年）。

　第2に、臨時教育審議会の発想には、80年に設置された第二次臨時行政調査会の行財政改革に対する姿勢が色濃く反映している。この第二臨調は深刻化する財政難に対処し、「増税なき財政再建」をはかるために行財政改革を行うとともに、規制の緩和等により民間の活力を生かすことをめざしていた。臨教審答申では、こうした行財政改革との関連に留意しながら、改革の方向に即して資金の重点的・効率的配分に努め、国家財政全般との関連で適切な財政措置を講じていく必要があると提言された。また大学の質的向上にとって公的支出の充実は不可欠だとしても、それと同時に、大学への資金の多元的導入をうながし、その自主的な財源基盤を強化・充実することを求めたが、このような考え方は、その後の大学政策にも大きな底流として引き継がれている。

　第3の特徴は、大学改革は基本的に個別大学が自らの問題として自発的、主体的にとりくむべき課題であり、その使命と責任を認識し、社会の期待と信頼にそむかないように努めることが要請されていることである。つまり政府は改革の基礎的条件として、大学設置基準等の大綱化をはじめ、制度改革を実施したり、資金の重点的・効率的配分といった適切な財政措置を講じたりするけれども、具体的な課題の解決は個別大学がそれぞれ最もふさわしい方法で、自助努力によって実現すべきだと考えられている。

　第4は、日本の大学のあり方を基本的に審議し、大学に必要な助言や援助を提供し、文部大臣に対する勧告権をもつ恒常的な機関として、大学審議会の創設を提言したことである。大学審議会は87年に文部省（現、文部科学省）内に設置され、文部大臣から「大学等における教育研究の高度化、個性化及

び活性化等のための具体的方策について」諮問を受けた後、大学院の制度的弾力化や整備充実、大学教育や学位制度の改善、高等教育の計画的整備、大学運営の活性化、大学入試の改善など、数多くの答申や報告を公表し、文部省(現、文部科学省)はこれを受けた形で、高等教育関係の法規改正や各種の施策を実施した。

今からみると、この大学政策を重点的に審議する大学審議会の設置は、臨教審答申のハイライトといってもよいものだった[1]。その後2001(平成13)年には中央省庁等改革の一環として、省内に置かれていた他の6つの審議会とともに中央教育審議会に整理・統合され、同審議会の大学分科会として再編されたが、その間に行政主導の大学改革は急ピッチで進められたからである。

短期間に進んだ個別大学の改革の状況

それでは、こうした行政主導の大学改革の進展に対応して、自発的な改革の推進を要請された個々の大学は、どのような取組をしてきたのか。現在の大学改革の直接の契機になったのは91年の大学設置基準等の大綱化だが、文部科学省はそれ以降の個別大学における改革の状況を、大学における教育内容等を中心に毎年調査して公表している[2]。その結果によると、99％の大学は91年以降2001年までの10年間に、カリキュラム改革を実施していた。同様に92％の大学は自己点検・評価を実施しており、そのうち実施結果を公表したことがある大学も75％を数えた。評価結果の第三者による検証を実施した大学は39％である。

さらに2008年度の調査結果によれば、85％の大学は2002-06年度の5年間に限ってもカリキュラム改革を実施していた。また1999-2006年度の8年間に全学的な自己点検・評価を実施した大学は86％、そのうち実施結果を公表した大学は83％を数える。なお改革事項によってその進展にちがいはあるけれども、設置者別にみると、全体として改革にとりくむ大学が多かったのは国立大学である。

授業の質を高めるための具体的な取組状況をみると(2001年度)、シラバス(講義要項)の作成は98％、学生による授業評価は76％、高等学校の履修状況

に配慮した授業科目の開設は59％、教員研修（FD、ファカルティ・ディベロプメント）の開催は61％の大学が実施していた。開かれた大学づくりのための組織改革については、社会人特別選抜を実施した大学は学部では399校、大学院では331校を数えた。単位互換制度を設けている大学も2000年度には422校だったので、全体として短期間の間にかなり多くの大学で改革が実施されてきたといってよいだろう。

その後の進展を2008年度の調査結果で確かめると、シラバスの作成(96％)や学生による授業評価(74％)には大きな変化はみられないけれども、教員研修を実施した大学の比率は86％まで伸びた。社会人特別選抜を実施した大学も学部では483校、大学院では409校を数え、単位互換制度を設けている大学も567校まで増えている。その他に、新しい改革事項として、補習授業を実施した大学(33％)や初年次教育を導入した大学(71％)、職員研修(SD)を実施した大学(44％)なども公表されている。

このように多くの大学で改革が進められてきたが、こうした大学改革の進展をどのように理解し、どのように評価したらよいのか。また現在の改革はどのような発想にもとづいて行われており、今後の改革はどこにポイントを置いて進めればよいのか。本書では、そうした問題を考えるために、なによりもまず大学改革の背景や動向を国際比較の観点をふまえて探ることからはじめてみよう。

2　大学改革の世界的動向

世界同時進行の大学改革

大学が大きくゆれ動いているのは日本だけではない。大学改革は高等教育がすでに大衆化したアメリカやカナダをはじめ、イギリスやドイツ、フランスなどの西欧諸国、韓国や台湾といった東アジア諸国だけでなく、高等教育の大衆化が現在進行中の中国や東南アジア、南米などの発展途上諸国でも教育政策の重要な課題として関心を集めている。どの国でも大学制度はその普及度に関係なく激動の転換期にあり、抜本的な改革が同時進行の形で求めら

れているからだ。

　その背景を先進諸国を中心とした各国にほぼ共通する条件に絞ってみると、現在の改革は大学の内部の要因、たとえば大学を構成する大学教員や大学職員、学生の意識や行動とか、大学で扱う知識の性格などといった内部の状況の変化よりも、学外の諸力によって引き起こされていることが分かる。

　この本では、そうした世界同時進行の変革をうながす共通の主要な社会的背景を、分析的に①社会のグローバル化、②市場競争の原理を重視する「小さな政府」の大学政策、③情報技術 (IT) 革新の進展の３つに集約して、大学改革の世界的動向を概観する[3]。またそうした学外の環境変化に対応した大学改革の方向を、①大学経営の健全化、②増大する利害関係者 (ステークホルダー) のニーズへの対応、③多様化する大学の３つに絞って整理することを通して、日本の大学改革を考察する際のポイントを探ってみたい。

　なお本書ではとくに詳しくは触れないが、日本の場合には、同世代の半分がすでに大学に進学しているので、今後は大学進学率の大幅な上昇が難しくなっている。そのため年齢の若い世代が少なくなる④少子化の進行も、もう１つの大学をとりまく学外の環境変化として、学生確保の面で大きな影響を及ぼしている。

社会のグローバル化の進展

　高等教育の変革をうながす１つ目の社会的背景としてとりあげた社会のグローバル化 (グローバリゼーション) とは、モノやカネ、ヒト、情報などに代表される人間の諸活動が次第に国民国家の国境を超えて交流したり流動化したりして、ついには国民国家の拘束を離れて独自の展開を示すようになる過程を指す言葉である[4]。

　この社会のグローバル化は、社会や大学のあり方を個別化よりも普遍化、標準化の方向へ、また多元化よりも一元化の方向へ変えるように作用する。各国の社会や大学には共通する特徴もたくさんあるが、ちがっているところも少なくない。ところが社会のグローバル化によって、そうした１つ１つの国民国家や文化によるちがいが少なくなり、世界共通の特徴がみられたり、

社会や大学のあり方を考えるときの基準や次元も複数ではなくて一本化されたり、国際標準や国際水準などが設けられるようになる。

　また社会のグローバル化は実際には、経済や政治、文化、思考様式などにおける西欧流の近代化（モダニゼーション）、とくにアメリカ化（アメリカナイゼーション）が地球規模で世界全体に波及することを意味する。近代社会や近代大学の仕組みやあり方は、18世紀後半の産業革命やフランス革命の後、主にイギリスやフランス、ドイツなどの西欧諸国を中心に発展してきた。資本主義経済や政治的民主主義、近代科学、客観的・合理的な思考様式などは、このときから重視され発展するようになったが、社会のグローバル化は（やや極端にいえば）、この西欧流の近代化が世界全体に地球規模で広がることを意味する。とくに第二次世界大戦後は、西欧流の近代化をふまえて独自に発展したアメリカ流の近代化が大きな影響力をもち、国境を超えて世界中に広がるようになった。

　社会のグローバル化の進展をもう少し具体的にみると、次のようにまとめられる。たとえば経済のグローバル化についてみると、企業の生産過程や経営様式、意思決定の仕組みなどが国境を超えて世界に伝搬した。IBMやマイクロソフトのようなIT企業、それからGMやトヨタなどの自動車会社といった、国境を超えて複数の国で経済活動をする多国籍企業の活躍も目立つようになった。

　1989年にベルリンの壁がなくなり、ソ連が崩壊した後は、アメリカ流の資本主義経済をベースにした経済体制が世界各地に広がり、経済体制の一元化も進んでいる。このように経済のグローバル化が進んだため、各国の経済はますますグローバルな経済活動の影響を受けるようになってきている。また国によっては欧州連合（EU）とか北米自由貿易協定（NAFTA）のような新しい貿易圏にくみこまれたところもある。世界銀行(WB)や世界貿易機構(WTO)のような国際機関も、大きなインパクトを及ぼしている。

　ところで社会のグローバル化は、こうした経済の領域だけでなく、政治や文化の領域でも確認できる。高等教育の変革をうながす2つ目の社会的背景として次にとりあげる各国の政府の「大きな政府」から「小さな政府」への転

換は、アメリカやイギリスといったアングロサクソン文化圏における政府のあり方の転換が、国境を超えて他の国ぐにでもみられるようになった現象であり、政治の領域におけるグローバル化だといってよいだろう。

　文化の領域におけるグローバル化では、アメリカ生まれのハリウッド映画をはじめ、マクドナルドやコカコーラのようなファーストフード、ジーンズのようなカジュアルウェア、ディズニーランドのようなテーマパークなどが世界的に広まったことがよく指摘される。しかし大学改革との関連でとくに重要なのは、大学で発見・統合・応用・教育する知識の考え方やあり方が大きく変わってきていることである。

　科学哲学や科学史の研究によれば、17世紀にヨーロッパの地に誕生した近代科学は、19世紀中頃の「第2の科学革命」を通じて、社会にとって役に立つ産業技術と結びついて著しく発展した（野家、1998年、36頁、58-56頁）。この近代科学の成立と発展に大きく寄与したのは、近代科学の推進、なかでも自然科学系の新興の近代科学を重視したドイツの大学である。その後、近代科学は数学や物理学、工学や農学、医学、政治学や経済学、それから哲学や文学などに専門分化して発展するとともに、世界各国に移植された。

　この近代科学では、その進展にともない次第に、社会にとって直接役に立つ応用的な研究よりも、専門分野の発展のために行う基礎的な研究が重視されるようになった。ところが80年代以降は、基礎的な研究よりも応用的な研究が再び強調されるようになってきている。もっとも19世紀初頭にドイツで生まれた近代大学でも、実際には社会にとって役に立つと考えられた物理学や化学、医学などの新興の近代科学が重視されていたので、そのような知識の考え方やあり方が80年代以降、再び強調されるようになったという方が正確である。

国境を超える大学

　こうした社会のグローバル化の進展にともない、国境を超えた高等教育の提供と質の問題が最近世界的に注目されるようになってきた。その直接の契機は、1995年に世界貿易機構が発足した際に、サービス貿易に関する一般

協定（GATS）が作成されたことである。この協定により、モノの貿易だけでなく、金融・情報・通信などのサービスの貿易を対象にした貿易自由化も促進され、各国の教育サービスとしての大学教育のあり方に大きな影響を及ぼすようになった。

協定の分類によると、高等教育サービスの貿易は①eラーニングなどの遠隔教育、②外国人留学生などの受け入れ、③海外キャンパスの設立・運営、④大学教員などの海外派遣の4つの分野に分けられる。これらのサービス貿易の自由化問題が今後の多角的貿易自由化交渉でどのような決着をみるのかは予断を許さないが、諸外国ではすでにさまざまな取組が展開されている。

たとえば欧州連合では、加盟国の経済的生産性を教育と研究の充実により維持・向上させることをめざして、「欧州高等教育圏」の構築や域内外の学生や大学教員などの人的交流が積極的に進められてきた。「エラスムス計画」（1987年）や「ボローニャ宣言」（1999年）などの実績をふまえ、国境を超えた高等教育の提供や教育の質保証をめぐる問題への対応がはかられている。国境を超えて国際的に通用する教育の質を保証する仕組みを確立することをめざして、複数の国の評価機関が協力して相互承認を行う動きもみられる。

大学のグローバル市場への進出が盛んなアメリカでは、アメリカ教育協議会（ACE）などの大学連合組織を中心に、自国の事業者が他国で活動しやすいように、市場の開放や内国民待遇の保証を各国に求めてきた。またサービス貿易に関する一般協定の交渉では、アメリカの高等教育の長所（公立校と私立校の併存、大学の制度的自律性、分権化した大学の管理運営など）を保持することをめざすとともに、欧州連合と連携した国際水準のカリキュラム開発や学生交流の促進に努めている。

アジア・オセアニアの国ぐにも、社会のグローバル化に対応した大学改革に国をあげてとりくんでいる。留学生の受け入れやオフショアプログラムによる高等教育の輸出を積極的に進めるオーストラリア、ツイニングプログラムや学外学位プログラムといった国際的なプログラムを矢継ぎ早に開設するマレーシア、世界水準の大学構築をめざした大学政策を推進する中国と韓国など、各国の動向には目をみはるものがある。

国境を超えた高等教育の展開に対応するために、日本でもようやく、日本の大学の海外校や外国大学の日本校に関する制度改正が行われた。海外先進教育研究実践支援や戦略的国際連携支援など、各大学の教育研究の組織的国際展開を支援する「大学教育の国際化推進プログラム」をはじめ、さまざまな支援プログラムも実施されるようになった。今後は、明確な高等教育の将来像をふまえ、豊かな公財政支援の裏打ちをともなう大学政策のいっそうの推進と、各大学における大学の理念にもとづいた特色ある取組の積極的な展開が望まれる。

「小さな政府」の登場

高等教育の変革をうながす2つ目の社会的背景は、世界各国の政府の役割が80年代以降、「大きな政府」から「小さな政府」に変わったことである。「大きな政府（ビッグ・ガバメント）」とは、政府の権限を拡大し、政府が指導的な役割を果たすことによって、貧困や失業などの社会問題の解決や、国民の安全の確保や教育の普及などの公益の実現を推進しようとする政府である。典型的な政府像としては、社会主義国家や福祉国家の建設をめざす政府を想起すればよい。それに対して「小さな政府（スモール・ガバメント）」とは、政府の権限を縮小し、国民のやる気や競争心を活用することが国家の発展にとって役に立つという立場から、国民の自助努力や市場競争の原理を重視する新保守主義（あるいは新自由主義）の考え方にもとづいた政府である（江原、2000年、29-30頁；江原、2006年b、114頁）[5]。

なお「市場競争の原理」とは、人間の諸活動、とくに経済活動は特定の商品に対する需要と供給とが相対して価格と取引量が決定される市場（マーケット）における競争によって左右されており、しかもそれが基本的に望ましいとみなす考え方である。しかし市場のもつ機能は完全なものではないので、政府の介入により市場競争がもたらす諸問題の解決をめざすことが、「大きな政府」の基本的な方針だった。それに対して「小さな政府」は、国民の自助努力を社会発展の原動力として積極的に評価するとともに、政府による市場への過度の介入を抑制し、政府規制の緩和や税制改革などにより競争促

進をめざそうとする。

　この「大きな政府」から「小さな政府」への転換は、70年代後半以降先進諸国の経済が停滞すると社会的な論議をまきおこしたが、具体的にはイギリスのサッチャー首相の保守党政権やアメリカのレーガン大統領の共和党政権によってはじめられた。その後、オーストラリアやカナダなどの英連邦諸国をはじめ、ドイツやフランスなどの西欧諸国、日本や韓国、中国、台湾といった東アジア諸国、東南アジア諸国など、世界の多くの国ぐにでも、「小さな政府」による国家政策が実施されるようになった。

　そのため各国の大学政策も「小さな政府」の考え方にもとづいて行われるようになり、現在の大学改革では、政府の大学政策も重要視される一方、個別の大学における大学改革が強く求められている。この個別大学のレベルでは、各大学がその理念や改革の基礎になる手持ちの資源や条件をふまえて、自らにふさわしい改革を独自に進めることがめざされている。たとえば日本の大学政策についていえば、政府も日本の大学全体のことを考えて改革を進めるが、中央集権的な大学行政のあり方を分権化し、大学に対する規制も緩和するから、各大学は政府や公的資金にばかり頼らないで、自助努力により大学改革をしてほしいという方針である。

「小さな政府」の大学政策

　この新保守主義の考え方にもとづいた「小さな政府」の大学政策の大きな特徴は、大学における教育と研究が国家や国民の将来の経済的繁栄にとってこれまで以上に重要だとみなす、国際的な合意が生まれたことである。日本でもそうだが、60年代の教育投資論が華やかだったときに劣らず、あるいはそれ以上に、教育の充実による国家の経済的生産性の維持・向上が求められている[6]。もともと経済学では、経済発展には天然資源と資金力が重要だという考え方が主流であった。しかし最近では、それよりも科学技術力の向上や高学歴人材の育成の方が、経済的生産性を支える要因として重視されるようになったのである（サロー、1993年、60-61頁）。

　そのために各国の政府は大学制度全体に対して、先端的な科学技術の研究

開発の推進と高学歴人材の育成を要請している。これらの2つの要請のうち、高学歴人材の育成は①高等教育レベルの教育機会をできるだけ開放して、国民全体の基礎学力を向上させ、労働力の質を高めるための「人的資源の全般的な底上げ」と、②先端的な科学技術の研究と開発を推進するための「先端的な人材の育成」という、2種類の人材育成を含んでいる。

ところが個別の大学レベルでみると、それぞれの大学はこれらの要請をすべて達成できないから、大部分の大学は次第に2つのタイプ、つまりできるだけ多くの学生を受け入れて教育することをめざす「教育重視型大学」と、優秀な学生を受け入れて先端的な人材を育成するだけでなく、先端的な科学技術の研究と開発も推進する「研究重視型大学」の2つのタイプに大きく分化すると予想される。

また各国の政府は、一方で、大学に対する規制を緩和して、大学の自助努力をうながすとともに、他方では、大学に投入する公財政支出を増やさずに、大学間の競争にもとづいて効率的に資金配分する方針など、市場競争の原理を重視しているので、高等教育の市場化が著しく進むようになる。各大学はそうした状況のなかで、外部資金の確保や大学組織の合理的・効率的運営などの自助努力により、大学経営を健全にすることを求められている。

大学改革をうながす情報技術 (IT) 革新

3つ目のコンピュータやインターネットなどの技術的な進展といった情報技術革新は90年代後半から、高等教育に対して目にみえる形で影響を及ぼすようになった。情報技術革新の進展は教室での授業の改善や遠隔教育(ディスタンス・エデュケーション)の普及、国境や大陸を超えた研究の交流と推進など、今後の大学のあり方を豊かにする可能性を秘めている。

大学教育ではこれまで、大学教員と学生の役割は比較的明確に区分されていた。しかしインターネットや双方向メディアは大学の壁を乗り越え、誰もがどこでも学べることを可能にするから、そうした大学教員と学生との関係を根本的に変え、学生中心の新しい大学教育を構想することもできる。人間的・合理的理性を尊重する啓蒙思想の普及は、アリストテレスとスコラ哲学

にこだわって停滞していた中世大学を近代大学に変える主要な契機になったといわれる。情報技術革新もそれに匹敵する潜在力を秘めているのかもしれない。

このように情報技術革新が大学に与えるインパクトについてはプラスの議論が多いけれども、他方でその進展がもたらす負の側面や留意すべき問題も指摘されている。たとえば国際比較の観点からみると、世界の国ぐにのなかで情報技術を研究したり、開発できる情報技術の生産国は非常に限られている。情報技術についても生産国の方が消費国よりも圧倒的に有利だが、この生産国と消費国との間の格差は今後さらに拡大する恐れがある。

それだけでなく、情報技術により流通する情報自体の生産国と消費国との間の格差も今後ますます拡大して、さまざまな問題や混乱が生まれることが予想される。それは、現在インターネットで流通している情報の大部分が日本語や中国語、あるいはドイツ語やスペイン語ではなくて、英語であることにもあらわれている。

その他に、伝統的な大学教育では大学教員と学生、大学教員同士、学生同士が直接対面する相互作用が非常に重視されてきたが、そうした直接的な相互作用をどのように確保するのかも議論を呼んでいる。たとえウェブ上の講義ノートがどんなに体系的で理解しやすいものになっても、学習の過程に不可欠な励ましあったり即座にやりとりしあうような作業が学習するメンバーの間になければ、その授業は学ぶ者にとって退屈なものになってしまうからである。

教授技術や教授方法のなかには、一時的に流行した後まったく省みられなくなったものも少なくないが、インターネットや双方向メディアなどが同じ道をたどることも十分考えられる。近代科学技術はある目的のための手段であり、教育者や研究者が教育と研究をよりよくするのを助けるのに有用な道具だという観点から議論すべきなのである（たとえば Cardenas, 2000, pp.207-209）。

それでは、このような厳しい学外の環境変化に対応して、高等教育の将来像はどのようになるのか。各国の大学改革でよく参照されるアメリカの動向

を主に参考にすると、大学改革の基本的方向は①大学経営の健全化、②増大する利害関係者のニーズへの対応、③多様化する大学の3つにまとめることができるだろう。

3 大学改革の基本的方向

大学経営の健全化

　第1に、どの国でも、今後は設置者に関係なく、国公立大学も私立大学も健全な大学経営を支える資金を確保するために自助努力したり、大学組織を合理的・効率的に運営することを強く求められるようになる。その結果、大学は私的企業化して、企業に似た管理運営組織をもつように変わると予想される。民間の企業と同様に、大学経営が健全でなければ、その大学は倒産したり、他の大学に統合されたり合併される恐れがあるからだ。

　近代大学は基本的に、政府による公的資金の援助を受けて発展してきた。イギリスやドイツ、フランスなど西欧諸国の大学は、現在でも政府から手厚い財政援助を受けて運営されている。第二次世界大戦後のアメリカの大学も、70年代前半までは連邦政府や州政府による公的資金の援助を受けて拡大してきた。しかし公立大学の規模をさらに拡大して高等教育の大衆化をはかるには、非常に多額の公的資金が必要である。ところが政府のあり方が「小さな政府」に転換したところでは、ドイツやフランスなどをはじめ、政府の公財政支出の負担が少ない私立大学の設立を進めようとしている国も少なくない。アジアの大学をみても、第二次世界大戦後大学が急速に拡大したのは日本や韓国、フィリピンなどといった私立大学の比重が高い国だった。

　アメリカについてみると、大学を経営するのに必要な経費が非常に多くなったために、80年代以降、公立でも私立でも授業料を値上げして補おうとする大学が増えた。ところが授業料をあまり高くすると、入学する学生が減ってしまうので、多くの大学は新しい財源を確保するために努力するようになった（江原、2005年 a、153-154頁）。

　たとえば連邦政府の研究資金を獲得したり、奨学金付きの学生を入学させ

る大学や、卒業生や民間の企業などから寄付金を集める大学が大幅に増えた。ただし実際には、大学経営に必要な財源を寄付金として十分に獲得できる大学は非常に限られている。また多くの大学は資金獲得を担当する組織や部局を学内に設置して専門の担当者を採用したが、その経費がかさんだだけで収入増に結びついていないところも少なくない。

その他に、どの大学も限られた財源の有効利用をめざして大学経営の効率化に努めるようになったのも重要な変化だといってよいだろう。たとえば大学の食堂や清掃事業、学生寮など、大学の使命である教育や研究と直接関係しない事業を外注（アウトソーシング）する大学が大幅に増えている。

管理運営組織改革の要請

このようにアメリカの大学は大学組織を合理的・効率的に運営して、大学経営を安定させるために、民間の企業に似た管理運営組織をもつように変わってきている。アメリカでは他の国ぐにと比べて、もともと大学経営に企業で開発された経営手法がとりいれられてきた。最近では、企業組織の経営で開発された理論や実践例がますます参考にされるようになっている。

こうした動向を参考にしてみると、日本を含めたアメリカ以外の国ぐにの大学の管理運営のあり方も、大学組織を合理的・効率的に運営して、大学経営を安定させるために、民間の企業に似た管理運営組織をもつ方向に変っていくように思われる。つまり大学の管理運営のあり方は、大学構成員、とくに大学教員の考え方や意思決定を重視する同僚制的管理運営から、大学の経営責任がある理事会の理事や学長とか副学長などの上級大学管理者の権限が強い企業経営的管理運営へ変化すると考えられる（江原、2005年b、29-32頁）。

増大する利害関係者のニーズへの対応

第2に、各大学は自分の大学に関係のある利害関係者（ステークホルダー）の要求や要望に対して、いっそう配慮しなければならなくなると予想される。なお利害関係者には伝統的学生や社会人学生、留学生などの多様な学生の他、民間の企業や政府、NGOやNPOなどが含まれる。

たとえば大学教育のカリキュラム改革では、顧客である多様な学生のニーズに敏感に対応した改革がいっそう進行する。卒業後の社会生活で役に立つ実利的な科目が増えたり、専門分野としては重要でも、学生に人気のない人文科学や社会科学系の科目は廃止される恐れがあるということである。

また大学と社会、とくに市場競争の原理が支配的な産業界との結びつきはこれからますます強化されるので、大学は学生市場や大学教員市場に加えて、産業界の労働力需要や外部資金など、学外の市場との関係改善をいっそう要請されるようになる。そのため教育面では、企業が求めるすぐに役立つ即戦力の人材の育成が重視され、研究面では、基礎的な研究よりも産業上の応用や特許の取得と結びついた研究が重視されるようになり、産学協同のベンチャービジネスなどが盛んになると考えられる。

強化される公的資金の重点配分

さらに政府も大学をめぐる重要な利害関係者の1つだが、アメリカや日本をはじめ、どの国の政府も公財政支出により大学支援を行うときには、すべての大学を平等に扱うのではなくて、投資効果のある大学に重点的に公的資金を投入するようになると予想される。

アメリカについていえば、連邦政府の研究資金は基本的に個人の研究者や研究グループを対象にして配分されてきた。しかし研究資金の獲得額が多い大学が有力な研究重視型大学であるのは、そうした大学が連邦政府の研究資金を獲得しやすい優秀な研究者を戦略的に集めているからである。

たとえば米国教育統計センター (NCES) は毎年、連邦政府から公的資金を受けた大学を120校公表しているが、2003-04年度のトップはカリフォルニア工科大学の18億1千万ドルであり、120位のアーカンソー大学医学大学院の9千万ドルとの間には20.4倍の開きがある。しかも全米レベルでみれば、その後に4千校を超える大学や短期大学が続いている。ちなみにこの連邦政府の公的資金援助は学生経由で連邦政府が支出する学生奨学金を除いたものだが、その総額527億1千万ドルのうち339億9千万ドル、実に65％は上位のわずか120校に配分されているのである (NCES, 2006, p.499)。

それに加えてアメリカでは、大学教育の質の維持・向上策の1つとして、実績による資金配分（パフォーマンス・ファンディング）を実施する州政府が増えてきている。これは州政府が州立大学を対象に、各大学が過去に達成した実績にもとづいて予算配分を行う施策で、個別大学の実績評価と予算配分を連動させた大学政策である。実績評価の対象は教育活動であり、その達成を測定する尺度として学生の卒業率や転学率、大学教員の授業負担、学生の満足度などが使われている。

こうした動きには実施のための合意の形成が難しいこと、複雑な大学教育や学生の学習の質を適切に測定する尺度が未開発なことなどに関する批判もある（山崎、2004年、44-45頁）。しかし州の教育当局や州議会の動向をみると、実績評価の結果をふまえたり反映させたりする予算配分は今後も普及すると予想される。

重点投資政策のゆくえ——日本
日本の大学政策についてみると、1991（平成3）年から開始された大学院重点化政策をはじめ、1996年に策定された「科学技術基本計画」による科学技術活動への重点投資政策なども同じ方向をめざしているといってよいだろう（小林、2004年、51頁、66頁）。この他にも文部科学省は、第三者評価にもとづいて競争的な公的資金配分を行うさまざまなプログラムを実施している。

たとえば2002年から実施された「21世紀COEプログラム」は、第三者評価にもとづく競争原理により、日本の大学に世界最高水準の研究教育拠点を学問分野ごとに形成し、研究水準の向上と世界をリードする創造的な人材育成をはかるために重点的な支援を行い、国際競争力のある個性輝く大学づくりを推進することを目的とした事業である。その成果をふまえて、「グローバルCOEプログラム」が2007年から開始された。

また教育面では、「特色ある大学教育支援プログラム」が2003年から5年間実施された。このプログラムは大学教育の質の充実や世界で活躍できる人材の育成をはかるために、大学教育の改善や改革を推進していくことを目的とした事業である。この事業は2004年から「特色GP」と略称され、ほぼ同

様の目的をもった支援プログラムとして、「現代的教育ニーズ」(現代GP)や「専門職大学院形成」、「社会的ニーズに対応した医療人教育」などに特化した事業が矢継ぎ早に実施されるようになった（文部科学省、2007年、166-167頁）。

　「小さな政府」の大学政策では、文部科学省自体も予算を獲得するために、こうした市場競争の原理にもとづいた公的資金の重点投資政策を立案、実施する必要にせまられている。しかし明確な将来展望がないまま、パッチワークのように個別の事業をつぎあわせても、日本の高等教育の発展にとって望ましい成果はえられないだろう。

多様化する大学

　大学改革の基本的方向として第3に指摘する必要があるのは、どの国でも、国内の大学制度は全体としてこれまでよりもはるかに多様化すると予想されることである。

　すでに述べたように、社会のグローバル化は個別化よりも普遍化、標準化の方向へ、それから多元化よりも一元化の方向へ社会や大学のあり方を変えるように作用する。また情報技術革新の進展は教室での授業の改善や遠隔教育の普及、国境や大陸を超えた研究の交流と推進などをうながすので、大学教育や研究のあり方を均質化する方向へ変えるように作用する。「小さな政府」による大学政策も、各国の大学を同じように扱う方針を今後いっそう強めるようになると思われる。

　しかし近代以降の高等教育の歴史をふりかえってみれば分かるように、たとえ社会のグローバル化や情報技術革新が進んでも、またどの国でも同じように「小さな政府」による大学政策が進められても、各国の大学改革はその国の政治経済体制や歴史的文化的伝統のちがいを反映して、一方では共通性をもちながら、それぞれ異なったパターンを描くようになる。

　たとえば大学は営利を目的とする民間の企業とちがって、公共的な性格をもった非営利の教育機関であり、税制上も優遇されている。ところが日本でも2004（平成16）年から、株式会社が営利を目的とした大学を経済特区で設立できるようになった。それに対してアメリカではすでに、大学に関する統

計で大学を分類する際に、営利を目的とした大学を1つの類型として設けるほど普及している。

　米国教育統計センター（NCES）によれば、学位を授与する4216校の二年制と四年制の大学のうち、二年制の510校、四年制の369校、合計で879校、全体の20.8％は営利大学（フォー・プロフィット・インスティテューション）である（2004-05年）。1980-81年に営利大学だったのは二年制の147校、四年制の18校、合計で165校であり、3231校のうち5.1％だけが営利大学だったから、この24年間に大幅に増えた（NCES, 2006, p.17）。しかし日本ではアメリカとちがって、営利大学の設置は今後もそれほど普及しないと思われる。

　またアメリカでも日本でも、学外の環境変化に対する対応は大学や大学のタイプによって異なるので、国内の大学制度は全体として従来よりもはるかに多様化すると予想される。社会のグローバル化への対応を例にすると、施設設備が充実していて有利な条件を備えている大学と備えていない大学では、その対応には大きなちがいがみられるからだ。

増加する多様な「隙間（ニッチ）」志向の大学
　さらに「小さな政府」の大学政策について論じた際に、大学は今後、教育重視型大学と研究重視型大学の2つのタイプに大きく分化すると予想したが、実際には教育重視型大学にも研究重視型大学にも、多種多様な特色のある大学が生まれると予想される。とくに教育重視型大学のなかには、大学の規模が比較的小さく、社会的な知名度も低いけれども、その大学の長所や持ち味を生かして、大学産業界でその大学にふさわしい適所をえようとする「隙間（ニッチ）」志向の大学が数多く生まれると考えられる。

　たとえば大学経営の方針として、すでに社会的な評価が高く、今後も優秀な入学志願者を十分に確保できると見込める学部や学科をいっそう拡充するのは、ごく当然のことである。また大学教育の目玉として、大学が所在する地域社会の関心や要求に応じた教育目標を掲げ、教育プログラムやキャンパスの施設設備を整える大学もたくさん出てくると思われる。地元にある地域産業向けの人材育成とか、地元の高校出身者の優先入学、あるいは現職研

修の機会を活用したい有職者をはじめ、退職後の高齢者や子育ての終わった主婦などの成人学生の積極的受け入れを教育目標にする大学である（江原、2006年b、115頁、121-122頁）。

多種多様な特色のある大学が生まれて、日本の大学制度が全体として多様化することは、それ自体望ましいことである。しかしそれと同時に、大学教育の質の保証や内容の標準化をはかることも、今後重要な課題になるだろう。それは個々の大学にとっても重要な課題だが、それとともに、日本私立大学連盟や国立大学協会、大学基準協会や短期大学基準協会などの大学連合組織が大学と連携・協力し、長期的な観点から日本の大学教育の質の維持・向上に積極的に寄与することが強く求められている。

4 「合わせ鏡」としてのアメリカの大学改革

有利な位置にあるアメリカの大学

こうした世界の大学改革の流れのなかで、アメリカはどのように位置づけられるのだろうか。一般的にいえば、アメリカの大学制度は全体として圧倒的に有利な条件を備えている（江原、2002年a、14-16頁）。まず第1に、政治経済体制に目を向けてみよう。

1975年のベトナム戦争からの撤退、ニューヨークの世界貿易センタービル崩壊に象徴される2001年の「セプテンバー・イレブン」の衝撃とその後の中東政策の失敗、アメリカを震源地とする2008年の世界的経済危機などをつなぎあわせると、アメリカの現況と将来は不安定できわめて暗いようにみえる。しかしアメリカは依然として世界の国ぐにのなかで中央に位置している超大国である。

第二次世界大戦後についてみると、アメリカは第二次世界大戦で傷つかず、経済的にも豊かになった例外的な国であり、ベトナム戦争にかかわるまで順調に高度成長を続けていた。経済のグローバル化はこのアメリカ主導で進められたものであり、IBMやマクドナルドといった代表的な多国籍企業の多くは、もともとアメリカに本拠を置く企業である。

70年代後半以降経済が停滞すると、資本主義体制の国ぐにの国家の役割は社会民主主義型の「大きな政府」から、国民の自助努力を強調する「小さな政府」に転換した。このケインズ主義から新保守主義への転換もイギリスやアメリカを中心に実施され、1989年にベルリンの壁がなくなると、ますます多くの国ぐにで採用されるようになった。またグローバル化した経済活動の国際的な方向づけや調整は、主として先進7カ国(G7)や世界銀行などの国際財政機関、多国籍企業など、個々の国家を超えたグループによって行われているが、その過程でアメリカの政府や企業の関係者は、他の国ぐにからみればときには強引すぎるほど、その利害関心を優先させてきている。

　このように政治経済体制についてみると、アメリカは世界の国ぐにのなかで中央に位置している国である。そのため他の問題領域、たとえば大学改革における学外の諸力への対応でもアメリカは有利な位置を占め、自分たちの利害関心や様式、価値観などを温存したり確保しやすいだけでなく、さらにそれらを周辺の国ぐにまで広げて受け入れさせやすい立場にある。

　第2に、科学技術研究の面で他の国ぐにの追随を許さない地位を確保しているのも、アメリカにとって非常に有利な条件である。アメリカは第一次世界大戦と第二次世界大戦の戦間期以降、ドイツに代わって「学問の中心地」になった。科学的研究の国際比較の結果をみると、アメリカはその後現在まで一貫して、直接応用と結びつかない基礎的な研究で、質量ともに他の国を大きくリードしている。日本は世界のトップレベルに躍進した専門分野も少なくないが、全体としてみればいまだに周辺にある。

　基礎的な研究の大部分が行われる大学院が発達しているのも、アメリカにとってメリットである。環太平洋地域を中心に世界中の国ぐにから優秀な留学生がきそってアメリカの大学に留学してきた。彼らはアメリカの大学にとって収益の高い留学生産業の大切な顧客であるだけでなく、アメリカの科学技術研究を支えたり、躍進させるための先端的な人材にもなっている。

　それだけでなく、国際的な経済競争力の強化と直結した科学技術研究開発のパフォーマンスも日本は2位だが、アメリカは首位の座にある。そうした優位な位置も大学制度の再編成に際して圧倒的に有利に作用すると考えられ

る（市川、2000年、6頁）。

　第3に、日本を含めて各国の第二次世界大戦後の大学改革の歩みをたどってみると、「大学のアメリカ・モデル」は大学改革の「合わせ鏡」として、世界各国に広く伝搬し、利用されてきた。それは先進諸国だけでなく、発展途上諸国についてもいえることである。このように大学のアメリカ・モデルが大学改革の際に参考にされてきたということは、各国の大学制度がその影響をなんらかの形で受けていることを意味し、世界標準（グローバル・スタンダード）の構築の際にも、モデルとして使われる可能性が高いということである。それはアメリカにとって自国の制度を自己流に変える余地が大きいことを意味するので、非常に有利な条件になると考えられる。

　第4に、英語が教育研究上の国際コミュニケーション言語として定着していることも、アメリカの大学が改革を実施する際に有利に作用する。専門分野によってちがいはあるけれども、日本の大学でも理学系や工学系、農学系、医学や薬学系といった自然科学系の専門分野の人びとは、研究業績のほとんどを事実上英語で公表している。

　しかし日本語を使う家庭や学校教育で成長する日本人にとっては、日常生活での真善美の価値判断だけでなく、仕事上の判断やそのための基礎情報の収集でも日本語の方がはるかに便利であり、しかも正確である。英語による研究やその成果の発表は負担であり、コミュニケーションも不自由で不正確なものになりやすい。こうした制約は人文・社会科学系だけでなく自然科学系の専門分野の研究者にとっても、多かれ少なかれあてはまることだと思われる。それに比べると、成長の過程で自然に母語として英語を身につけることができるのは、研究者や技術者をはじめ、近代化の過程で生まれた専門的技術的職業に就くアメリカ人にとって非常に有利な条件になっている。

　この国際コミュニケーション言語としての英語について、その優位性を疑問視する声もある。たしかに中央の英語圏の研究者は現在研究上有利な立場に立っているが、次の時代の新しい科学技術研究を推進するのは彼らではなくて、その周辺にある国ぐにの研究者だという。日本をはじめ周辺の国ぐにの研究者は英語の情報に加えて、自国の言葉で表現された情報も自由に駆使

できるため、既存のパラダイムを超えた非常に独創的な研究をするにはかえって有利だというわけである。しかし第二言語や職業用言語として英語を理解したり活用する人びとがますます増えていることをみても、国際コミュニケーション言語としての英語の優位性は今後も当分の間ゆるがないように思われる。

進展する大学制度の多元的構造化と多様化

このようにアメリカの大学制度は全体として圧倒的に有利な条件を備えている。しかしそれは制度全体の話である。つまりアメリカの大学制度は多種多様な大学によって構成されているので、大学のタイプや個別大学のレベルまで考察の範囲を広げると、ちがった問題がみえてくる。

たとえば社会のグローバル化への対応ですでに有利な条件を備えている大学とそうでない大学では、その対応に大きなちがいがみられる。社会の主流派の文化、つまり白人で男性中心の文化やアングロサクソン文化、近代になってから生まれた職業に固有の文化などと直接結びついた主流派の大学文化をもつ大学とそうでない大学でも、その対応はそれぞれ異なったものになるだろう。

またこれからの大学は全体として先端的な科学技術の研究開発を行うとともに、2種類の高学歴人材の育成、つまり人的資源の全般的な底上げと先端的な人材の育成を果たすことを求められているが、そうした動きに対する大学側の対応も、大学のタイプによって当然ちがってくると考えられる。

このうち、先端的な科学技術の研究開発と先端的な人材の育成は研究大学を中心に、全米レベルで市場競争の原理にもとづいて行われるようになると予想される。産学協同による外部資金の獲得、優秀な大学院学生や留学生の獲得をめぐる競争である。連邦政府はその絶対額は一時減ったにしても、大学における科学技術研究に今でも多額の公的資金を投入しているが、その獲得をめぐる大学間の競争もいっそう厳しいものになる。

ところが高学歴人材の育成のうち、人的資源の全般的な底上げについては、連邦政府や州政府の統制と公的資金による支援が、これからも維持されたり

強化されるようになると思われる。人的資源の全般的な底上げでも、連邦政府による学生の財政援助では、奨学金受給の対象学生を営利大学や専門学校まで広げて大学間の競争をうながしている。しかしその一方で、州政府のなかには高等教育の質を維持するために、大学教育の効果をはかる標準テストを開発したり、実績による資金配分（パフォーマンス・ファンディング）、つまり過去の教育の実績に応じて将来の資源配分を決めるところが増えてきている。したがって人的資源の全般的な底上げの面では、初等中等学校と同様に、大学、とくに公立の大学に対する政府の規制は今後ますます強まるとみてよいだろう。

情報技術革新の進展も、それを主導する主流派にとってはもちろん非常に役に立つが、他方で他のグループにとっても、主流派の情報隠しをあばいたり、少数派の声を強めたりする手段として役立つ場合がある。つまり大学は普遍化、標準化よりも個別化の方向へ、また一元化よりも多元化の方向へ向かう可能性もありうるのである。

個々の大学はこうした流れのなかで、その特徴と手持ちの資源を最大限に生かして、自校にとって最善の道を探ろうとする。その場合、学外の変化に対してすべての大学がいっせいに、同じように対応するわけではない。たとえ全体として大学組織の私的企業化が進んでも、個別の大学でみれば、大学産業界のなかでそれぞれの長所や持ち味とか、大学環境の特徴を生かして活動する「隙間（ニッチ）」志向の大学をめざす余地は十分にあるからである。したがってアメリカでも大学制度は全体として、これまでよりもいっそう多様化し多元化した構造をもつ方向に変わっていくと予想される。

アメリカ・モデルの日本的受容

この本で主にアメリカと比較しながら日本の大学の状況にアプローチするのは、こうしたアメリカの大学改革を「合わせ鏡」にして、日本の大学改革にとって参考になるアイデアやヒントを探ったり、日本の社会や文化にふさわしい独自の大学改革のあり方を検討してみるためである。実際に第二次世界大戦後、とくに最近の日本の大学改革はアメリカの大学事情をかなり参考

にして進められてきている。

　たとえば1991年の大学設置基準等の大綱化は、日本でもアメリカにならって、「小さな政府」の考え方を大学政策に導入して具体化した改革だといってよいだろう。この大綱化にともなって、日本では大学の自己点検・評価が努力義務として導入されたが、その主要なモデルになったのはアメリカの適格認定協会の活動と各大学の自己研究（セルフ・スタディ）である。また日本の大学関係者の間では、学生の教育との関連で、シラバス（講義要項）とか、オフィスアワー、学生による授業評価、補習（リメディアル）教育などといった言葉がよく使われるが、その多くももとをたどればアメリカ産の「大学教育の小道具」なのである。

　もっとも、アメリカの大学は日本がそのまま見習うべき先行モデルではない。それよりも第二次世界大戦後の日米両国の大学は、一方で多くの共通性をもちながら、他方で固有の特徴を示してきたといった方が正確だろう。また非常に重要なことだが、アメリカの大学も、さまざまな解決課題について常に適切な解答を見出してきたわけではなく、試行錯誤をくりかえしてきている。

　それからアメリカの先行事例も日本で受容されると、その仕組みや機能が大きく変わりやすいこともよく知られている。たとえばシラバスとAO入試をとりあげてみよう。アメリカの大学ではシラバスはたいてい授業のクラスごとに、その授業を担当する大学教員から受講希望学生に対して直接配られる。シラバスの内容も（もちろん共通の項目はあるが）、構成やボリュームの点でかなりちがいがあり、それぞれ個性的なのが普通である。ところが日本の多くの大学では、すべての授業科目について同じ形式で記載された講義案内が電話帳のようにぶ厚い冊子としてまとめられ、学生に一括して配布されている。それは大学が大学教育の改革や自己点検・評価を実施した証拠にはなるかもしれない。しかし学生が受講する授業を決めるのにどの程度役に立っているのかは大いに疑問である。

　入学者選考では近年、AO入試が実施されるようになった。これもアメリカの入学者選考で一般的な入学事務部（アドミッションズ・オフィス）主導の入

学者選考を参考に、日本型のAO入試として導入されたものである。アメリカでも以前は、個別の大学ごとに自前の入学試験を実施して入学者を選考していた。しかし手間と時間がかかるわりには、自分の大学にとってふさわしい入学者を獲得できないので、全米レベルの統一試験や高校の内申書などを資料に使った入学者選考をするようになり、その担当部署として各大学は入学事務部を設けるようになった。

ところが日本型のAO入試は、これまで評判の悪かった入学者の学力のみをみる筆記試験の代わりに、学力以外の潜在的な能力をみるために受験生に小論文を書いてもらったり、面接をしたりして、丁寧に入学者を選考する方法として位置づけられている。つまりアメリカの入学事務部による入学者選考が省力化を目的に全米に普及したのとは逆に、日本型のAO入試は手間と時間をかけて丁寧な入学者選考をする手段と考えられている。

したがってAO入試を実施すると、たとえ入学事務部ができても、大学教員の負担はかえって増えてしまう恐れがないわけではない。その導入に際しても、私立校では慶応大学の湘南藤沢キャンパスや立命館大学、同志社大学など、国立校では東北大学や筑波大学、九州大学などといった入学するのが難しい大学、別の言葉でいえば、入試方法をとくに工夫しなくても学生を集めやすい有名銘柄大学が先鞭をつけた。ただしAO入試は推薦入試のように早い段階に実施することができ、基本的に学力を問わないから、最近では大学経営上必要な学生数を確保しなければならない大学や短期大学で広く採用されるようになった。

このように、大学改革の日米比較をする場合には、いくつもの留意点を考慮する必要がある。しかしそれでもなおアメリカの経験は、日本の大学改革のあり方を考えるために参照したり、検討したりする価値があるだろう。

なお本書では「大学」という用語を頻繁に使うが、この言葉と「高等教育(ハイヤー・エデュケーション)」との関係について簡単に触れておきたい。高等教育とは初等教育(小学校)、中等教育(中学校・高等学校)の次に位置する最終的な学校教育段階の総称である。類似の言葉として、第三段階教育(ターシャリー・エデュケーション)や中等後教育(ポストセカンダリー・エデュケーション)

先進諸国に限ってみても、各国の高等教育を構成する教育機関は多種多様で、高等教育の範囲も国によってちがっている。このような場合国際比較では、それぞれの国で正規の高等教育課程を開設し、学位や卒業証書を授与する資格がある大学やそれに相当する教育機関を高等教育に含めることが多い。これにならって本書では、日本の場合には大学院、大学、短期大学、高等専門学校の第4・5学年を高等教育機関に含め、アメリカの場合には四年制大学と二年制大学（修業年限が2年未満のところもある）を高等教育機関に含める。なお四年制大学には4年間の学部課程に加えて、学術大学院や専門職大学院（プロフェッショナル・スクール）をもつ総合的な大学も当然含まれる。

　この本ではとくに断らない限り、これらの高等教育機関を総称する言葉として「大学」を使用する。正確を期して「高等教育機関」を使う場合もあるが、この言葉は日本語としてやや堅苦しく、大学改革論議でも専門研究者を除けば、いまだにあまりなじみがない言葉だからである。同じように、大学改革は高等教育の改革を意味し、大学教育にはすべての高等教育機関が提供する教育が含まれる。

　ところで近年、日本でもアメリカと同様に、政府の大学政策では高校卒業後に進学する専門学校を高等教育機関に含める方向に進んでいる。たとえば1998年の大学審議会答申「21世紀の大学像と今後の改革方策について――競争的環境の中で個性が輝く大学――」では、専門学校を高等教育機関に含めて、その多様化や個性化をはじめ、さまざまな提言を行っている。これは公文書としては事実上はじめてといってよい画期的な出来事だった。それと対照的に、アメリカではすでに連邦教育省の統計資料でも、学位取得につながる高等教育機関に関する統計は、初等中等教育と並ぶ章として設けられた「中等後教育」の章に、職業教育や成人教育とともに収められており、職業技術学校などの専門学校は、「非大学中等後教育機関」として位置づけられている。

　ただしそのアメリカでも、専門学校を高等教育に含めるかどうかについては議論があり、研究者のなかには専門学校を高等教育に含めない立場に立つ者も少なくない。したがって長期的にみれば、日本でもアメリカでも、専門

学校は高等教育機関に含まれるようになるかもしれないが、この本ではとりあえず除いて考察を進める。また高等教育レベルの教育は企業や労働団体、専門職団体、政府機関などでも盛んに行われているが、そうした学校外の機関や団体などが提供する高等教育レベルの教育も、とくに必要がなければ考察の範囲から除外することにしたい。

大学改革の日米比較：本書の構成

このような観点から、2章と3章では本書の導入もかねて、日本の大学の状況が1990年代初頭にどのような状況になっていたのかを、大学教員の目を通して日米比較の視点から整理して、転換期における日本の大学改革の出発点の状況を集約する。現在の日本の大学改革は、すでに70年代後半からはじまっていた。しかし多くの大学をまきこんで、個別の大学レベルで具体的な大学改革が行われるようになったのは90年代以降のことである。90年代初頭というのは、アメリカの大学にとっては大学改革が一段落した時期だったが、日本の大学にとってはその改革が本格的にはじまった時期であった。

またこの90年代初頭の日本の大学をめぐる状況や解決すべき諸問題、大学改革の方向性を実質的に探るには、大学教員の見方や考え方を知るのが最も早道である。というのも、大学教員は学生や大学職員と並んで大学の主要な構成員であり、しかも新しい時代にふさわしい自主的な大学改革が成功するかどうかを大きく左右する、中心的な位置を占めているからだ。主な資料として使用するのは、カーネギー教育振興財団が1992年から93年にかけて実施した「カーネギー大学教授職国際調査」である。この調査は世界の13カ国1地域の大学教員を調査対象にしているが、ここではそのうちアメリカと日本のデータを用いて、日本の大学の状況の特徴を大まかに描くことを試みる。

さらに3章の後半では、4章以降の議論をある程度展望することもかねて、その後現在までの15年間にわたる日本の大学改革の成果の一端を実証的に確認する。主に依拠する資料は、1992年の調査と基本的に同一の調査票を

使用し、調査対象校も同一にして2007年に実施された「カーネギー大学教授職国際調査・日本版」である[7]。

　現在日本で進められている大学改革の目玉の1つは、大学教育の改革である。大学は高等教育の大衆化にともない、大学教員中心の研究重視機関から学生中心の教育重視機関へ移行し、それにふさわしい大学教育に改革することを強く求められるようになった。18歳人口は今後も長期的に減り続けるから、大学教育の改革はいっそう必要になる。ところが、これまでの改革では大学教育のイメージが非常にあいまいなまま、改革論議や提言、実際の改革が行われてきたように思われる。

　しかし幅広い社会的な関心や支持をえて、実質的な大学教育の改革を進めるには、なによりもまずそのイメージを明確にし、地に足のついた改革を実施する必要がある。4章から6章までの3つの章では、そうした観点から大学教育改革の日本の状況について、戦後日本の大学改革のモデルになってきたアメリカの動向を参照しながら分析し、その特徴と今後の方向を整理してみたい。大学教育は教育段階をめやすにすると、学部教育と大学院教育に分かれるが、4章と5章では主に学部教育の改革に、また6章では主に大学院教育の改革に焦点を合わせる。

　7章のテーマは管理運営改革である。はじめに大学における管理運営改革の世界的な動向を集約することにより、日本の大学における管理運営改革の方向を国際比較の観点から探る。続いて21世紀に入ってからにわかに動き出した日本の大学における管理運営改革を、国立大学を中心に設置者別に整理するとともに、アメリカの大学における管理運営改革の動向を権限共有型管理運営の状況や大学教員の団体交渉の展開などを中心に考察し、日本の課題についてまとめてみたい。

　現在の行政主導の大学評価政策は、大学設置基準等による厳しい「事前規制」から、改革の成果を問う「事後チェック」も重視する方向へ大きく変わってきている。ところが一連の政策の進展は、それが大学にとって「上からの」外圧であり、しかも大学評価そのものが大部分の大学関係者にとって未知の課題でもあったために、大学側に混乱がみられたり、受け身的な対応を示す

ところも少なくない。
　しかし大学評価が大学の教育研究水準の向上をはかり、その目的や社会的使命を達成するために重要な役割を果たすのは疑いのないことであり、日本の大学にふさわしい大学評価、とくに大学の自己点検・評価を中核とした大学主導の大学評価を実質的に定着させるのは、日本の大学改革にとって十分意義のあることである。8章では、このような観点から日本の大学評価制度の概要をまとめるとともに、大学の自己点検・評価の改革課題と大学主導の大学評価を左右する条件について、近年の日米の先行研究も参照しながら整理することを試みる。そして最後に終章では、これらの分析をふまえて、日本の大学改革のゆくえについて展望してみたい。

2章　大学教員のみた日米の大学（1）

1　大学改革のはじまり：90年代初頭の位置

新しい状況への対応をめざして

　この2章と次の3章では、この本の導入もかねて、日本の大学が1990年代初頭にどのようになっていたのかを日米比較の視点から整理して、転換期における日本の大学改革の出発点の状況を集約する。また日米の90年代以降の大学改革をごく大まかに素描することにより、大学改革の今日的課題や改革の方向を考える手がかりを探ってみよう。

　さらに日本の大学については、4章以降の議論をある程度見通すために、その後の15年間にわたる大学改革の成果の一端も実証的に確認してみることにしたい。90年代初頭の日米比較が横断的な分析だとしたら、これは同一の分析枠組みを使用して日本の15年間の変化をみた時系列的な分析である。

　20世紀最後の10年間は、日本では大学改革が大学の内外で大きな関心を集め、実際にさまざまな改革が進められた時期であった。そしてその勢いは世紀を超えて21世紀に入ってからも当分の間おさまりそうにない。しかしアメリカでは70年代後半からすでに新しい状況に対応した大学改革が進められており、90年代初頭はアメリカの大学にとって大学改革が一段落した時期であった。その意味では、90年代から具体的な大学改革がはじまった日本にとって、90年代初頭の大学の状況をアメリカと比較してみるのは、大学改革の成果や今後の方向を検討するための「合わせ鏡」として役立つにちがいない。

ところで、日本の大学をめぐる状況を実質的に探るには、大学教員の見方や考え方を知るのが最も早道である。大学教員は学生や大学職員と並んで大学の主要な構成員であり、しかも新しい時代にふさわしい自主的な大学改革が成功するかどうかを大きく左右する、中心的な位置を占めているからだ。

主な資料として使用するのは、カーネギー教育振興財団が1992年から93年にかけて実施した「カーネギー大学教授職国際調査」である。この調査は世界の13カ国1地域の四年制大学に勤務する大学教員を調査対象にしているが、ここではそのうちアメリカと日本のデータを用いて、90年代初頭における日米の大学の状況を大まかに描くことを試みる。またその後の15年間にわたる日本の大学の変化をみるために再分析したのは、1992-93年の調査と基本的に同一の調査票を使用し、調査対象校も同一にして2007年に実施した「カーネギー大学教授職国際調査・日本版」(2007年) である[1]。

研究大学と一般大学の役割分担

国際比較研究では国別の平均像にもとづいて比較することが多いけれども、本書では主に日米の大学教員を合わせた平均像に注目して、彼らが90年代初頭の大学をどのようにみていたのかを紹介してみたい。それは次のような理由からである。

国際比較の観点からみると、どの国でも大学制度は転換期にあり、その抜本的な改革が現在同時進行の形で実施されている。しかし実際の大学改革の進行はその国の大学制度の発展状況に応じてかなりちがうと考えられる。世界の国ぐにのなかで、アメリカと日本は高等教育が普及して、その大衆化が最も進んだ国である。どちらの国も高等教育が大衆化を達成した後、成熟産業としてゆるやかに発展する「ポスト大衆化」の段階における大学の改革をめざしている点では、非常によく似た状況にある。

それゆえ日米両国の大学には異質なところも少なくないが、ここでは2つの国をどちらも高等教育が最も普及したグループとして位置づけ、そうした国の大衆化した大学に勤務する大学教員が、大学に対してどのような見方や考え方をしているのかを整理するために、日米の大学教員を1つのグループ

表2-1　大学のタイプ分類の指標

国民国家	日　本	アメリカ合衆国
設置者	公　立	私　立
大学類型	研究大学	一般大学

にまとめ、その平均像を描いてみたい。これは国民国家を大学の設置者や大学類型と並ぶ変数の1つとして位置づけ、その影響を探ろうとする試みでもある。そのため、さらに詳しくみるときには、大学教員を基本的に次の3つの指標によって8つのグループに区分する（表2-1）。

第1の指標はいうまでもなく日本の大学かアメリカの大学かという国別の区分である。また日本の場合はとくに設置者別のちがいも重要なので、第2の指標として公立校か私立校か（日本の場合は国立校か私立校か）という区分に注目する。ただしアメリカでは全般的に設置者別、つまり公立校と私立校のちがいは日本ほど大きくない。

この2つに加えて、第3の指標として大学類型にも注目する。アメリカの大学も日本の大学も実際には多様なので、いくつかのタイプに分けてみなければその実状を正確にとらえることができないからだ。大学も大学教員も高等教育の大衆化にともなって著しく多様化したため、職業は同じ大学教員でも所属する大学のタイプによって、その考え方や価値観、行動などにはちがいがみられると予想される。

もっとも大学類型をあまり詳しくすると、かえって全体像が分かりにくくなる。そのため非常におおざっぱだが、ここでは大学を「研究大学」と「一般大学」、つまりどちらかといえば研究を重視する大学と、どちらかといえば教育を重視する大学の2つに大きく分けてみることにしたい。ちなみに研究大学の数はアメリカでは236校、日本では約30校あり、四年制大学に占める比率は、それぞれ17％、6％である[2]。

したがって大学教員は、次の8つのタイプ、つまりアメリカの①公立研究大学、②私立研究大学、③公立一般大学、④私立一般大学、日本の⑤国立研究大学、⑥私立研究大学、⑦国立一般大学、⑧私立一般大学に分けられる。

なおこの分析では短期大学は調査対象になっていないが、アメリカの短期大学、とくに公立短期大学（コミュニティ・カレッジ）の大学教員と対照的に、日本の短期大学の大学教員は、大学に対して一般大学の大学教員とほぼ同じ見方や考え方をしていると考えられる。

ポイントを絞る必要があるが、90年代初頭の日米比較で大学の状況として具体的にとりあげるのは、①大学の社会的役割、②アクセスの拡大と質の維持、③教育と研究のバランス、④キャンパスライフの条件整備、⑤管理運営の課題、⑥アカウンタビリティと大学評価である。また日本の15年間の変化をみた時系列的な分析では、6つのポイントのうち、とくに③教育と研究のバランス、⑤管理運営の課題、⑥大学評価に焦点を絞ってみることにしよう。

2　ゆらぐ大学教員の大学像

多様化する大学の社会的役割

はじめに、大学教員は大学の将来の社会的役割について、どのように考えていたのかを確かめてみよう。日米の大学教員は90年代初頭に大学の将来像を次のように描いていた。

「カーネギー大学教授職国際調査」には、「わが国の高等教育は、将来において、以下の点をどのくらい重視すべきだと思われますか」という質問がある。この設問で、「最も重視」と回答した者の比率の日米平均が高い順に並べると、「知識探求の自由の擁護」(54%)と「学問と研究の促進」(53%)が最も高く、以下、「指導者の養成」(41%)、「基本的な社会問題の解決」(38%)、「国際競争のための国力の強化」(34%)、「成人対象の生涯教育」(30%)、「職業準備教育」(26%)、「文化遺産の保護」(21%)の順である。

この結果をみると、日米の大学教員が共通して最も重視していたのは、学問と研究を促進することと、そのために自由に知識を探求できることである。この点では、日米の大学教員の間に大きなちがいはない。しかし日本の大学教員は、さらに指導者の養成や文化遺産の保護といった、伝統的という

か、これまで大学の正当な役割として認められてきた役割を重視する傾向がある。とくに国立の研究大学 (78%) と一般大学 (74%) の大学教員には、学問と研究の推進を重視する者が多く、それに加えて国立研究大学には指導者の養成を重視する者 (61%) も多い。これは大学のタイプとして対応するアメリカの公立研究大学の大学教員が最も少ない (35%) のと比べると、非常に対照的である。

　職業準備教育や成人対象の生涯教育については、すでに経験と実績のあるアメリカの大学教員の方がはるかに重視している。アメリカの大学教員も学問と研究の促進と比べれば、これらの2つの役割をそれほど重視していない。しかしアメリカでは、職業準備教育や成人対象の生涯教育は大学の社会的役割としてますます強調されるようになり、それは90年代初頭の回答にも反映している。たとえば職業準備教育を最も重視すると回答した者の比率は、アメリカではどのタイプの大学でも30%以上だが、日本では多くても10%台であり、とくに国立研究大学の大学教員では7%にすぎない。成人対象の生涯教育もアメリカでは軒並み30%台だが、日本ではその半分程度であり、とくに国立研究大学の大学教員の場合10%にすぎないのである。

社会が求める科学技術研究の推進と高学歴人材の育成

　もう1つ、ここでとくに強調しておきたいのは、日本よりもアメリカの大学教員の方が将来の大学の社会的役割として、国際競争のための国力の強化を重視していることだ。とくにアメリカでは、公立大学の大学教員が重視しているが（一般大学46%、研究大学43%）、こうした大学観の背景には、政府の教育政策、つまり70年代後半以降深刻な不況に見舞われたアメリカ経済を大規模な教育改革によって改善しようとした連邦政府や州政府の教育政策の影響があるように思われる。

　「小さな政府」の大学政策では、大学における教育と研究は国家や国民の将来の経済的繁栄にとって重要だとみなされている。こうした大学観は80年代の共和党政権の初期に公表されたアメリカ教育省の『危機に立つ国家』(1983年) をはじめ、全米知事会の報告書『成果の時』(1986年) やブッシュ大

統領の『2000年のアメリカ』(1989年) などにも提言の目玉としてもりこまれていた。アメリカの大学は一方では先端的な科学技術を研究したり開発するだけでなく、それらの活動を支える人材を数多く育成するとともに、他方では大学の門戸をできるだけ広く開放して国民全体の基礎学力を向上させることにより、人的資源の底上げをはかることを期待されたのである。

　この先端的な科学技術の研究開発の推進と2種類の高学歴人材の育成、つまり人的資源の全般的な底上げと先端的な人材の育成を同時に果たすことをめざした高学歴人材の育成は、90年代の民主党のクリントン大統領の教育政策にも引きつがれた。たとえば『国家利益のための科学』(1994年) では、アメリカの経済競争力を維持・向上させるために科学への投資を最優先課題にすることを宣言し、経済成長の原動力（エンジン）としての科学技術を重視するとともに、その基盤となる基礎研究への継続的投資が不可欠であることを謳っている。また競争力審議会が公表した国際競争力確保のための研究開発政策に関する報告書『限りないフロンティア・限りある資源』(1996年) でも、アメリカが科学技術の分野で世界のリーダーシップを維持するためには、セクター間の壁を超えた新たなパートナーシップの確立などが必要なことを指摘しており、短期的・ローリスクの研究は産業界の役割、長期的・ハイリスクの研究は大学や政府の役割とすることなどを提言している（山本、1999年、49頁）。

　さらにクリントン大統領は年頭の一般教書演説で、人的資源の全般的な底上げ、つまり質の高い労働力の育成をくりかえし強調した。在任最後の年である2000年1月の教書でも、就学前教育や初等中等教育の整備拡充と並んで、高等教育機会をすべての進学志望者に開くことをめざした教育革命が最優先課題であることを訴えている。

　ところで、このような教育の充実による経済的生産性の向上は、かつては日本のお家芸のようなものだった。アメリカが80年代に経済の再建のために日本の教育、とくに初等中等教育の仕組みや成果に注目したのは、日本をその成功例とみたからである。日本の学術政策でも、80年代前半には国際競争力の強化という観点から、後には貿易摩擦を背景とした基礎研究ただ乗

り批判への対処や国際協力の観点から、基礎科学振興策が打ち出されている。ただしこの振興策では、大学は一般には振興策の対象から切り離され、大学における研究機能の充実は置き去りにされていた。また民間企業は80年代に、基礎研究ブームに便乗して研究投資を拡大し、アメリカの大学には多額の寄付をしたけれども、日本の大学にはあまり期待していなかった。

　しかし90年代に入ると日本の学術政策も次第に転換し、大学を基礎研究の拠点として位置づけ、その計画的な基盤整備が強く主張されるようになった。92年のバブル経済の崩壊後、リスクの大きい基礎研究への投資が負担になった民間企業も、政府の基礎科学予算や大学の研究予算の増額を求めたため、大学の研究機能は再び見直されるようになる。95年に成立した科学技術基本法は、そうした動向を反映した政策の1つである（阿曽沼、1999年、108-109頁）。

　その後の答申、たとえば大学審議会答申「21世紀の大学像と今後の改革方策について──競争的環境の中で個性が輝く大学──」(1998年)や学術審議会答申「科学技術創造立国を目指す我が国の学術研究の総合的推進について──『知的存在感のある国』を目指して──」(1999年)などでも、科学技術研究の推進と高学歴人材の育成が提言にもりこまれた。それだけでなく、大学審議会の答申では職業準備教育の改善をとりあげており、職業教育中心の専門学校を正式の高等教育機関の一角に加えたり、学部教育における専門教育の充実や修士課程における専門職業教育の拡大を提言している。さらに成人対象の生涯教育の推進を大学政策の目玉の1つとしてとりあげていることも指摘しておきたい。

　このように転換期における日本の大学政策では、国際競争のための国力の強化が謳われている。しかしそれは、かつての日本の教育政策を参考にして実施されたアメリカの大学改革をあらためて「合わせ鏡」にして日本の大学改革を進めたり、大学制度全体の見直しをはかろうとしたものだったといってよいだろう。

　もっとも、同じような内容の提言が日米でくりかえし強調されるのは、実際にはそうした政策が定着していないことを意味するのかもしれない。しか

も日本の大学政策の立案や実施がこうした観点からどの程度意図的、計画的に行われているのかは、直接の関係者以外には推測するしかない。しかしいずれにしても、大学の社会的役割が今後いっそう多様化するのはまちがいないことだろう。つまり大学では今後、大学教員の特権といってもよかった「研究のための研究」に代わって、国際競争のための国力の強化に役立つ研究がますます重視されるようになり、さらに能力や興味・関心などの面で多様な学生を受け入れ、彼らに職業準備教育や成人対象の生涯教育を提供する場に変わることが強く求められている。

距離のある大学政策の方向と大学教員の大学像

日本の大学改革で問題なのは、そうした大学政策の方向と大学教員の大学観との間に、今でもかなり大きな距離があることである。専門分野によっては、たとえば工学系や農学系のように、新しい時代の動きに沿った制度改革やカリキュラム（教育課程）改革を進めているところも少なくない。しかし多くの大学教員にとって、これまでの伝統的な大学観や学問観を外からの圧力により強制的に変えられたり、新しい状況に不本意なまま対処するのは望ましいことだと考えられていないように思われる。

人文・社会科学の専門分野のなかには、将来の社会的な需要と縁が薄かったり、学生の人気がないものもあり、大学改革の際にはこれからの日本社会にとって役に立たない専門分野としてリストラの標的になりやすい。ところがそうした専門分野もいったん閉鎖されると、後に再び日の目をみたときに、その再生に多くの年月とエネルギーが必要なのも事実である。どの大学にも同じような専門分野をそろえる必要はなく、大学によってそれぞれ特色のある教育と研究を行うのは望ましいことかもしれない。しかしどの専門分野も日本文化の生んだ知的財産として不可欠であり、その火をどこかの大学やセクターで絶やさないように全体的な視野から配慮する必要がある。

3 アクセスの拡大と質の維持

避けられない学生の多様化と質の低下

　日本でもアメリカでも、大学教員は大学の門戸を開放し、高等教育機会へのアクセスを拡大することに総論として賛成している。つまり高等教育が大衆化して、学生を大量に受け入れるようになった高学歴化自体について批判する声は小さい。しかし多くの大学教員は、高学歴化にともなって大学の学問的な水準が下がることには批判的で危機感をいだいている。かつて高校の進学率が著しく上昇したときと同様に、大学も学生を数多く受け入れれば受け入れるほど、学生の能力や意欲は多様化し、その質の全般的な低下、とくに下限の低下は避けられないからだ。

　たとえば大学教員の目からみた若い世代の大学進学許容度、つまり同世代の何％が大学教育を受ける能力があると考えているかをみると、アメリカは47％、日本は41％だから、アメリカの大学教員の方がやや高いにしても、それほど日米間でちがうわけではない。さらに大学教員を8つのタイプに分けてみても、最も許容度の低い日本の国立研究大学（40％）と最も高いアメリカの私立一般大学（49％）との間でもそれほど大きなちがいはない。ところがどちらの国でも問題なのは、すでにこの比率を実際の大学進学者の比率が超えてしまっていることである。

　もっともアメリカの学生は退学率も高いから、進学者全員が卒業するわけではない。アメリカでは90年代に入ってから同世代の半数以上が四年制大学や二年制大学に進学し、専門学校を含めると6割近くが進学するようになった。しかし高卒後10年目の学位等取得率をみると、実際に準学士（短期大学士）や学士以上の学位を取得した者は32％であり、免許証の取得者まで含めても43％にすぎないのである（江原、1999年a、97-98頁）。ところが日本では、小学校や中学、高校と同様に、大学でもいったん入学するとよほどのことがない限り、そのほとんどが卒業して学位を取得してしまう。そのため学生の質の低下が大学教育に及ぼす影響は、アメリカよりも日本の方がはるかに深刻である。

　こうした大衆化の現実と意識のズレを反映して、アメリカでも日本でも、大学教員は学生の質が悪くなったと評価している。たとえば所属学科の学生

の質を90年代初頭の時点で5年前と比べて評価してもらうと、日米平均で「よくなった」23％、「ほぼ同じ」40％、「悪くなった」37％だから、全体として学生の質は悪くなったと否定的にみている。学部学生の学力や実力の評価もかなり悲観的である。彼らからみると、自分が教えている学生は、書くにしても話すにしても十分なコミュニケーション技能をもっているわけではないし、数学的な能力とか論理的な能力をもっているわけでもない。それだけでなく、学生は5年前と比べて勉強しなくなっており、なんとか単位をとれるだけの勉強しかしないし、よい成績をとるためにカンニングをする心配すらある。

大学のタイプ別にみて特徴的なのは、日米ともに、一般大学よりも研究大学の大学教員の方が学生の学力や実力を高く評価していることである。アメリカでは伝統的に質の高い学部教育を提供してきた教養カレッジと並んで、研究大学の文理系学部カレッジも高校の学業成績がよく、進学適性検査（SAT）やACTテストの得点も高い優秀な高校生を受け入れている。なお設置者別にみると、アメリカでは公立よりも私立の学生の方が高く評価されているが、日本では受験学力の偏差値の格差を反映して、研究大学でも一般大学でも、私立よりも国立の学生の方が学力や能力の評価は高い。

形式的な大学教育改革の進展

こうした学生の質の低下に対応するために、アメリカでは大学教育についても、さまざまな改革が大学管理者主導の形で試みられてきた。シラバス（講義要項）とか、オフィスアワー、学生による授業評価、補習教育などといった「大学教育の小道具」が、どの大学でもその実情に応じた形で導入され、教員研修（FD）や大学評価もあらためて脚光を浴びるようになった。

とくに二年制大学や四年制の一般大学は学生を確保するために、非伝統的な「新しい学生」、つまり女子学生、マイノリティ学生、成人学生などを積極的に受け入れたが、それにともなって、彼らにみあったカリキュラムや施設設備、教授法などの学習環境の整備にもとりくんできている。アメリカの教養カレッジの上位校は質の高い優れた大学教育を提供することで知られて

いる。そうした大学が売り物の教養教育をさらに充実させて大学の知名度を高めるために、その工夫と改善に努めているのはいうまでもない。

　大学設置基準等が大綱化された91年以降の大学改革の動向をみると、日本でも大学教育の改革が重点的に進められてきた（本書の1章1節の「短期間に進んだ個別大学の改革の状況」の項を参照）。これらの教育面での改革は主として行政主導で実施されたが、学生は90年代を通じて、能力の面でも意識の面でもそれまで以上に多様化したため、どの大学にとっても正面からとりくむべき課題だった。大学の「冬の時代」を迎え、大学教育の改善を目玉にして積極的に学生の獲得をめざした大学も少なくない。しかしこれまでの動きをみると、大学教育の枠組みの形式的な整備が中心で、当事者である学生や大学教員の立場や意向はあまり考慮されなかったように思われる。

　たとえば学生は分かりやすい授業や満足感を与えてくれるカリキュラムの編成を求めているが、実際の改革は大学の財政事情に左右されたり、大学教員が好む学問的体系的カリキュラムを作る方向で行われてきた。また大学教員のなかには改革疲れに陥った者も少なくない。彼らからみれば雑多で脈絡のない改革の試みが、とくにそのための環境が整備されないまま、矢継ぎ早に実施されたからである。

　将来的には18歳人口が減り続けることもあって、大学教育の改革はますます必要になる。入学者選考では競争倍率が3倍を切ると、どのような基準を使うにせよ、自分の大学にふさわしい学生を選べなくなるといわれている。しかし大学の施設設備や総定員は18歳人口の減少に連動して減らせないので、入学者選考はいっそう学生に有利な買い手市場になり、今までの基準では自分の大学にふさわしくない学生を受け入れる大学や、入学希望者を実質的に全員受け入れる大学が増えるからだ。それにもかかわらず毎年大学が新設されているところをみると、定員を満たせない大学が大幅に増えたり、経営危機に陥って倒産する大学が続出しても、少しもおかしくない状況にある。

忘れられたアクセスをめぐる課題

　ところで高等教育機会へのアクセスの拡大は、この他にもさまざまな解決

すべき課題を生み出してきた。第1に、大学の門戸を同世代のなかでどのような人びとに、どの時点で、どの程度、どのような形で開くのかは、どの国でも真剣に論議すべき問題である。多くの先進諸国では第二次世界大戦後、中等教育機会をすべての者に開くことを教育政策の主要な目標にしてきた。それと対照的に、大学の門戸をすべての者に開くことはどの国でも想定されていないが、高等教育機会を実際にどのように整備して制度化するのかは、どの国にとってもそれほどはっきりしていないように思われる。

　第2に、アクセスの不平等の是正も重要な課題である。政府が提供する公的資金が減少し、少子化のために学生の確保も難しい大学の「冬の時代」には、アクセスの問題も政府や大学側の立場から考えられやすい。しかし社会的に主流派で所得も多い、有利な家庭の出身者ほど、より上級の教育機会へのアクセスで有利なのは事実である。そうしたアクセスの不平等を是正するために、社会的に恵まれない少数派の学生に対する奨学金などの財政援助を増やしたり、彼らの入学者選考を工夫するのは、公正(フェアネス)の観点から今後も進められるべきである。また大学は制度全体として人的資源の全般的な底上げと先端的な人材の育成を果たすことを求められているが、そのためには人材の予備軍の規模を拡大して、より多くの潜在的な人材が開花する機会をいっそう充実する必要がある。

　第3に、大学教育というと学部教育に関心が集まりやすいけれども、大学院教育の改革も大きな課題であり、その改善充実が求められている。アメリカは大学院教育が非常に普及している国である。専門職業教育は学部教育でも行われるが、医師や法律家、大学教員などの専門職に就くためには大学院教育を受けなければならない。また企業の経営幹部になるためには経営学大学院(ビジネススクール)で学ぶことが有利だといわれている。

　今後は日本でも成人学生や留学生なども含めて、大学院の大幅な拡充が期待されている。しかしそのために大学院教育をどのように再構築するのかは不透明であり、未解決な課題も少なくない。たとえば大学院では今後ますます学部教育とちがう専門分野を学ぼうとする成人学生や、習得した専門分野の学問的な背景が日本の学生とはちがう留学生などを大量に受け入れること

を考えると、カリキュラムの面で学部教育と大学院教育との接続をどのように改革し、そのなかで教育と研究の面で大学教員の役割をどのように再構築するのかは大きな課題である。

なお教育段階間の接続については、初等中等教育と大学教育との適切な接続も大きな課題である。たとえば大学関係者の間では、1999年の学習指導要領の改訂にともない高校までの学習内容がいっそう削減されたが、2006年にはそうしたゆとり教育を受けた高校生が大学に入学するため、入学者の学力低下への懸念が「2006年問題」として大きな関心を集めた。

ところで重要なのは、今日の大学教育は制度的に、初等教育（小学校）と中等教育（中学校・高等学校）の次に接続する最終的な学校教育段階として位置づけられることである。高等教育機会へのアクセスの拡大と質の維持をめぐる問題は、そうした幅広い観点から議論し、その整備充実をめざす必要がある。

4 教育と研究のバランス

研究志向が多い日本の大学教員

第二次世界大戦後の大学の歩みをたどってみると、アメリカや日本をはじめ、どの国でもますます研究は大学教員の重要な役割になったが、他方で大量の学生を受け入れるにつれて、教育の重要性もあらためて認識されるようになった。現在問題になっているのは、この教育と研究のバランスをどのようにとればよいかということである。

大学教育の改革でやっかいなのは、学生の教育に関心のある者は別にして、大学教員の多くが自分自身は教育よりも研究に関心があると密かに考えていることである。それはとくに日本の大学教員にあてはまる。調査の結果をみても（**表2-2**）、アメリカと比べて日本の大学教員は研究に関心があり、最も研究志向の少ない私立一般大学でも、教育志向よりも研究志向の大学教員の方が多いのである。この志向は実績とも密接に関連しており、一般大学よりも研究大学の大学教員の方が、また私立よりも公立や国立の大学教員の方が研究成果の公表数が多い。日本ではアメリカと比べて、この志向や実績の大

表2-2 研究志向と研究活動の成果

		研究志向教員の比率（％）	執筆した学術書（過去3年間）（冊）	学術書、学術雑誌に発表した論文（過去3年間）（編）	学会での発表（過去3年間）（回）
米国	公立研究大学	51.7	0.41	6.71	5.34
	私立研究大学	55.6	0.56	6.30	5.04
	公立一般大学	18.3	0.27	2.09	2.85
	私立一般大学	22.7	0.21	2.21	2.62
日本	国立研究大学	91.7	1.50	12.38	10.20
	私立研究大学	84.7	1.88	9.06	8.71
	国立一般大学	80.3	1.34	7.59	6.79
	私立一般大学	59.6	1.16	4.65	4.76
日米平均		49.5	0.79	6.42	5.49

（出所）カーネギー大学教授職国際調査（1992～93年）

学類型間のちがいが小さくて、教育研究活動の大学間の役割分担がそれほど明確でないのも重要な特徴である。

つまり日本では、大学教員の目からみると、自分自身は研究志向が強いのに、自分の学生時代の学生よりも質が低かったり、準備不足のためごく普通の大学の授業にもついていけない学生を数多く受け入れ、そのほとんどを卒業させるために、そうした学生の教育にいやおうなしにとりくむことが要請されている。しかも日本ではアメリカほど大学間の分業が目にみえる形で進んでいないため、どの大学でも大学教員は多かれ少なかれ、目の前にいる学生にどのように対応したらよいのか、とまどっているように思われる。

もっとも日本の大学教員に研究志向が多いといっても、実際にどのような研究をどの程度実質的に行っているのかは別問題である。たとえば日本の場合、各大学には大学や学部などが発行する研究紀要があり、大学教員が研究成果を公表する場になっている。しかしその研究の水準はさておいても、そうしたとくにレフリーの審査を受けないで公表される自主的な研究がすべて独創的で、信頼のおけるものだとはとうてい考えられないのである。

求められる教育活動の評価と処遇

大学における教育と研究のバランスは、アメリカでも主要な議論の1つと

して、これまでよくとりあげられてきた（アルトバック、1998年、236-238頁）。大学教員は教育を重視すべきだという主張は、アメリカでも実は学外では大学関係者以外の多数の者によって、また学内では大学管理者などの少数の者によってなされており、そうした状況のなかで、大部分の大学教員は受け身の立場に立たされている。

　アメリカでも二年制大学はともかく、四年制大学の大学教員の生産性を問題にするときには、研究上の成果が最も重視される。だから建て前はともかく本音の部分では、多くの大学教員は勤務している大学に関係なく、わずらわしくて手間ひまのかかる学生の教育よりも自分の専門分野の研究をしたいと考えているのである。ただし日本と同様に、その研究がどの程度価値があるのか、疑問を投げかける声も少なくない。なかには先端的で独創的なものもあるが、公表された研究の多くは価値のない研究だとか、研究で忙しいという大学教員の弁解は、授業負担を軽くすることの正当化にすぎないという批判もある（たとえばサイクス、1993年、117〜123頁）。

　しかし学生の質の低下が深刻な問題になり、その教育の改善をせまられているのは、日本でもアメリカでも変わらない。大学教員の教育能力の改善と向上をめざす教員研修（FD）はそうした試みの1つだが、ここでは、大学教員の評価のあり方に注目してみよう。大学教員に学生の教育に関心をもってもらう手っとり早い方策の1つは、彼らの教育活動をなんらかの形で評価し、その実績に対して目にみえる形で報いることだと考えられるからだ。

　教育研究活動について、その定期的な評価が所属大学でどの程度行われていたのかを90年代初頭の時点でみると、教育活動は日米平均で61％、研究活動は57％の大学教員が、所属大学では定期的に評価されていると回答していた（**表2-3**）。ただしこれはあくまでも日米の平均であって、大学事情に明るい人は簡単に想像できるように、大学教員の評価システムはアメリカの方がはるかに普及している。またどのタイプの大学でも、アメリカでは研究活動よりも教育活動の評価の方が普及しているが、日本では研究活動の評価の方が多いのも日米の大学の大きなちがいである。

　アメリカでも日本と同じように、大学教員の採用や昇進には、研究業績が

表2-3 大学教員の教育研究活動の評価と意見

		教育活動は定期的に評価されている	研究活動は定期的に評価されている	教育能力が教員の昇進の基準として最も重視されるべきだ	本学では、優れた研究業績をもつことが教員評価で重要だ
米国	公立研究大学	81.4	70.9	31.0	92.5
	私立研究大学	75.6	69.5	27.9	94.6
	公立一般大学	90.5	66.9	62.0	56.0
	私立一般大学	86.2	58.5	60.9	58.9
日本	国立研究大学	7.3	29.6	25.3	91.6
	私立研究大学	19.5	33.8	27.0	90.3
	国立一般大学	9.9	27.0	32.7	75.9
	私立一般大学	27.9	50.4	44.9	76.7
日米平均		60.8	57.3	42.4	77.4

(出所) カーネギー大学教授職国際調査 (1992～93年)
表中の数値は「そう思う」と回答した者の比率 (%)

大きくものをいう。たとえば日米の大学教員の77％は、その所属大学では、優れた研究業績をもつことが教員評価において重要だと回答している（**表2-3**の右端を参照）。また7割近い大学教員は、継続的な研究活動が職務として期待されている（69％）とか、所属学科で終身在職権（テニュア）を獲得するためには著書や論文を公表しなければならない（67％）と回答している。こうした研究を重視する教員評価が一般大学よりも研究大学に多くて、日米とも9割を超えているのは当然のことかもしれない。日米の比較で目立つのは、アメリカの方が大学間の役割分担が進んでいて、大学のタイプによるちがいが日本よりも大きいことである。

ところでここでとくに注目したいのは、それに連動して、アメリカの大学、とりわけ教育を重視する一般大学では、6割を超える大学教員が教員の昇進の基準として教育能力が最も重視されるべきだと考えていることである。それだけでなく、一般大学では実際の昇進審査でも教育活動が主要な基準になっている。アメリカの大学教員にとって、所属大学から終身在職権を授与され、准教授や教授に昇進することは、将来のキャリアを左右する死活問題である。この終身在職権の授与基準として、研究大学では研究活動の成果が最も重視されるが、一般大学では教育活動の評価の方が重視されている（江

原、1994年b、46-48頁)。

　それだけでなく、研究を重視する研究大学でも3割前後の大学教員は同じように考えており、その比重は研究活動よりも低いが、実際の昇進審査には教育活動の評価がくみこまれていることも付け加えておこう。さらに学生の目からみると、キャンパスライフの満足度が最も低いのは研究大学の学部学生であり、彼らを含めてどのタイプの大学の学生も、その9割以上は大学教員の昇進の基準として教育能力が最も重視されるべきだと考えている(江原、1994年a、86-88頁)。研究者やその他の専門職に就く学生に限ってみても、在学中にどのような教育を受けたかによって、卒業後のキャリアは大きく左右される。またどの分野でも、次の世代の育成がうまくいかなければ、たちまち行き詰まってしまうから、優秀な予備軍の育成は大学教員だけでなく、キャンパスで学ぶ学生にとっても、彼らを受け入れる大学や社会にとっても不可欠なのである。

　こうしたアメリカの教員評価を「合わせ鏡」にしてみると、日本でも大学教員の教育研究活動、とくに教育活動の評価をどのように制度として確立し、それを大学教員の処遇にどのように反映すればよいのかを考える時期にきている。教育面での努力を正式に評価して目にみえる形で処遇すれば、学生の教育に関心をもち、エネルギーを注ぐ大学教員も増えるにちがいない。大学教育の改善には大学教員の個人的な努力に負うところが大きいが、その程度が個人の努力の限界を超えたものであれば、熱心な教員ほどストレスがたまったり、挫折してしまいやすいからである。

　ただし教育能力を評価するためのよりよい方法が必要であるという意見は日米平均で73％もあり、大学のタイプ別のちがいはあまり大きくない。日本よりも先行しているアメリカの大学教員が、教育能力を評価するためのよりよい方法を強く求めているのも重要なことである。つまりアメリカの大学では大学教員の評価に教育能力の評価がすでにくみこまれているが、幅広い支持がえられる適切な教育評価の方法は定着していないのである。

3章　大学教員のみた日米の大学 (2)

　2章では、この本の導入もかねて、日本の大学が1990年代初頭にどのようになっていたかを日米比較の視点から整理して、転換期における日本の大学改革の出発点の状況を集約してみた。具体的にとりあげたのは①大学の社会的役割、②アクセスの拡大と質の維持、③教育と研究のバランスである。続いて3章では、大学教員のみた90年代初頭の日米の大学の状況を、④キャンパスライフの条件整備、⑤管理運営の課題、⑥アカウンタビリティと大学評価に焦点を絞って素描してみよう。

　さらに日本の大学については、4章以降の議論をある程度見通すこともかねて、その後の15年間にわたる大学改革の成果の一端も実証的に確認してみたい。この日本における大学改革の15年間の変化をみた時系列的な分析では、90年代初頭の横断的な日米比較の分析で論じた6つのポイントのうち、とくに③教育と研究のバランス、⑤管理運営の課題、⑥大学評価に焦点を絞って、大学改革の成果をみることにしよう。

1　キャンパスライフの条件整備

置き去りにされた大学教職員の待遇改善

　キャンパスライフについては、学内の学生や教職員、大学管理者はもとより、学生の保護者や卒業生を受け入れる企業、政府の大学行政担当者といった学外者など、それぞれの立場からみた現状の評価と条件整備の考え方がある。そのうちここでとりあげるのは、大学教員の目からみたキャンパスライ

フの条件整備の問題である。

　日本では1980年代後半から90年代初頭にかけてみられたバブル景気の崩壊もからんで、90年代以降、大学教員や大学職員の職場環境や労働条件についてはあまり議論されてこなかった。かつては右肩上がりの成長産業だった大学が成熟産業とか衰退産業としてとらえられ、多くの大学が少子化の進行にともなって学生の獲得に狂奔する大学の「冬の時代」を迎えたため、大学教員や大学職員の待遇改善は話題になりにくい問題でもあった。つまり大学は学生にとっては彼らに有利な買い手市場だが、大学教職員にとっては厳しい職場環境へと変わっていった。

　この職場環境の厳しさを大学教員を中心にみると、大学が専任教員の採用を手控えていることもあって、たった1つのポストの募集に多数の応募がみられるようになった。教員の採用条件でも、年収が少なくて雇用条件も恵まれていない特任教授や期限付きの採用を条件にした教員の募集が増えている。キャンパスの施設設備の整備も、学生を獲得するために学生の目に触れやすいところを中心に行われてきた。90年代に入ってから私立大学を中心に多くの大学でまっ先に改築されたり改装されたのは、受験生が利用するトイレとか、入学者選考の試験や一般の学生の授業で使う教室だった。その反面、その他のキャンパスの整備はなおざりにされたが、大学改革にとって大学教職員のキャンパスライフを左右する条件整備も重要な課題である。

満足度の低い「昇進の見通し」と「大学の運営方針」

　それでは、大学教員のみた90年代初頭の日米のキャンパスライフはどのような状況だったのか。はじめに所属大学の大学生活の満足度を聞いた結果を紹介すると、仕事全般に満足していると回答した大学教員の日米平均は57％だからほぼ半分である。個別にみると、担当している授業(75％)や教育・研究活動の自由(75％)をはじめ、仕事の安定性(66％)や同僚との関係(63％)の満足度は比較的高いけれども、昇進の見通し(39％)や大学の運営方針(28％)の満足度は低い。

　この種の設問には文化のちがいを反映して、アメリカの人びとはどちらか

といえば自己肯定的に、日本の人びとはやや否定的に回答する傾向がある。そのためどの項目でもアメリカの大学教員の方が満足度はかなり高い。また細かくみれば例外もあるけれども、公立や国立よりも私立、一般大学よりも研究大学の大学教員の方が肯定的に評価している。たとえば仕事全般の満足度で「満足」と評価した者の比率は、日米ともにそうした傾向があり、アメリカの私立研究大学（67%）と公立一般大学（53%）との間、それから日本の私立研究大学（67%）と国立一般大学（47%）との間には大きなちがいがある。

ただし担当している授業について「満足」と評価した者の比率をみると、アメリカでは最も高い私立研究大学（88%）も最も低い公立一般大学（85%）もほぼ同じで、大学のタイプによるちがいはほとんどない。しかし日本では授業に対する満足度自体が全体としてアメリカのほぼ半分だが、最も満足度の高いのは私立一般大学（59%）、最も低いのは国立研究大学（48%）であり、研究大学よりも一般大学の大学教員の方がやや満足度は高い。

別の観点から、所属大学の教育・研究環境の評価について聞いた設問の結果を、「よい」と評価した比率の日米平均が高い順に並べると、知的雰囲気（51%）、大学の教育・研究目標の明確さ（41%）、教員と管理者の関係（37%）、教員の意欲・やる気（36%）、共同体としてのまとまり（35%）である。全般的にどの項目でも、やはりアメリカの大学教員の方が「よい」と高く評価している。また公立よりも私立、一般大学よりも研究大学の大学教員の方が肯定的に評価する傾向がある。たとえば知的雰囲気を「よい」と評価した者には、アメリカでも日本でもそうした傾向があり、アメリカの私立研究大学（76%）と公立一般大学（47%）、日本の私立研究大学（69%）と国立一般大学（20%）の間には、非常に大きなちがいがある。

大学の教育・研究目標の明確さについては、日本の国立一般大学の大学教員に肯定的な評価が極端に少ない（13%）のが目立っている。日本では、教員の意欲・やる気の面で、一般大学（国立26%、私立30%）よりも研究大学（国立54%、私立57%）の大学教員で、「よい」と肯定的に評価した者の比率が高いのも大きな特徴である。

次に、所属大学の施設設備や人員の評価について聞いた結果を、「よい」

と評価した比率の日米平均が高い順にまとめると、コンピュータ機器(49%)、図書館(43%)、教室(43%)、研究室(42%)、教育用機器(36%)、実験室(34%)、事務的補助(33%)、研究用設備・器具(31%)である。全般的にどの項目でも、やはりアメリカの大学教員の方が「よい」と高く評価しており、公立よりも私立、一般大学よりも研究大学の大学教員の方が肯定的に評価している。たとえばコンピュータ機器を「よい」と評価した者には、日米ともにそうした傾向があり、アメリカの私立研究大学(75%)と公立一般大学(44%)、日本の私立研究大学(30%)と国立一般大学(14%)の間には大きなちがいがある。

研究活動に多くの時間を割く日本の大学教員

　大学教員の平均的な1週間の活動時間(学期中)の日米平均は50時間、その内訳は教育18時間、研究17時間、社会サービス6時間、管理運営6時間、その他の学術活動3時間である。休暇中も研究のための26時間を含めて1週間に47時間働いている。大学教員の活動は労働者一般と比べると勤務形態が比較的自由で、時間的な拘束もゆるやかだが、活動時間数からみると、よく働く人びとが多い職業だといってよいだろう。

　平均的な1週間の活動時間(学期中)について日米を比べると、アメリカよりも日本の大学教員の方が教育活動はやや少なく、研究活動はかなり多く、社会サービス活動は半分ほどで、管理運営活動やその他の学術活動に費やす時間はアメリカと変わらない。また日米ともに、一般大学よりも研究大学の大学教員の方が教育活動の時間は少ない代わりに、研究活動の時間が多い。ただし研究活動に費やす時間についてみると、アメリカでは研究大学(公立17時間、私立18時間)と一般大学(公立8時間、私立8時間)との間に2倍の開きがあるけれども、日本では研究大学(国立23時間、私立22時間)と国立一般大学(22時間)はほぼ同じで、私立一般大学(17時間)でもけっして少なくない。つまり日本の大学教員はおしなべて(その内容はともかく)、研究活動に多くの時間を割いている。

　ところで、研究費について「私の研究領域の研究費は5年前よりも今の方が獲得しやすい」という設問に対する回答をみると、その日米平均はわずか

15%だから、研究費の獲得は90年代初頭には厳しくなった。とくにアメリカの大学教員は私立一般大学 (10%) 以外は8%以下なので、大学をとりまく財政状況は研究費の面でも厳しくなったことが分かる。

額面ではアメリカよりも年間収入が多い日本の大学教員

もう1つ、大学生活に関する興味深いデータとして、大学教員の年間収入について日米のちがいを確かめておこう。大学教員の年間総収入額の金額幅を日米平均で各カテゴリーの比率がほぼ20%になるように5つのカテゴリーにまとめてみると、額面ではアメリカよりも日本の大学教員の方が全体として収入は多い (**表3-1**)。なおこのカテゴリー分類は調査時点の為替レートを考慮して区分しているので、そのまま比較することができる。

日本円で1105万円以上の総収入があった大学教員の比率は日米平均では21%だが、大学のタイプ別に比率の高い順にならべると、日本・私立研究大学(47%)、日本・私立一般大学(37%)、日本・国立研究大学(34%)、アメリカ・私立研究大学(26%)、アメリカ・公立研究大学(20%)、日本・国立一般大学(18%)、アメリカ・私立一般大学(9%)、アメリカ・公立一般大学(9%)である。

額面でアメリカよりも日本の大学教員の年間収入が多いのは、所属大学の雇用条件も関係している。たとえば雇用形態についてみると、日米とも

表3-1　今年の総収入額 (円)

(%)

		520万円未満	520～715万円未満	715～910万円未満	910～1105万円未満	1,105万円以上
米国	公立研究大学	22.3	25.6	19.3	13.1	19.7
	私立研究大学	15.2	21.9	20.3	16.3	26.3
	公立一般大学	39.3	28.7	19.1	4.4	8.5
	私立一般大学	47.3	27.6	9.9	6.3	8.9
日本	国立研究大学	2.4	10.2	25.5	28.1	33.8
	私立研究大学	2.7	4.1	21.6	24.3	47.3
	国立一般大学	6.0	21.0	26.5	28.9	17.6
	私立一般大学	2.6	10.1	22.1	28.6	36.6
日米平均		21.1	21.6	19.9	16.4	21.0

(出所) カーネギー大学教授職国際調査 (1992～93年)

常勤職の者が多い (93%) が、これはもともと調査の設計の段階で各大学の専任教員を調査対象にしたからである。しかしそれでも日米間では雇用形態にちがいがみられ、日本の調査対象はほとんど常勤職である（日本は97%から100%、アメリカは88%から93%）。雇用契約でも、日本の大学教員にはアメリカと比べて終身在職権のある者が非常に多い（日本は92%から97%、アメリカは49%から65%）。任期制もアメリカは15%から25%だが、日本では雇用契約が任期制の大学教員は0.3%（国立研究大学）から4%（私立一般大学）で、非常に少ないのである。なお日本では一般的に国立よりも私立の大学教員の総収入が多いこともあって、最も収入が多いのは私立研究大学の大学教員である。日本の国立大学で一般大学よりも研究大学の大学教員の総収入が多いのは、大学院手当のちがいの他に、年齢も関係している。

　このように額面でみるかぎり、アメリカよりも日本の大学教員の方が豊かである。日本の私学の経営担当者の感想としては、大学の教員も職員も他の職種と比べれば大学の給料は高すぎるという（小松他、2000年、6頁）。しかしアメリカと比べてはるかに割高な住居費や生活費などを考慮すると、日本の大学教員の方が経済的に豊かだというのは、実感ともかけ離れている。それは所属大学からえる給与の評価にもあらわれている。日米の大学教員は平均して総収入の85%を所属大学からえているが、その給与が「よい」という評価が最も高いのはアメリカの私立研究大学 (60%) であり、それ以外の大学でも40%から45%である。それに対して日本では、私立一般大学 (18%) を除くと5%から8%だから、きわめて少数の者しか「よい」と評価していないのである。

　その他に、医療保険や生命保険、住居、教育などといった所属大学が提供する福利厚生面での待遇をみても、日米平均では37%の大学教員が「よい」と評価している。しかしアメリカではその比率が最も低い私立一般大学でも41%であるのに対して、日本では私立でも（研究大学9%、一般大学12%）でも、国立でも（研究大学6%、一般大学8%）でも非常に低い。退職に関連した処遇をみても、日米平均では51%の大学教員が「よい」と評価しているが、アメリカではどの大学でも66%以上なのに対して、日本の場合は4%から12%に

とどまっている。なおアメリカの大学では定年制が廃止されたが、退職しても収入の面でそれほど不利にならないので、比較的早期に退職する大学教員も少なくない。退職しても研究室が使えなくなるぐらいで、場合によっては、かえって自由に活動できるからだ。

職業として「望ましい」大学教員

ところで興味深いのは、こうした職場環境や労働条件に対する低い評価にもかかわらず、大多数の大学教員は自分の職業として大学教員を選んだことに満足していることである。それは職業としての大学教員の自己評価を聞いた、次のような設問の回答にもよくあらわれている。

つまり「もし人生をくりかえすことができるなら、私は大学教員にならないだろう」と回答して、職業としての大学教員をよくないと考えている者は日米平均で13％にすぎない。アメリカではこの比率はどの大学でも10％前後でほとんど変わらない。日本では国立（一般大学19％、研究大学17％）よりも、私立（研究大学14％、一般大学14％）の方がやや肯定的だが、それでも8割を超す大学教員は、もう一度人生をくりかえすことができたら、大学教員になりたいと考えている。不適切な言葉かもしれないが、大学教員は一度経験するとやめられない職業の1つだといってよいだろう。

もっとも「私の仕事は相当な心理的緊張をともなっている」と回答した大学教員は日米平均で41％もいる。この設問で最も特徴的なのは、日本の大学教員に心理的緊張があると回答した者が多いことだ。そうした回答の少ない一般大学の大学教員でも国立、私立ともに53％であり、研究大学では6割を超えている（国立66％、私立64％）。アメリカでも心理的緊張を訴える大学教員は一般大学（公立28％、私立30％）よりも研究大学（公立39％、私立35％）に多いけれども、日本の半分程度にすぎないのである。

これからはじまる大学教職員受難の時代

アメリカでは70年代後半から80年代にかけて、さまざまな大学教員のリストラ策が各大学で実施された。半数を超える大学教員が所属大学で実施さ

れたと回答したリストラ策は (84年)、大学教員の欠員が補充されなかったこと (64%) と、特定の課程 (プログラム) が廃止されたこと (54%) である。終身在職権のない大学教員の解雇 (35%) や、定年前の希望退職の勧告 (34%)、給料の凍結や減額 (32%) も比較的多い。それだけでなく終身在職権のある大学教員の解雇 (9%) も行われた。この最後の終身在職権のある大学教員の解雇については、今後5年間にも行われると予想する者が3割近くあり、5年前と比べて終身在職権の獲得が難しくなったと回答した者は68%もいたのである (江原、1994年 a、166-167頁)。

アメリカの大学教員にとって、90年代初頭は「冬の時代」に対応した大規模なリストラがひととおり終わって、一段落した時期である。アメリカの大学教員の雇用条件は常勤から非常勤へ、安定から不安定へと大きく変化した。給与も60年代の10年間に大幅に増えた後、70年代には実質購買力でみると減少しはじめた。問題なのは、こうした人員削減などのリストラ策の実施や給与条件の悪化が大学教員のやる気の低下と疎外感を強めたことである (Levine, 1997, p.14 ; アルトバック、1998年、240頁)。

こうした「冬の時代」のリストラが一段落したアメリカと比べて、日本の大学教員の職場環境や労働条件に対する評価はけっして高くない。しかも90年代を通してその待遇改善はなおざりにされてきた。しかし日本で大学教員の受難の時代が本格的にはじまるのはこれからであり、そのゆくえが大いに注目される。ただしここでとくに強調しておきたいのは、大多数の大学教員はさまざまな不満やストレスを感じつつも、自分の職業として大学教員を選んだことに満足していることである。もちろん不満やストレスの原因になる労働条件については、大学関係者はその改善に向けて努力していかなくてはならない。しかしその際に、大学教員は自分の職業そのものには案外満足しているという、大学教員の考え方や生き方を生かす方向で議論を積み重ねながら、キャンパスの条件を整備する方策を探っていくべきだろう。

2　管理運営の課題

分権化している人事関係の意思決定

　大学教員の仕事の中心は教育と研究である。実際に日米の大学教員はこの2つの活動に多くの時間を費やしている。それに比べると、大部分の大学教員にとって教授会や委員会などに参加して大学の管理運営活動にかかわるのは、教育と研究という本来の仕事をそこなう、わずらわしい雑務だと考えられている。すでに紹介したように、所属大学のキャンパスライフのなかで最も不満が多いのは大学の管理運営である。自分の教育活動や研究活動がどのような条件の影響を受けているのかを聞いた設問の回答をみても、管理運営活動は教育や研究にとってマイナスだととらえられている。

　そうした大学教員の不満をうながす背景として最も重要なのは、高等教育が急激に拡大するにつれて、大学が近代的な官僚制をベースにして企業などの産業界で発展した管理運営の「産業モデル」を導入するようになったことである。ある程度の規模があり複雑な構造をもつ組織を効率的に運営するには、このような組織の官僚制化は避けることのできない方向だといってよい。大学の規模が大きくなると、大学制度全体でも個別の大学でも、もっぱら管理運営を職務とする大学管理者層が大幅に増えて、その権限もさらに強くなる傾向がある。

　しかし他方で、「合意」を基本にした自治的な同僚制の管理運営に親近感のある大学教員の立場からみれば、上意下達の近代的な官僚制にもとづいた大学の管理運営は学内の無用な混乱や不信の風潮を生み出すとみなされやすい。とくに日本の大学教員の場合、学問の自由や大学の自治がしばしば侵害されてきた歴史もあって、同僚制の管理運営を守ろうとする風潮が今日でも比較的強くみられる。

　大学の管理運営は、その意思決定の権限を誰が握っているかによって、完全に中央集権化した管理運営から完全に分権化した管理運営まで、さまざまな段階が考えられる。完全に中央集権化した管理運営では、すべての重要な意思決定は大学の管理当局や理事会によって行われ、その反対に完全に分権

表3-2 大学の管理運営の権限

		大学管理者の選任	新任教員の採用	昇任と終在職権の決定	予算の決定	教員全体の教育負担の決定	学部学生の入学基準の設定	新たな教育課程の承認
米国	公立研究大学	83.1	14.5	31.8	87.5	45.3	59.4	49.9
	私立研究大学	89.1	19.6	35.4	85.5	42.2	69.2	49.0
	公立一般大学	75.1	15.6	29.2	89.3	65.4	66.1	53.0
	私立一般大学	82.6	22.6	30.2	89.0	61.1	65.0	37.6
日本	国立研究大学	10.2	17.3	22.3	41.3	18.2	28.4	30.7
	私立研究大学	26.9	13.2	14.7	68.8	24.2	34.4	29.7
	国立一般大学	7.6	11.0	13.5	34.8	12.1	18.3	22.3
	私立一般大学	83.7	50.4	58.4	87.2	43.0	53.0	48.7
日米平均		68.6	21.8	33.2	79.1	44.8	54.4	44.5

(出所) カーネギー大学教授職国際調査 (1992〜93年)
表中の数値は「中央集権化している」と回答した者の比率 (％)

化した管理運営では、そうした決定はすべて大学教員によって行われる。別の言葉でいえば (厳密には必ずしも同じではないけれども)、前者は上意下達の官僚制が貫徹した管理運営であり、後者は大学の構成員が共通の考えをもち、協同して働き、平等な権限を共有する同僚制の管理運営である。もちろん実際の管理運営は、この2つの中間のどこかに位置づけられており、権限の所在も意思決定の事項によって異なっている。

　90年代初頭の時点で、大学教員の目に映った所属大学の管理運営の全般的な傾向を、意思決定の権限がどの程度中央集権化しているかに注目して整理すると (**表3-2**)、日米平均では予算の決定 (79％) や大学管理者の選任 (69％) のような、組織体としての大学全体にかかわる事項の意思決定は中央集権化していて、トップの管理者や経営者による統制が強い。その反対に、大学教員の意向が尊重され、意思決定が分権化しているのは、新任教員の採用 (22％) とか、昇任と終身在職権の決定 (33％) といった大学教員の人事関係の事項である。そしてその中間に教学関係の事項、つまり学部学生の入学基準の設定 (54％) や教員全体の教育負担の決定 (45％)、新たな教育課程の承認 (45％) といった事項の意思決定がある。

最も分権的な日本の国立一般大学

　大学のタイプ別にみると、日本と比べてアメリカの大学教員は所属大学の管理運営が中央集権化していると考えているが、アメリカの大学では管理運営の権限の所在について、公立と私立の間にそれほど大きなちがいはない。ところが日本では、私立大学に比べて国立大学の方が大学の管理運営は分権化している。国立大学のなかでも、自分の所属大学が分権化していると考える大学教員がとくに多いのは一般大学である。

　それと対照的に、日本の私立大学の管理運営は中央集権化しているととらえられており、アメリカの大学の管理運営とよく似ている。それだけでなく新任教員の採用とか、昇任と終身在職権の決定といった大学教員の人事関係の意思決定が中央集権化しているという回答が最も多かったのは、日本の私立一般大学の大学教員である。つまり日本の大学の管理運営についてみると、国立大学では研究大学よりも一般大学の方が分権化しているが、私立大学では一般大学よりも研究大学の方が分権化しているととらえられている。

　ところで日米の大学論ではこれまで、一般大学と比べて研究大学の大学教員の方が大学の管理運営でより大きな権限をもっており、それは教授団革命（アカデミック・レボリューション）の結果もたらされたと考えられてきた。教授団革命とは大学の構成員のなかで、教育と研究を行う専門職としての大学教員、あるいはその集合体としての教授団が、理事や学長をはじめとする大学管理者に対抗して、大学の管理運営に対する影響力を強化していった過程を意味する言葉である。アメリカについていえば、この教授団革命は有力な総合大学や一流の私立教養カレッジを中心に1890年から1910年の間に起こったが、それが他大学にも及んで、ピークに達したのは第二次世界大戦後の1960年代のことである（リースマン、1986年、333-334頁）。

　その背景としてよく指摘されるのは、大学のドイツ・モデルの影響により、アメリカの大学でも教育に加えて業績主義にもとづく研究が重視されるようになったことである。教授団革命の進展にともない、アメリカの大学は大きく様変わりして、哲学博士（Ph.D.）をもち、研究志向で野心的な大学教員が増え、彼らは専門研究者としてキャンパスに定着した。カリキュラム（教

育課程)も大幅に拡充され、学問の専門分化も進んだが、それにともなって、大学教員は学内で発言力を強めるようになった。学問的な知識に通じた専門家が管理運営の意思決定に参加しなければ、大学で行われる活動や業務を適切に判断したり処理することができなくなったからである。

教授団革命があてはまらない大学の管理運営

こうした教授団革命の見方に従えば、大学教員の権限は一般大学よりも研究大学の方が大きいはずである。ところが非常に興味深いのは、大学のタイプ別にみた大学教員の管理運営に対する権限の分布は、全体としてみるとそれほど明確ではない。というのは日本の場合、私立ではすべての事項で研究大学の方が一般大学よりも分権化しているので問題ないが、国立ではすべての項目で一般大学の大学教員の方が分権化していると回答しているからである。

それだけでなく、教授団革命の仮説が提起されたアメリカでも、日本の国立大学と同じような傾向がみられる。つまり公立についてみると、事項によっては研究大学の方が分権化しているという回答がやや多いけれども、それほど大きなちがいはない。私立では3つの事項、つまり予算の決定、新任教員の採用、教員全体の教育負担の決定ではたしかに研究大学の方が分権化しているが、それ以外の4つの事項では、一般大学の方が分権化している。それゆえ全体としてみると、教授団革命の仮説があてはまるのは日本の私立大学だけなので、今日の大学の管理運営では、とくにアメリカの場合、教授団革命の仮説はあてはまらないといった方が正確なのである。

この原因としては、日米ともに、意識と実態は別物であること、つまり自主的に研究をしようとする動機づけや志向があまり高くなければ、意思決定の権限に対する要求も少ないので、実態に対する評価が研究大学と一般大学でちがっても当然だとみることができる。それに加えて大学の規模も関係しているのかもしれない。一般大学は比較的小規模なので、大学教員の意見が反映しやすいが、研究大学は大規模なところが多いため、個々の大学教員は学科や大学の意思決定にあまり参加できないという実感があると考えられる

からだ。いずれにしてもここでは、今日の大学の管理運営は教授団革命の仮説だけでは十分に説明できないことを強調しておきたい。

必要な効率化と民主化の調整

大学の管理運営について、もう1つ指摘する必要があるのは、大学の管理運営組織の改革では効率化と民主化の調整がポイントだということである。それはアメリカでも日本でも変わりがない。つまり一方で管理運営の効率化をはかることも必要だが、それと同時に、大学の構成員の円滑なコミュニケーションや伝統的な同僚制の雰囲気も確保できる管理運営のあり方が強く求められている。というのも、大学教員の考え方や意識だけでなく、知識の発見・統合・応用・教育にたずさわる大学組織の特性を考えてみても、官僚制化の強化による管理運営の合理化や効率化は、大学の発展にとって必ずしも望ましいことではないからだ。

日本よりも大学の経営者や管理者の権限が強く、管理運営の効率化をはかりやすいアメリカでも、そうした管理運営の方策が模索されてきた。アメリカの多くの大学は70年代後半以降、急速に変化する学外の環境に適切に対処するために、大学の経営や管理運営をより合理的で効率的なものにすることを余儀なくされた。とくに問題になったのは競争的な資源獲得をうながす財政的な圧力である。学生数の停滞に加えて、州議会や理事会がコストに敏感になり、少ない資源を活用してより多くのことを実現する効率的な大学経営を、各大学に要求するようになったからである。

アメリカの大学ではそのため、企業経営で開発された理論や経営革新の実践を大学経営に適用する試みが数多くなされてきた。しかし企業と大学の組織文化のちがいもあり、その多くは失敗に終わり、大学に定着しなかった(両角、2001年、166-167頁)。大学組織の改革にとって、とりわけ大学管理者の立場からみると、効率的な企業経営をモデルにした組織改革は魅力的な選択肢だが、その具体的な構想や方策はアメリカでも暗中模索のなか、それぞれの大学で改革が進められている。

日本の大学の管理運営についてはこれまでも、閉鎖的で硬直的だとか、意

思決定や責任の主体が不明確だとか、変化への対応が遅いという批判があった。しかし各大学は今後、自らの主体的判断と責任において、大学をとりまく環境の急激な変化に機動的に対応し、効果的運営を行っていく必要があり、そのために学長のリーダーシップのもとに、適時適切な意思決定を行い、実行ができる仕組みを確立することが求められている。

1998年の大学審議会答申「21世紀の大学像と今後の改革方策について」で、学長を中心とする全学的な運営体制の整備にもりこまれた「運営会議(仮称)」の設置は、このような観点から提言された改革である。これは学長が大学運営を責任をもって遂行するうえで必要な企画立案や学内の意見調整を行うための学長補佐体制として設置され、副学長や学長の指名する教員、事務局長などによって構成される組織である。その後、国立大学は2004年から法人化し、一部の公立大学も2005年から法人化したが、その影響も無視できないだろう。

こうした大学の管理運営組織の改革が今後、どの程度実質的に日本の大学に定着するのかを予想するのは難しい。しかし大学の管理運営組織の再編成が求められているのは事実であり、その日本型の望ましいあり方を本格的に検討する時期にきているように思われる。

関心の低い大学職員と学生の参加ルートの構築

その他に、大学の管理運営の問題を考えるときには、大学教員と並んで、大学職員や学生の全学的な意思決定への参加ルートにも目を配る必要がある。こうした管理運営の参加者の拡大は形式的な民主化にすぎないのかもしれない。しかし大学職員の参加についてみると、アメリカの大学では上級の大学管理者とともに、数多くの行政スタッフが大学の管理運営に実質的に携わっている。日本でも国公私立を問わず、大学の管理運営のあり方に大学職員の意向が実質的に大きく反映しているのはよく知られたことである。

それに対して、学生参加について90年代初頭の大学教員の意識をみると、日米平均でわずか31%の大学教員しか、「学生に関係する政策の決定に、学生はもっと関与すべきである」と考えていない。この意識には日米間や大学

のタイプによるちがいもほとんどない。つまり多数派の大学教員は、大学の管理運営は大学管理者や経営者と大学教員によって行われるべきだと考えているのである。しかしとくに日本では今後学生人口が長期にわたって減少するので、大学教育やキャンパスの施設設備の改善などといった学生向けの大学改革を効果的なものにするには、利害関係者（ステークホルダー）としての学生の意向や要望を無視することはできない。

　さらに大学の管理運営では、教員組合も大学教員の利益団体として一定の役割を果たしている。大学教員が全学レベルの管理運営に参加するルートは大きく2つに分けられる。1つは評議会や全学教員委員会などの伝統的で形式的な管理運営組織に参加することであり、もう1つは教員団体をベースにした団体交渉である。アメリカでは、教員組合は大学の財政条件の悪化にともなう人員削減や給与凍結などから大学教員を守ることができなかったといわれている（アルトバック、1998年、241頁）。したがってその影響力を過大に評価する必要はないかもしれないが、大学の管理運営の問題を考える際には無視できないルートだろう。

3　アカウンタビリティと大学評価

大学教員の評価が普及しているアメリカの大学

　大学評価とは、大学等の高等教育で行われるさまざまな活動の実態を、関連した情報や資料をできるかぎり科学的な手続きで収集・分析して明らかにするとともに、それらの活動の意義や価値、問題点などを判断したり評価して、その成果を実践的に活用することを意味する言葉である。この大学評価やその研究が最も盛んな国はアメリカである。アメリカでは、大学評価は第二次世界大戦以前からすでに行われていたが、幅広い社会的な関心を集めたのはポスト大衆化の時期、つまり大学が急速な大衆化の後、成熟と再編成の時期に入った70年代後半以降のことである。アメリカではその頃から、教育への公的資金が削減されただけでなく、その効率的な運用も求められ、アカウンタビリティの考え方、つまり学校や大学は税金にせよ授業料にせよ、

そこで使われる経費にみあった成果をあげるべきだという考え方が広まるようになった（江原、1994年b、209頁、214-216頁）。

　政府、とくに州政府は、それまでの大学側からの要請に応じて資金や資源を供給するだけの受動的な立場から、大学教育の効率性を検討したり評価する積極的な姿勢に変わった。納税者の意向をふまえて、州議会や州政府は大学教育の目的やカリキュラム、管理運営のあり方などに口をはさむようになったのである。また大学にとっても財政的な危機への対応は大学の存立と発展をかけた課題になり、学生募集や入学者選考の改善、財源確保のための資金キャンペーンや新規事業の開拓、あるいは限られた財源を効率的に運用するための抜本的な組織改革など、さまざまな対策が講じられたが、そうした改善や改革も大学の自主的な自己点検・評価をうながした。

　それに比べると、日本で大学評価が大学関係者の関心を広く集めるようになったのは、91年の大学設置基準等の改訂で、大学の自己点検・評価がすべての大学が「努めなければならない」課題として明記されてからである。もちろん大学評価の実施は臨時教育審議会の第二次答申（1986年）でも提言され、大学審議会はその路線に沿って、大学自身による自己点検・評価の実施を勧告している。

　また大学自身による自己点検・評価という方向は、それ以前から大学側とその連合組織、たとえば大学基準協会や私立大学連盟、国立大学協会などによっても主張されていた。それだけでなく大学のなかには、将来構想委員会や事業企画委員会といった組織を設けていたところも多く、そこでは大学の過去の実績と将来の見通しが常に検討されてきた。しかし日本の場合、大学全体の問題として大学評価が論じられたり実施されるようになったのは90年代に入ってからである。

　この大学評価に関連した質問について、90年代初頭の大学教員の回答を確かめると、その実施状況には日米間のちがいがよくあらわれている。たとえば大学教員の仕事について、「あなたの大学では、あなた自身の仕事は定期的に評価されていますか」という質問がある。これについて、「はい」と回答した者の日米平均は74％だが、その回答はアメリカと日本では大きくち

がっていた。つまりアメリカではどのタイプの大学でも80%を超えているけれども、日本では私立一般大学（58%）を除けば、どのタイプの大学でも30%台だから、多数派の大学教員は自分の仕事は定期的に評価されていないとみていたのである。もう少し具体的に大学教員の仕事を教育活動と研究活動に分けてみても（**表2-3**）、大学教員の評価はアメリカの方がはるかに普及していた。

学生による評価は教育活動が中心

それでは、誰が大学教員の教育と研究を定期的に評価しているのか。調査結果の日米平均をみると（**表3-3**、**表3-4**）、教育活動の評価は主に学生（54%）と学科長（47%）によって行われており、それに学科の同僚教員（31%）や上級管理者（23%）、学外者（4%）が続いている。研究活動を評価している者を多い順に並べると、学科長（40%）、学科の同僚教員（28%）、上級管理者（25%）、学外者（17%）、学生（4%）である。

この教育と研究の評価者の質問でも、アメリカの回答の方がはるかに比率が高いから、日米平均はアメリカの傾向といってよいくらいだが、どちらの評価でも学科長と学科の同僚教員による評価が大きな比重を占めている。日本でも比率そのものは低いが、同じように学科の同僚教員による評価が比較的重視されている。したがって大学教員の所属大学における教育活動と研究

表3-3　所属大学における教育活動の定期的な評価

		学科の同僚教員	学科長	上級管理者	学　生	学外者
米国	公立研究大学	38.2	64.6	22.4	74.8	6.1
	私立研究大学	34.8	58.3	21.9	67.9	5.8
	公立一般大学	52.5	73.8	32.3	83.3	6.1
	私立一般大学	37.4	66.2	46.2	85.1	4.6
日本	国立研究大学	9.9	3.2	3.2	3.8	0.6
	私立研究大学	16.9	5.2	5.2	13.0	1.3
	国立一般大学	7.7	4.2	3.5	5.5	1.5
	私立一般大学	12.6	19.0	18.2	13.4	1.4
日　米　平　均		30.9	47.0	22.8	53.7	4.2

（出所）カーネギー大学教授職国際調査（1992〜93年）
表中の数値は「評価をしている」と回答した者の比率（%）

表3-4　所属大学における研究活動の定期的な評価

		学科の同僚教員	学科長	上級管理者	学　生	学外者
米国	公立研究大学	36.0	59.3	24.6	3.9	29.6
	私立研究大学	35.6	53.5	24.4	4.6	29.2
	公立一般大学	39.5	53.0	27.4	6.1	13.8
	私立一般大学	23.1	45.1	35.4	5.1	12.8
日本	国立研究大学	16.5	8.1	7.8	1.5	4.1
	私立研究大学	22.1	10.4	11.7	2.6	9.1
	国立一般大学	15.0	7.9	9.3	2.0	5.1
	私立一般大学	13.2	22.7	33.3	3.1	8.4
日 米 平 均		27.7	40.2	25.0	4.0	16.5

(出所) カーネギー大学教授職国際調査 (1992〜93年)
表中の数値は「評価をしている」と回答した者の比率 (%)

活動の評価は日米ともに基本的に、所属学科を中心にした同僚による相互評価の形で行われてきたといってよいだろう。

ただしそれに加えて、アメリカでは上級管理者、つまり全学レベルの大学管理者や理事会の理事とか、学部やカレッジ、スクールといった部局レベルの大学管理者による大学主導の教員評価も比較的多く行われている。大学のタイプ別で目立つのは、日本でもアメリカでも、私立一般大学でこの上級管理者の評価が重視されていることである。また学生による評価は、とくにアメリカの場合、学生による授業評価をはじめ、教育活動の評価では最も重視されている。日本でも (アメリカよりも比率ははるかに少ないが) 私立大学を中心に、教育活動の評価には学生が参加している。しかし研究活動の評価については、学生の評価は日米ともに事実上ほとんど考慮されていない。その代わりにアメリカで重視されているのは、学協会などの学外者による研究活動の評価である。

自己点検・評価をベースにしたアメリカの大学評価

大学評価では、何を (評価の対象)、どのように (評価の方法) 評価するのかという技術的な問題も大切だが、よりいっそう重要なのは、誰が (評価の主体)、何のために (評価の目的) 評価するのかである。これらの4つの要素のうち後

者の2つ、とくに評価の主体に注目して、アメリカで行われてきた大学評価を整理すると、次のようにまとめることができる。なお評価の主体は①行政機関、②第三者組織、③大学、④その他の4つに区分する（江原、1997年、12-14頁）。

まず第1に、政府行政当局主導の大学評価として代表的なのは、政府、とくに州政府による大学評価である。すでに述べたように、70年代後半以降、管轄内の大学に対する州政府の積極的な点検・評価は強化されてきた。さらに最近では、州政府が州立大学の成果、とくに教育面での成果について評価を行い、その結果を公的資金の配分と結びつける実績による資金配分（パフォーマンス・ファンディング）を実施する州が増えてきている。1997年の調査によれば、調査対象の48州のうち、半数を超える32州は予算配分の際に達成尺度を使用したり、今後使用することを計画していた（Lovell, 2000, pp.121-123）。

大学における研究活動への連邦政府の援助についても、同じような傾向がみられる。アメリカではもともと、連邦政府の研究費援助は研究者や研究グループを対象に行われる。しかし有力な研究大学はそうした研究生産性の高い研究者をきそって雇用するため、公的資金は実績がある研究大学を中心に特定の大学に集中的に投入され、科学技術研究の推進と先端的な人材の育成が行われてきた。その傾向はこの20年の間にいっそう強まってきている。研究資金の配分は多くの場合、専門分野の専門家による同僚評価（ピア・レビュー）にもとづいて行われるが、それと並行して、政府行政当局によるトップダウン方式の研究資金の配分も増えてきている。

2つ目の第三者組織による大学評価として日本でもよく知られているのは、適格認定協会による大学評価である。適格認定協会には教育機関ごとに大学全体の適格認定を行う地域別適格認定協会と、専門分野ごとにカリキュラムの適格認定を行う専門分野別適格認定協会の2種類がある。どちらも大学教育の評価が中心で、加盟大学または専門分野に関係の深い専門職業団体を中心にした自己規制的で非政府的な任意団体である。最近では、仲間内のクラブ的な色彩が強いとか、評価の手順が不透明であるといった批判があり、適格認定協会のあり方や役割についても活発な議論が行われている。

第3の大学主導の大学評価の代表例は、各大学が行う大学の自己研究（セルフ・スタディ）である。この大学の自己研究は適格認定協会による大学評価でも要求されるので、すでに広く普及していた。しかし大学をとりまく厳しい状況、とくに財政的な危機に直面して、多くの大学はその固有の理念や目的に即した大学改革に役立つ実質的な自己点検・評価をせまられ、大学の自己研究を行う全学的な組織やセンターの拡充、整備をはかるところがますます目立つようになった。

　第三者組織による大学評価と大学主導の大学評価は自己点検・評価をベースにしているため、大学の制度的自律性を尊重するアメリカでは、非常に重要な役割を果たしてきており、これからもいっそう発展していくと予想される。ただし最近では、政府行政当局主導の大学評価をはじめとする学外からの圧力に対して、適格認定協会や大学はやや受け身の姿勢が強く、どのように主体的、積極的に対処すればよいのか、明確な方針や方策を打ち出せないでいるようにみえる。

　1996年に設立された高等教育適格認定協議会（CHEA）は、そうした外圧に対抗して大学の制度的自律性や主体性を確保することをめざした、適格認定に関する全米レベルの代表団体である。この協議会は6つの地域別適格認定協会をはじめ、60の適格認定協会を認証することにより、適格認定活動の社会的意義を高めたり、適格認定協会とその認定を受ける大学や教育プログラムの正統性を確保することをはかっている（Bloland, 2001, pp.x-xi；福留、2005年、162-163頁、182頁）。

　大学評価の主体としては、この他に第4のグループとして、マス・メディア、保護者や納税者としての市民、各種の利益団体、裁判所などがある。たとえばマス・メディアについてみると、学生の大学や専攻の選択に役立つ情報が、各種の大学や大学院進学用のガイドブックやインターネットを通じて大量に流されている。御三家として知られるピーターソン、バロン、ラブジョイの各出版社が発行するガイドブックは電話帳のように分厚く、各大学の入学難易度の他に、授業料や大学の設立年、学生数などの情報を掲載している。『USニューズ＆ワールド・レポート』の大学ランキングや『ビジネス・ウィーク』

のビジネス・スクールのランキングなどは、毎年公表されるたびに大学関係者の間でも話題になる。

　保護者や納税者としての市民も80年代以降学歴の社会経済的な効用に対する関心が高くなり、その大学の門戸開放を要請する圧力は政府にも大学にもますます強く働くようになった。しかし高等教育へのアクセスや学位取得の可能性には進学希望者の間にもともと大きな格差があり、大学の門戸を広げるだけでは不平等がかえって拡大してしまう側面がある。そのためこの社会的な要請にどのように対処するのかは、その利用者にとっても、供給する側の政府や大学にとっても多くの難しい問題として立ちはだかっている。

第三者評価と評価結果にもとづく資源配分へのシフト

　こうしたアメリカの動向と対照的に、日本では大学評価は90年代に入ってから多くの大学関係者に注目されるようになった。大学の自己点検・評価は91年の大学設置基準等の改訂で努力義務として明記されると、短期間の間に多くの大学で実施された。大学基準協会は第二次世界大戦後アメリカの適格認定協会にならって設立されたが、その活動は必ずしも活発ではなかった。しかし1996年には、従来の適格判定に代えて、加盟判定審査、加盟校の相互評価、それらの審査と評価にもとづいた指摘事項等に対する事後の改善報告書からなる大学評価を開始している（大学基準協会、2000年、2-4頁）。専門分野別の適格認定にも新しい動きがみられ、日本技術者教育認定機構（JABEE）が技術者教育の認定機関として1999年に設立された。

　2000年4月には、学位授与機構を改組した大学評価・学位授与機構が第三者評価もあわせて行う機関としてスタートし、大学や大学共同利用機関の教育研究活動などを評価し、その結果を評価を受けた大学だけでなく、広く社会にも公表するとともに、評価に関する調査研究を実施したり、評価に関する情報の収集や整理、提供を行うことになった。

　さらに学校教育法が2002年に改正され、大学評価はよりいっそう強力な法的裏づけをもつ制度として日本の高等教育に導入された。大学の自己点検・評価の実施と公表はすでに1998年に義務化され、大学や学部等が選任する

学外者による外部評価がもりこまれた。第三者評価、つまり当該大学の教職員以外の者による検証も努力義務になったが、この2002年の改正にともない、これらの大学評価はより上位の法令である学校教育法で規定されることになった。またすべての大学（短期大学と高等専門学校を含む）は認証評価、つまり文部科学大臣の認証を受けた認証評価機関による評価を受けることも、新たに義務づけられた。

マス・メディアの発信する大学情報も90年代に大きく様変わりし、入試や就職に関する情報に加えて、キャンパスライフの情報を掲載したり、大学教員の業績とか大学の施設設備などの大学ランキングを目玉記事にした大学案内が刊行されるようになった。週刊朝日編『大学ランキング』や河合塾・東洋経済編『日本の大学』などは、その代表例である。学生の目からみた大学評価も、たとえばリクルートから「大学別満足度調査」や「大学教育改革の学生認知度調査」などが定期的に公表されるようになった。

社会人学生を対象にした進学ガイドブックも、工藤美知尋編『学ぶ社会人がめざす大学院ガイド〈2008年版〉』（三修社、2007年）や宮本雄一郎『学ぶ社会人がめざす大学院・大学・短期大学通信教育ガイド〈2003年版〉』（三修社、2002年）といったシリーズや、加茂英司『社会人大学院サクセスガイド【第2版】』（中央経済社、1997年）などの類書がいくつも刊行されるようになった。アジア学生文化協会編『外国人留学生のための大学院入学案内〈2007-2008年度版〉』（同文館出版、2006年）は、文字どおり留学生向けのガイドブックである。

日本の大学評価については、すでにさまざまな問題点や課題が指摘されてきた。たとえば大学の自己点検・評価についてみると、これまで各大学で行われてきたのは形式的な評価にすぎないといった批判があり、点検・評価の結果を受けて、何が改善されたのかがよくみえないという指摘もある。公表された報告書や白書類も一般の人びとには入手しにくいし、読んでもそのままでは理解しにくいから、大学評価の判断材料として役に立たないのが実情である（細井他、1999年；清水、1997年などを参照）。

日本の大学評価がこれからどのような方向をたどるのかは、必ずしもはっ

きりしていない。アメリカと日本の動向を重ねあわせてたどってみると、大学評価はあくまでも大学の自己点検・評価をベースにして、日本の大学文化にふさわしい大学評価の仕組みを構築すべきだろう。しかし今後はそれに加えて、日本でも第三者評価が実質的に導入されたり、評価結果を公的資金の配分に連動させる実績による資金配分政策が実施される方向に進んでいる。ただし大学評価の重要なポイントは、同一の評価対象に対して複数の大学評価が行われることである。そしてそのうちどの評価が大学改革を進めるのに優れているのかとか、どの評価結果をどのように使うのかは、利用者である大学関係者の手にゆだねるべきだろう。

4 大学改革の成果：1992年と2007年の比較

　2章と3章では、この本の導入もかねて、日本の大学が90年代初頭にどのようになっていたのかを日米比較の視点から整理して、転換期における日本の大学改革の出発点の状況を集約するとともに、その後の改革動向をおおまかに紹介してきた。具体的にとりあげたのは①大学の社会的役割、②アクセスの拡大と質の維持、③教育と研究のバランス、④キャンパスライフの条件整備、⑤管理運営の課題、⑥アカウンタビリティと大学評価である。

　それではこうした大学改革により、日本の大学はどのように変わったのだろうか。4章以降の議論をある程度見通すこともかねて、その後の15年間にわたる大学改革の成果の一端を、最後に実証的に確認しておきたい[1]。

教育志向が確実に増えた日本の大学教員

　90年代初頭、日本の大学教員は全体として教育よりも研究に関心があった。ところが研究志向の大学教員、つまり教育よりも研究に関心のある大学教員の比率は1992年の73％が、わずか15年後の2007年には68％まで、5ポイント減少しているから、教育に関心がある大学教員は確実に増えた（**表3-5**）。ただし学生の教育が最も重視される私立一般大学でも、半数を超える54％の大学教員は研究志向である。また大学教員全体でみると、その研究活動は

表3-5 大学改革の進展:1992年と2007年の比較

	1992年	2007年
【大学教員の教育研究活動の評価】		
研究志向教員の比率(%)	73	68
本学では、すぐれた研究業績をもつこと が教員評価で重要だと思う(%)	80	80
教育活動は定期的に評価されている(%)	19	63
研究活動は定期的に評価されている(%)	39	68
教育能力が教員の昇進の基準として最も重視されるべきだと思う(%)	37	30
【キャンパスライフの条件整備】		
学科の学生の質は5年前と比べて悪くなった(%)	41	57
現在の学生は5年前の学生よりも勉強しない(%)	40	48
教室の状況はよい(%)	15	30
教育機器の状況はよい(%)	14	30
コンピュータ機器の状況はよい(%)	25	35
図書館の状況はよい(%)	31	41
週平均活動時間(学期中):研究活動(時間)	22	17
週平均活動時間(学期中):教育活動(時間)	20	21
【所属大学の管理運営】		
新任教員の採用は中央集権化している(%)	31	24
予算の決定は中央集権化している(%)	62	77
大学管理者の選任は中央集権化している(%)	45	58
新たな教育課程の承認は中央集権化している(%)	37	47
【所属大学における定期的な評価】		
上級管理者による定期的な評価:教育活動(%)	8	31
上級管理者による定期的な評価:研究活動(%)	21	37
学生による定期的な評価:教育活動(%)	7	45
学生による定期的な評価:研究活動(%)	2	3

(出所)カーネギー大学教授職国際調査(1992〜93年)、
カーネギー大学教授職国際調査・日本版(2007年)

1992年よりも2007年の方が活発であり、執筆した学術書の冊数や論文の数、学会での発表回数は着実に増えている。

　もっとも分析に使用した「カーネギー大学教授職国際調査・日本版」の2007年調査では1992-93年調査と同一の大学を調査対象にしている。そのためこの15年間に新設された大学を含めた調査を実施すれば、研究志向の大学教員の比率や研究活動をあらわす指標の数値は全体として低くなり、教育

志向の大学教員の比率はさらに高くなると思われる。

ところで大学教員の採用や昇進には、研究業績が大きくものをいう。たとえば2007年の調査結果をみると、大学教員の80％は自分の所属大学では、優れた研究業績をもつことが教員評価において重要だと回答している。しかもその比率は1992年でも80％で同じだったから、教員評価における研究業績の重要性は、この15年間に変わっていないのである。

しかしそれと同時に、学生の質の低下が深刻な問題になり、大学教育の改善をせまられているのも事実である。大学教員の教育能力の改善と向上をめざす教員研修 (FD) はそうした試みの1つだが、大学教員に学生の教育に関心をもってもらうのに有効な方策の1つは、彼らの教育活動をなんらかの形で評価し、その実績に対して目にみえる形で報いることである。

そこで大学教員の教育研究活動について、その定期的な評価が所属大学でどの程度行われていたかをまとめてみると、1992年当時、教育活動は19％の大学教員が、研究活動は39％の大学教員が、所属大学では定期的に評価されていると回答していた。それが15年後の2007年には、教育活動は63％、研究活動は68％まで増えているので、大学教員の教育研究活動を評価する大学は大幅に増加したことが分かる。

しかも注目する必要があるのは、1992年では37％、2007年では30％の大学教員は昇進の基準として教育能力が最も重視されるべきだと考えていることだ。そう考える者は一般大学だけでなく研究大学に勤務する大学教員にもみられる。したがってどの大学でも、大学教員の教育活動の評価をどのように制度として確立し、それを大学教員の処遇にどのように反映すればよいのかを考える時期にきているといってよいだろう。教育面での努力を正式に評価してそれを目にみえる形で処遇すれば、学生の教育に関心をもち、エネルギーを注ぐ大学教員も増えるにちがいないからだ。

進展したキャンパスライフの条件整備

大学教職員のキャンパスライフを左右する条件整備は大学改革にとって重要な課題である。大学教員の目からみると、所属大学におけるキャンパスラ

イフの条件は、この15年間に次のように変わってきている。

はじめに、学科の現在の学生の質に注目すると、5年前の学生の質と比べた場合、「悪くなった」と回答した教員の比率は、全体では41％（1992年）から57％（2007年）に増加した。設置者別にみると、国立大学では有意な差(54%→51%)はみられないが、私立大学では大幅に増加した(30%→67%)。現在の学生は5年前の学生よりもよく勉強するという意見に「反対（いいえ）」と回答した教員の比率も、この15年間で40％（1992年）から48％（2007年）に増加しているので、大学教育の改善はいっそう必要になってきている。

大学教員の仕事を支える施設や設備、人員の状況についてみると、教室(15%→30%)や教育用機器(14%→30%)、コンピュータ機器(25%→35%)が「よい」と回答した教員の比率は、国立大学でも私立大学でも増加した。ただし図書館が「よい」と回答した教員の比率は全体でも(31%→41%)、国立大学(19%→38%)でも有意に増加したが、私立大学(43%→47%)では大きな変化はみられない。事務的援助も同じで、「よい」と回答した教員の比率は全体でも(12%→16%)、国立大学(7%→12%)でも有意に増加したが、私立大学(17%→21%)では大きな変化はみられない。

もっともこれは、1992年当時「よい」と回答した教員の比率が、私立大学では相対的に高かったからだとも考えられる。つまりごく大まかにみれば、この15年間にキャンパスの施設や設備、人員の状況といった教育・学習環境は比較的整備されたととらえられている。

1週間の平均活動時間（学期中）の変化をみると、全体でも国立大学でも、研究活動の平均時間数は有意に減少し、管理運営活動の平均時間数は有意に増加した。とくに国立大学では研究活動の平均時間数の減少が目立つ。それに対して、教育活動の平均時間数は全体では20時間から1時間増えただけだが、私立大学では教育活動の平均時間数もこの15年間に有意に増加した。

研究条件の変化についてみると、研究費はこの15年間に外部資金を中心に増加し、研究費が多い教員の比率は全体として高くなった。とくにそれは国立大学で顕著にみられる。なお私立大学では、研究費が極端に少ない教員は減少したが、多額の研究費を獲得した教員は必ずしも増えていない。

ところで、このように研究費は全体として増加したにもかかわらず、それに見合うほどの研究生産性の向上はみられない。たとえば人文社会系で研究費が同程度の教員を比較すると、2007年の方が1992年よりも論文数は一貫して減少している。また理工農系では研究費が3250万円以上の教員層の論文数は増加したが、研究費が65万円から3250万円の教員層の論文数は減少している。その要因として考えられるのは研究時間の減少や授業負担の増加、管理運営活動の増加などである。

もう1つ、キャンパスライフに関するデータとして、大学教員の年間収入について確かめておきたい。額面では大学教員の年間収入は他の職種と比べて多く、この15年の間にやや増加したようにもみえる。しかし日本の大学教職員の雇用条件は常勤から非常勤へ、安定から不安定へと大きく変化してきており、大学教職員受難の時代がいよいよ本格的にはじまるように思われる。

集権化した所属大学の管理運営

大学教員の目に映った所属大学の管理運営の全般的な傾向を、意思決定の権限がどの程度中央集権化しているかに注目して整理してみると、この15年間の変化は次の通りである。

新任教員の採用（31％→24％）はやや分権化したけれども、予算の決定（62％→77％）をはじめ、大学管理者の選任（45％→58％）や新たな教育課程の承認（37％→47％）といった多くの事項の意思決定の権限は中央集権化した。こうした中央集権化の進展がとくに強く意識されているのは、2004年に法人化された国立大学である。とりわけ国立一般大学では、自分の所属する大学の管理運営が集権化していると考える大学教員が大幅に増加した。

現在の行政主導の大学改革では、各大学は自らの主体的判断と責任において、大学をとりまく環境の急激な変化に機動的に対応し、財政的に自立した大学経営や大学組織の合理的・効率的な管理運営を実施する必要性が謳われている。そのため学長のリーダーシップのもとに、適時適切な意思決定を行い、実行ができる仕組みを確立することが求められているが、そうした学長

を中心とする全学的な管理運営体制の整備をめざした大学組織の再構築は、予想を超えたスピードで進められてきたように思われる。

したがって日本でも今後、大学の管理運営のあり方は全体として、大学構成員、とくに大学教員の考え方や意思決定を重視する「同僚性」と近代組織に不可欠な「官僚性」の特徴をもつ管理運営から、大学の経営責任がある理事会の理事や、学長とか副学長といった上級大学管理者の権限が強い法人性・企業性の特徴をもつ管理運営へ変化すると予想される。また大学組織の改革では、理想的な大学の理念にもとづいた改革案よりも、民間の企業組織の経営で開発された理論や実践例が参考にされるようになると考えられる。

急速に普及した教育研究活動の評価

大学教員の目からみると、この15年間の大学改革のなかで最も普及したのは、自分たちの仕事が定期的に評価されるようになったことかもしれない。1992年当時、教育活動は19％の大学教員が、研究活動は39％の大学教員が、所属大学では定期的に評価されていると回答していた。それが15年後の2007年には、教育活動は63％、研究活動は68％まで大幅に増えたからだ。

大学教員の所属大学における教育活動と研究活動の評価は基本的に、所属学科を中心にした同僚による相互評価の形で行われていることに変わりはない。ただしそれに加えて、この15年間に上級管理者、つまり全学レベルの大学管理者や部局レベルの大学管理者による大学主導の教員評価が教育活動でも（8％→31％）、研究活動でも（21％→37％）広く行われるようになった。大学のタイプ別で目立つのは、私立一般大学でこの上級管理者による評価、とくに教育活動の定期的な評価がますます重視されるようになったことである（15％→37％）。

2007年の教育活動の評価では、学生による授業評価をはじめ、学生による評価が最も重視されるようになった。教育活動の評価は主に学生（45％）によって行われており、それに上級管理者（31％）や学科長（25％）、学科の同僚教員（18％）、学外者（9％）が続いている。それに対して研究活動の評価では、学生による評価は事実上ほとんど行われていない。研究活動を評価している

者を多い順に並べると、上級管理者 (37%)、学科長 (26%)、学科の同僚教員 (20%)、学外者 (16%)、学生 (3%) である。

　すでに述べたように、日本の大学評価がこれからどのような方向をたどるのかは、必ずしもはっきりしていない。また日本の大学関係者にとって、大学評価の意義や効用をはじめ、適切な評価手法の開発など、経験の乏しい領域は少なくない。しかし大学評価の改革ではあくまでも大学の自己点検・評価をベースにして、日本の大学文化にふさわしい大学主導の大学評価の仕組みを構築すべきである。そしてそのためには、なによりもまず各大学が自分の大学にふさわしい大学の自己点検・評価の仕組みを構築し、着実に実施していく必要があるように思われる。

4章　大学教育の改革
──アメリカ・モデルと日本

1　大学教育改革の方向

あいまいな大学教育のイメージ

　現在日本で進められている大学改革の目玉の1つは、大学教育の改革である。この大学教育の改革は1990年代以降、行政主導の大学改革として重点的に進められてきたが、それぞれの大学にとっても正面からとりくむべき課題だった。18歳人口の長期的な減少もあり、学生は90年代から21世紀初頭に至るまで、能力の面でも興味や関心の面でもいっそう多様化したため、彼らにふさわしい大学教育をどのように整備すればよいのかが、どの大学でも問われるようになったからだ。大学のなかには、カリキュラム（教育課程）を入学志願者の目を引く魅力的なものに矢継ぎ早に再編成し、学生を積極的に獲得しようとしたところも少なくない。

　しかしこれまでの動きをみると、改革が着実に進展し、十分な成果がみられたようには思われない。たとえば学生の興味や関心に応じたカリキュラムを整備したからといって、それが直ちに入学者の継続的な増加や優れた学生の獲得に結びついたわけではない。たしかに最初の1、2年は目新しさもあって入学志願者を増やしても、そのカリキュラムで学ぶ初年度の入学者の卒業を待たずに入学志願者が激減したり、定員割れにみまわれた大学はいくつもあった。

　大学教育の成果は在学中の「付加価値」、つまり学生が在学中に身につけたものによって評価すべきだというのは正論で、大学教育改革のポイントの1つでもある。ところが、そのために授業の課題を増やしたり、成績評価を

厳密にして大学教育を充実させようとすると、学生の反発や抵抗に会うだけでなく、場合によってはそうした状況が学生の口コミやマス・メディアの報道を通して流布されると、入学志願者の激減につながってしまうこともある。

大学教員に大学教育が重要なことを理解してもらうのは、今でもけっして簡単なことではない。「教育と研究の統一」という神話、つまり大学は研究を重視すべきであり、しかも教育と研究を一体化して統合すべきだという大学観はすでに崩壊して、どの大学でも教育と研究の分離が進行しているが、この神話はいまだに多くの大学教員の意識のなかに根強く残っている。

もっとも、大学教員の採用や昇進ではなによりもまず研究業績が重視されるので、大学教員が教育よりも研究を重視するのは当然なのかもしれない。日本と比べて教育を重視する大学教員が多いアメリカでも、教育に熱心だからといって、それだけで高く評価されることはない。大学教員の研究活動を重視する研究大学のなかには、研究活動が不十分なために、優れた教育活動により表彰された大学教員を解雇してしまうところもある。

大学教員は初等中等学校の教員とちがって、教員になるための系統的な訓練をとくに受けていないから、教育が重要なことに気づきにくいのかもしれない。教員のなかでは、幼稚園や小学校の教員が最も教育が上手で、上級学校になるほど下手になるという指摘もある。大多数の大学教員は自分の学生時代と比べてはるかに多様化した学生を目の前にして、何をどのように学んでもらったらよいのか分からずにとまどっているのかもしれない。だからといって、自分の授業を学生が分からなかったり、分かろうとしないことに腹を立てて、学生の悪口をいってもはじまらないのが、現在の日本の大学教育の現状なのである。

大学は高等教育の大衆化にともない、大学教員中心の研究重視機関から学生中心の教育重視機関へ移行し、それにふさわしい大学教育に改革することを強く求められている。18歳人口は今後も長期的に減り続けるため、学生を確保しようとすればますます多様な学生を受け入れることになり、大学教育の改革はいっそう必要になる。ところが、これまでの改革では大学教育のイメージが非常に不明確なまま、改革論議や提言、実際の改革が行われてき

たように思われる。

　しかしできるだけ幅広い社会的な関心や支持をえて、実質的な改革を進めるには、なによりもまず大学教育のイメージを明確にしなければならない。また大学教育の改革について、たとえバラ色の明るい未来像を描けないにしても、できるところから改革を進めなければ、日本の大学や大学教育の将来は非常に暗いものになってしまうにちがいない。

　この4章から6章までの3つの章では、そうした観点から大学教育改革の日本の状況について、戦後日本の大学改革のモデルになってきたアメリカの動向を参照しながら、その特徴と今後の方向を整理してみよう。大学教育は教育段階をめやすにすると、学部教育と大学院教育に分かれるが、4章と5章では主に学部教育の改革を、また6章では主に大学院教育の改革について考えてみたい。

高学歴人材の育成をめざす大学教育改革

　現在の日本の大学改革は、その善し悪しは別にして、主に行政主導で推進されてきた。この大学改革の目的は、制度全体の方向としては①日本の国際的な経済の競争力を強化するために「科学技術の研究と開発の推進」をはかるとともに、②2種類の高学歴人材の育成、つまり高等教育レベルの教育機会をできるだけ開放して、国民全体の基礎学力を向上させ、労働力の質を高めるための「人的資源の全般的な底上げ」と、先端的な科学技術の研究と開発を推進する「先端的な人材の育成」を果たすために、既存の制度を再編成することである。また現在の大学改革では、個別の大学における改革が強く求められているが、この個別大学のレベルでは、各大学がその理念や改革の基礎になる手持ちの条件をふまえて、自らにふさわしい改革を独自に進めることがめざされている。

　こうした行政主導の大学改革の立場からみると、大学教育改革の目的は、制度全体としては新しい時代にふさわしい高学歴人材を育成することであり、人的資源の全般的な底上げと、先端的な人材の育成を実現することが求められている。また個別の大学はこうした高学歴人材の育成を、その条件に

応じて具体的にどのように行うのかを問われていることになる。

　2種類の高学歴人材のうち、人的資源の全般的な底上げについては、日本経済がまだ勢いのあった1980年代に、その有力な要因の1つとして日本の教育の優秀性が諸外国で話題になった。その議論でとくに注目されたのは、日本の大学教育はよくないが、初等中等教育は人的資源の全般的な底上げをはかるのに大きく寄与してきたことである。先端的な科学技術の研究と開発の水準がいくら高くても、その成果を産業や経済の発展に反映させるには基礎学力のある人的資源の層が厚くなければならないという指摘は、それなりに説得力があった。

　もっとも最近の教育論議では、大学教育だけでなく初等中等教育も基礎学力の低下をもたらした元凶として批判の標的になっている。しかし日本は高校進学率が98％に達し、専門学校進学者を加えれば同世代の78％が高校卒業後も学んでいる高学歴社会であり、大学教育でどのように人的資源の全般的な底上げをはかればよいのかを、あらためて問われている。

　もう1つの高学歴人材は先端的な科学技術の研究と開発を推進する人材であり、その育成は日本の国際的な経済の競争力を強化するために不可欠だと考えられている。そうした先端的な人材の育成が科学技術の研究と開発に役立つのはまちがいないだろう。ただしアメリカの場合をみても、80年代の長期的な経済の低迷や90年代の好景気とその後の景気の減速などを、この先端的な人材の過不足だけに結びつけて説明するのは無理がある。またここでいう研究は生命工学や情報技術、超微細技術などといった産業の発展に寄与する先端技術やその関連分野の研究に限られており、これまで大学で研究されてきた専門分野の一部にすぎないのも気にかかることである。

　さらに個別の大学についてみると、ほとんどの大学にとって、これらの高学歴人材の育成を同時に果たすのは非常に困難だから、現在の大学改革はそれぞれの大学が2種類の高学歴人材のどちらかに力点を置き、大学の役割が制度的に分化していくことを暗黙のうちに前提としている。それに加えて、各大学の大学教育改革が進んで、それを積み上げれば、結果的に全体として望ましい改革が自動的に行われると考えられているわけでもない。現在の大

学改革では市場競争の原理や大学の自助努力、規制緩和などが謳われているが、それと同時に改革の進展を支援するという名目で、アカウンタビリティ（説明責任）や事後評価の重要性も強調され、政府の規制は改革の方向を左右する手段として強化されるようになったからである。

大学教育を構成する学部教育と大学院教育

　大学教育の改革を考えるときには、「大学教育」という言葉のイメージを明確にしておく必要がある。この本では日本の大学教育の特徴や改革の方向をアメリカの動向を参照しながら1つの分析の枠組みで整理することをめざしている。そのためややあいまいな定義になるけれども、大学や短期大学等で行われるカリキュラム（教育課程）として明示された正式の教育を「大学教育」と定義する。

　この大学教育という言葉の意味を明らかにする際にポイントになるのは、①教育段階を考慮して大学教育を学部教育と大学院教育の2つに区分することと、②大学教育の内容を教養教育と専門職業教育の2つに区分することである。なお大学教育の改革では、とくに日本の場合、一般教育の扱いが問題になるが、この一般教育の特徴や位置づけについては、後述する日米の大学教育の歴史をふりかえる過程で明らかにしてみたい。

　はじめにこの本では、大学教育を教育段階をめやすにして、大学や短期大学等の学部段階で行われる教育を総称する「学部教育」と、大学院段階の修士課程や博士課程などで行われる教育を総称する「大学院教育」の2つに区分する。学部教育に相当する英語はアンダーグラデュエイト・エデュケーション、大学院教育に相当する英語はグラデュエイト・エデュケーションである。

　これらの言葉は日本でもアメリカでも、一筋縄ではいかないほど多種多様な意味を含んでいる。たとえばアメリカと比べれば比較的単純な日本の学部教育でも、四年制の大学と二年制の短期大学では修業年限にちがいがあり、取得できる学位は学士と短期大学士に区別されている。学士の取得に必要な年限も、ほとんどの専門分野では4年間だが、医学や歯学、獣医学、（臨床に係る実践的な能力を培うことを主たる目的とする）薬学に関する学科では6年間

である。大学院教育ははるかに多様であり、修士課程の修業年限をみても、標準は2年間だが社会人学生向けの1年間の修士課程もある。また文理系の学術的な専門分野では、五年制の博士課程や二年制の修士課程と三年制の博士課程をくみあわせた大学院教育が多いけれども、高度な専門職業人を育成する専門職大学院の教育は修士課程が基本である。

　なお修了者の取得する学位に注目して、学部教育の代わりに、4年間の学部教育を「学士課程教育」と称する方式もある。しかしそうすると短期大学の提供する教育を短期大学士課程教育といったり、大学院教育を修士課程教育とか博士課程教育に区分したりする必要があるので、場合によっては議論がかえって煩雑でまぎらわしくなる恐れがある。また専門学校を高等教育に含めるとしたら、その教育をどのような課程教育と呼ぶのかとか、5年一貫制博士課程における修士課程レベルの教育をどのように位置づけたり、命名したりするのかといった問題もでてくる。

　さらに学部段階の大学教育の考察では職業教育は重要な要素だけれども、学士課程教育を修了して学士を獲得するためには職業教育や職業資格の取得は必修ではなく、それらを必ずしも履修したり取得する必要はない。そのため学部教育を学士課程教育という言葉で論じる場合には、職業教育についていちいち注釈したり注記しなければならないのも面倒である。

　もちろん議論によってはそうした課程の区分が重要な場合も当然あるが、それよりもここではごく大まかに、学部教育と大学院教育の2つに分けておけば十分だろう。というのも日本の近代大学の歴史をたどってみても、日本の大学改革に大きなインパクトを与えてきた大学のアメリカ・モデルの展開過程をたどってみても、学部段階の高等教育と大学院段階の高等教育との間には、大学教育のあり方だけでなく、制度の仕組みや組織の構造の面などでもかなり大きなちがいがあるからである。

流動的な教養教育と専門職業教育の区分

　次に大学教育の内容に注目すると、大学教育は「教養教育」と「専門職業教育」の2つに大きく分かれる。教養教育という言葉も流動的で、時代や論

者によってさまざまな意味をこめて使われてきた。しかし本書では、教養教育を高度な専門的人材や広い意味での社会的な指導者として活動することを期待されている学生に、それにふさわしい基礎的な学力や教養を身につけさせる教育と定義して使うことにしたい。今日の学生はこの教養教育で特定の専門分野や職業にとって不可欠な幅広い学問領域を体系的に学ぶことにより、幅広さと一貫性を備えた知識や技能、価値観、態度を身につけ、「教養ある人間」（エデュケイテッド・パーソン）として成長することが期待されている。この日本語の教養教育に相当する英語をあえて探せば、リベラル・エデュケーションということになる。

　日本の大学教育で教養教育を構成するのは従来の一般教育や外国語教育（言語教育）の科目、あるいは現在多くの大学で教養科目や全学共通科目として開講されている科目による教育などである。またアメリカの歴史と伝統のある教養カレッジや威信の高い研究大学の文理系学部カレッジが提供する4年間の学部教育は、こうした教養教育の色彩が濃い教育である。ただしそれはヨーロッパ生まれの自由教育（リベラル・エデュケーション、リベラル・アーツ・エデュケーション）の伝統をふまえている。それから日本でいえば国際基督教大学をはじめとする教養型大学の学部教育も、この教養教育を中心に行われているといってよいだろう。

　それに対して、専門職業教育はすでに基礎的な学力や教養を身につけた学生に、特定の専門分野や職業と直接関連した知識や技能、価値観、態度などを身につけさせる教育である。この専門職業教育を構成するのは学部教育に含まれる職業教育や専門教育、それから専門の基礎的教養となる教育、あるいは大学院教育で開講される特定の専門分野の研究者を育成するための教育や、ロースクールやメディカルスクールなどの専門職大学院が提供する専門職を育成するための教育などである。なお専門職業教育（ボケイショナル・プロフェッショナル・エデュケーション）という言葉をわざわざ使うのは、学部段階の職業教育と専門教育、それに大学院段階の職業教育や専門教育、専門職教育を一括してあらわす必要があるからである。

　この2つの言葉の定義からも分かるように、教養教育という言葉は職業教

育や専門教育、専門職教育などと区別する意味で使われている。そして現在の大学教育の改革で求められているのは、この教養教育と専門職業教育によって構成される大学教育を学部教育と大学院教育に区分して、どのように再編成するのかということである。もっとも大学院教育では主に専門職業教育が行われるので、当面の基本的な課題は学部教育における教養教育と専門職業教育の内容や位置づけ、バランスをどのようにすればよいかという問題である。

2 大学教育の歴史をふりかえる

大学の役割に研究を加えた「第2の科学革命」

　日本とアメリカの大学教育の特徴を整理するために、大学教育の歴史を国際比較の観点から簡単にふりかえってみよう。時期区分のポイントは19世紀後半と第二次世界大戦である。日本では明治維新(1867年)を契機に、近代国民国家の建設がはじまり、教育の分野では近代教育制度が導入された。第二次世界大戦の敗戦(1945年)により、日本の近代化の過程は大幅な軌道修正をせまられ、教育の分野でも抜本的な教育改革が実施された。

　今日の大学の原型は12世紀中頃に生まれたイタリアのボローニャ大学や、12世紀の終わりに設立されたフランスのパリ大学など、専門学者と学生の自発的な組合団体(ラテン語のユニベルシタス)から発展したヨーロッパの中世大学である。今日では多くの人びとは、教育と研究はどちらも大学の重要な役割だと考えている。しかし大学が生まれたヨーロッパ中世の時代から今日まで、大学の主な役割は学生を教育することだった。

　近代以降、この教育と研究のバランスを大きく変える契機になったのは、19世紀後半にドイツで研究重視型大学が定着し、多くの国ぐにににも伝搬したことと、第二次世界大戦後にどの国でも高等教育が大幅に拡大して大衆化したことである。

　アメリカでも植民地時代のカレッジでは、研究よりも教育が重視され、その教育も教養教育であり、教養ある人間の育成を目的にしていた。1636年

創設のハーバード・カレッジや1701年創設のイェール・カレッジでは、18世紀初頭まで卒業者の4割は聖職者になった。その後18世紀後半には、卒業者のうち聖職者になったのは2割にまで減少し、大多数は卒業後、政治家や医師、法律家、企業経営者として活躍した。彼らがカレッジで学んだのはヨーロッパの伝統を色濃く反映した自由教育だった。学生はギリシア語やラテン語といった古典語を修得し、ギリシア以来の知的遺産を古典的なカリキュラムにしたがって学ぶことにより、専門家よりも教養ある人間になることを期待されていた。

こうした教育中心のアメリカの大学で研究が重視されるようになったのは、大学のドイツ・モデルにならって、ジョンズ・ホプキンズ大学が大学院主体の研究重視型大学として1876年に創設されてからである。19世紀初頭のドイツはイギリスやフランスと比べると、近代化の後発国であった。ドイツ政府はその遅れをとりもどす政策として、大学に多額の財政援助を行い、国家の発展と産業の進展に役立つ研究の振興をはかった。そのため科学的研究のなかでも自然科学系の新興科学がとくに重視されたが、研究はこのときから大学の中核的な役割として位置づけられ、そうした研究重視型大学がドイツの各州に設立されるようになった。

ところで19世紀中頃は、17世紀にヨーロッパの地に誕生した近代科学が「第2の科学革命」を通じて社会制度として定着した時期でもある。近代科学は社会にとって役に立つ産業技術と結びついて発展したが、それとともに、科学者も大学を研究活動の拠点にして活躍するようになった。彼らは研究のプロフェッショナルとしての自覚をもち、個別の諸科学を分化独立させ、それぞれ専門学会を組織したり学会誌を発行するようになるが、その基本的なモデルになったのはドイツの大学だった。

この教育と並んで専門的な研究の推進を大学の役割に加えた大学のドイツ・モデルは多大な成功を収め、ドイツが19世紀中頃から世界の学問センターになったこともあって、やがて近隣のヨーロッパ諸国をはじめ、アメリカや日本など世界的な規模で各国に移植された。ただしそれは必ずしもドイツ・モデルをそのまま直輸入したものではなかった。アメリカと日本のちがいを

まとめてみよう。

アメリカで発明された大学院

アメリカで研究重視型の大学建設の標準モデルになったのは、最初に設立されたジョンズ・ホプキンス大学ではなく、後発のハーバード大学のエリオット学長が試みたものであった。それは既存のカレッジを基礎に総合大学化し、研究とともに学部教育も大学院教育も行えるようにした方式である。この方式では教養教育中心の学部教育を行う既存の教養カレッジに加えて、新しく文理系の大学教員や研究者を育成する専門職業教育と研究を行う学術大学院が、同じ大学内に別組織として設けられた。

ドイツで発展した大学は同一の組織のなかで教育も研究も行ったが、アメリカの大学はドイツにはなかった大学院を別組織として発明することにより、研究を大学の役割に加えたのである。この大学院では、研究は学生が受ける正式の教育内容として位置づけられ、研究者を育成する高度な訓練が行われた（江原、1994年 a、141-143頁）。

こうした研究重視型大学の定着と普及は、アメリカの科学的研究を飛躍的に発展させ、ドイツに代わって世界の学問センターを形成するのに大きく寄与した。というのもアメリカの活発な研究活動、とくに応用と直接結びつかない基礎的な研究の大部分は、その後続々と生まれた学術大学院を中心に行われてきたからだ。また医師や法律家などを育成する専門職教育はそれまで学部教育で行われていたが、専門職の高度化にともない、医学や法学、経営学などの実学的な専門職業教育を行う専門職大学院（プロフェッショナル・スクール）も次第に設けられるようになった。

これに対して日本では、東京大学が明治維新後の1877（明治10）年に、日本で最初の近代大学として創設された。設立の基礎になったのは、明治新政府が徳川幕府から接収した昌平坂学問所、蕃書調所（後の開成所）、医学所である。設立年だけをみると、アメリカでジョンズ・ホプキンス大学が設立されたのは1876年だから、そのわずか1年後のことだった。この東京大学は1881年の「帝国大学令」により、帝国大学と改称された。帝国大学は大学院

と分科大学によって構成され、日本で唯一の大学として、日本の学術研究の質を高めるとともに、各界の指導的な人材を数多く育成した。

　日本における大学のドイツ・モデルの移植でアメリカと異なった点は、近代大学の導入そのものがその当時世界の注目を集めていた大学のドイツ・モデルをベースにして行われたことである。つまりアメリカでは、すでにあった教養教育中心の教養カレッジに、新たな組織として大学院を接ぎ木することにより研究を大学の役割に加えたのに対して、日本でははじめからドイツの大学をモデルにして、専門職業教育と研究を重視する研究重視型の帝国大学が、近代大学の出発点として設立された。ただしこの帝国大学はドイツの大学とちがって、工学部や農学部といった実学的な色彩の濃い専門分野をもつ学部も含めて構想された。

　そのため帝国大学は制度的には大学院をもっていたが、独自のカリキュラムがあったわけでもなく、独自の予算や大学教員もつかない形式的なものであった。その後も1918（大正7）年の「大学令」により、帝国大学以外にも大学の設置が認められ、すべての大学は大学院研究科の設置を義務づけられたが、その実態に変わりはなかった。また日本でも教育制度の整備にともない、高等教育機関として大学への進学準備教育を行う旧制の高等学校や、医学系や法商経系、人文系などの旧制の専門学校が数多く生まれた。しかし日本で大学というときには、この帝国大学、とくに東京帝国大学のあり方がなによりも基本になった。日本の大学論で、研究が大学の最も重要な役割として重視される伝統があるのは、こうした背景があるからである。

高等教育の大衆化と大学教育改革の要請

　大学の役割を、この研究重視から再び教育重視の方向へゆりもどす契機になったのは、どの国でも第二次世界大戦後、高等教育が大幅に拡大して大衆化したことである。それはまずアメリカで起こり、次いでカナダや日本、ヨーロッパ諸国に波及し、現在では発展途上諸国の高等教育が急速に拡大している。そのためどの国でも、一方で研究は大学の重要な役割としてますます重視されたが、他方で大量の学生を受け入れるにつれて学生が多様化し、彼ら

の教育の重要性もあらためて認識されるようになった。

　アメリカでも大学進学で有利なのは豊かな家庭に育って、高校の進学課程で学んだ、学習成績のよい学生であり、その多くは高校卒業後直ちに大学に進学する。しかし高等教育の大衆化にともない、大学進学の垣根は低くなり、アメリカの大学は基礎学力の面で従来の大学教育についていけない大量の準備不足の学生や、非伝統的学生、別の言葉でいえば「新しい学生」を受け入れるようになった。新しい学生とは、学生の属性でいえば女子学生やマイノリティ学生、成人学生であり、その就学形態でいえば短期教育やパートタイム就学を希望する学生のことである。

　こうした学生を主に受け入れたのは、研究よりも教育を重視する四年制の一般大学と二年制大学、とくにそのほとんどが入学志願者をすべて受け入れる開放入学制の公立短期大学（コミュニティ・カレッジ）だった。これらの大学を中心に、準備不足の学生や新しい学生の能力や興味・関心にみあった大学教育の改革が、大学全体の政策課題として70年代後半以降、組織的にとりくまれた。アメリカでは学生の獲得に市場競争の原理が比較的強く働くので、学生にとって魅力のある大学教育をしなければ学生が集まらず、たちまち大学経営が破綻してしまうからだ。

　それだけでなく入学者選考や学生募集の改善とか、大学教授法のような教育方法の開発や施設設備といった学習環境の整備なども、各大学の大学管理者主導で全学的に実施された。大学教育の水準を維持するために、どの大学でもできるだけ学力のある優秀な学生をとろうとする。しかしそれ以外にも、学生を確保して大学経営を安定させるために、マイノリティ学生や成人学生などを学生募集のターゲットにしたり、特別入学者選考で受け入れる大学が増えた。大学教育を改善するために大学教員を再訓練し、学生にとって分かりやすい教授法や教材の準備、シラバス（講義要項）の作り方などを学んでもらう教員研修（FD、ファカルティ・ディベロプメント）が脚光を浴びたのも、このときからである。

　大学教育の改革の波は学部教育だけでなく、大学院教育にも及んだ。もともとアメリカの大学院では日本とちがって、研究に加えて学生の教育も重視

されてきた[1]。たとえば大学教員の採用では研究業績と並んで学生の教育能力も考慮される。また学術大学院の評価ではその大学の研究生産性だけでなく教育生産性も評価の対象になり、評価の高い大学院はどちらも優れているのが普通である。

しかし専門分野の著しい発展や社会的な要請の多様化、社会人学生の増加などにより、大学院教育の改革がいっそう求められるようになった。高等教育が右肩上がりで拡大していたときには、大量の大学院入学志願者を受け入れ、能力のない学生を容赦なく退学させることもできた。ところが70年代後半以降、財政難にともなって資源の効率的活用の圧力が強まると、アカウンタビリティの観点から、大学院教育でもできるだけ可能性のある学生を受け入れ、彼らを集中的に教育して卒業させることが要請されるようになったのである。

これに対して、伝統的に研究重視の大学論が支配的だった日本でも、80年代以降ようやく大学教育への関心が高まり、研究中心の大学論から学生の教育も重視する大学論への転換がみられるようになった。たしかに今日でも、研究が大学の中心的な機能であることに変わりはない。また研究の比重は個々の大学や大学教員によってちがうにしても、日本の大学が制度全体として学生中心の教育重視機関へ変わってきたことを、大学関係者をはじめ、多くの人びとが実感するようになってきている。大学教育の改革が90年代以降、行政主導の大学改革として重点的に進められ、どの大学でも主要な改革課題として組織的にとりあげられたのは、この章の冒頭でも紹介した通りである。

ところで、このように日本でも大学教育のあり方が大学改革の主要な課題として理解されるようになったが、問題なのは大学教育の内容、とくに教養教育の内容や教養教育と専門職業教育との関連などが不明確なまま、改革が行われてきたことである。そこでアメリカの大学教育の歴史的な動向を「合わせ鏡」として参照しながら、大学教育、とくに学部教育における教養教育の位置や目的、内容についてあらためて確かめてみよう。

変わる教養教育の位置と内容

アメリカの大学の出発点になったのは、1636年に創設されたハーバード・

カレッジである。その後独立宣言が出された1776年まで、主にイギリスのオックスブリッジ（オックスフォードとケンブリッジ）のカレッジをモデルにしたカレッジが東海岸を中心にいくつも設立された。この植民地時代のカレッジの大学教育は専門職業教育ではなく、ヨーロッパの伝統を色濃く反映した自由教育にもとづく教養教育によって構成されていた。

　その特徴は、まず第1に、教育の目的が「教養ある人間」の育成、つまり全人ないし完全無欠な人間の発達をめざして、学生の人格形成と認知的な技能の獲得を促進することに置かれていたことである。

　自由教育の歴史は西欧文明の歴史とほぼ並行しているが、その具体的な内容は時代によって異なっている。たとえばヨーロッパ中世の典型的な自由教育は七自由科、つまり文法・修辞・論理の三科と算術・幾何・音楽・天文の四科によって構成されていた。植民地時代のアメリカの学生に期待されたのはギリシア語やラテン語といった古典語を修得し、ギリシア以来の知的遺産を古典的なカリキュラムにしたがって学ぶことである。しかしどの時代の自由教育にも共通していたのは、学生の人格形成と認知的な技能の獲得、とくに人格形成を促進することだった（江原、1994年a、23-25頁；ロスブラット、1999年、81-83頁、105頁）。

　第2に、この自由教育にもとづく教養教育は、今の言葉でいえば、特定の職業や職種に秀でたスペシャリストよりも、ゼネラリストの育成をめざしていた。歴史的にみると、自由教育は主に社会的政治的指導性を発揮するエリート集団、つまり社会的支配層のための教育であり、彼らにとっては公的な生活への準備ができる実用的な教育だとみなされていた。というのは、彼らにとって専門家になることは必ずしも重要なことではなかった。

　また彼らの多くは聖職者や医師、法律家といった専門職や国家官僚、政治家、企業経営者などになったが、それらの職業は「リベラル」であり、自由教育の範囲内で職業準備教育ができたからだ。リベラルとは「自由人にふさわしい」という意味で、その正反対の位置には奴隷的とか機械的といった言葉がある。自由教育は人間が自由になるための教育であり、奴隷的で機械的な職業教育、つまり特定の職業には役立っても、自己否定的で非人格的、反

人間的な教育とは区別されていた（ロスブラット、1999年、54頁、58頁；松浦、1999年、419頁）。

　しかし第3に、アメリカに根づいた自由教育が英国のイングランドやヨーロッパ大陸の自由教育とちがうのは、アメリカではカレッジの学生が自由教育を受けたのに対して、イングランドやヨーロッパ大陸では大学入学前の中等学校で自由教育を行っていたことである。

　人格形成を目的とする自由教育には、体罰やしつけを含んだ規律訓練により、子どものなかに大人を目覚めさせ、教養があり、行儀もよく、道徳的で高潔な人間を形成する側面がある。イングランドやヨーロッパ大陸では、この自由教育を伝統的な慣行にしたがって、大学ではなく中等学校で行っていた。しかしアメリカでは19世紀中頃まで、カレッジの入学年齢は低くて14歳から16歳だったので、学生は教育や人生、職業の選択を自分でできる成人だとみなされていなかった。制度的にも中等学校とカレッジの教育内容には重複するところが多く、実質的に区分することはできなかった。そのためカレッジの大学教育では、大学管理者や大学教員が両親の代わりに学生を指導する親代わり（イン・ロコ・パレンティス）の理念が広く受け入れられ、その理念のもとに自由教育にもとづく教養教育が行われたのである（ロスブラット、1999年、55-56頁、189-192頁；江原、1994年a、31頁、236頁）。

　ところで、このような特徴をもつアメリカの大学教育は、研究を重視する大学のドイツ・モデルの影響を受けて、研究重視型の大学が19世紀後半に出現すると大きく変貌する。それは端的にいえば、伝統的な自由教育にもとづく教養教育と新しく大学教育にくみこまれた近代科学にもとづく専門職業教育を、大学教育としてどのように再編成すればよいのかという問題の解決策である。

　もっともこうした大学教育の再編成は、それまで学部教育段階で行われていた医師や法律家などの育成でもすでに問題になっていた。医学も法学も近代科学の生み出す知識をとりこまなければ、近代社会の専門職業教育として成り立たなくなっていたからだ。

　それはモリル法（1862年）を契機に全米規模で普及した農学や工学の大学

教育にもあてはまる。モリル法は連邦政府が当時の産業社会の要請に対応して、農学と工学という2つの実学的な分野の教育を行う公立の国有地交付カレッジを設立する資金を各州に提供し、その管理運営を州にまかせた法律である。この法律により、カレッジの学部教育では古典的な教養教育に加えて、実学的な専門分野の教育が正式にカリキュラムにとりいれられ、大学教育の範囲が大幅に拡大したからだ。しかしこの大学教育の再編成が正面からとりあげられる最も大きな契機になったのは、研究重視型の大学の出現である。

　大学のドイツ・モデルを移植したときに、アメリカの大学がドイツにはなかった大学院を同じ大学内に別組織として設けることにより、研究と専門職業教育を大学の役割に加えたのはすでに述べた通りである。この学術大学院では、研究は大学院学生が受ける正式の教育内容として位置づけられ、文理系の大学教員や研究者を育成する専門職業教育と研究が行われた。

　また医学や法学、経営学などの実学的な専門職業教育を行う専門職大学院も徐々に普及したが、この学術大学院に専門職大学院を加えたアメリカの大学院は、主に専門職業教育を行う機関として定着することになる。それはまたアメリカの大学制度が、中等学校で教養教育を受けた学生を受け入れ、彼らに専門職業教育を行うイングランドやヨーロッパ大陸の大学教育に匹敵する仕組みを内蔵するようになったことを意味した。

　このようにみると、教育内容の面で主に専門職業教育を行う大学院教育についてはそれほど深刻な問題はなかった。ここでいう研究はもっぱら近代科学が生み出す専門分化した知識を基盤にしているが、医学や法学にせよ、農学や工学にせよ、専門職業教育の教育内容も同じ近代科学の知識を中核にして構成されているからだ。ところがそれと対照的に、カレッジにおける学部教育の再編成はけっして簡単なことではなかった。というのも、研究と専門職業教育は主に専門分化した近代科学の知識を基盤にしているため、全人的な人格形成を志向する自由教育とは鋭く対立した。また研究では独創的な研究業績をとくに高く評価するが、自由教育にとって独創的な知識は重要ではなく、かえって社会の安定した秩序を脅かすものとみなされていた。自由教育では過去の偉大な伝統にもとづき、由緒正しい正統な書物を用いて、誰も

が認める普遍的な真実を、固定的な必修のカリキュラムで学生に教えることが重視されたからである。

選択制と専攻制の導入による学部教育の再編成

　そのアメリカにおける唯一の実現可能な解決方法は、学生の科目履修に2つの科目履修方式、つまり「選択制」と「専攻制」を導入することによって、伝統的な自由教育にもとづく教養教育のカリキュラムに選択の幅をもたせ、専門職業教育を含んだ学部教育のカリキュラムに改革することだった。

　履修科目の選択を学生に認める選択制のうち全米規模で普及したのは、いくつかの科目群のなかから指定された数の科目を選択して履修するグループ選択制である。それは現在アメリカの大部分の大学が一般教育(ジェネラル・エデュケーション)の履修方式として採用している配分必修(ディストリビューション・リクワイアメント)、つまり近代科学としての自然科学、社会科学、人文科学の3分野や総合科目群などから、それぞれ履修科目を選択して必要な単位数をそろえる方式の原形となった。

　グループ選択制が従来の教養教育の理念をひきついで、学生が幅広さと一貫性の双方を備えた教養を身につけるための措置だとすれば、専攻制は学生が特定の専門分野を深く学ぶための措置である。この現在の専攻(メジャー)の原形となった専攻制も徐々に全米の大学に普及するが、その教育内容は自由教育の理念をひきついだ教養教育が中心のところもあれば、もっぱら近代科学の成果にもとづく専門職業教育が中心のところもあった。また教養教育も自由教育の伝統をふまえた人文系の科目よりも、近代科学の成果を反映した人文科学や社会科学、自然科学の科目が主流になり、その範囲を大幅に拡大した。そしてこれらの2つの科目履修方式をくみこんだ大学教育が、現在のアメリカの学部教育で最も一般的で標準的なカリキュラムの形態として定着したのである。アメリカでも第二次世界大戦後、高等教育が大衆化して多様化した学生を受け入れるようになったことにともない、さまざまな学部教育改革が試みられたが、その基本的な枠組みは変わっていない。

　ここまでのまとめは歴史的な展開の細部を省略した図式的なものである。

いくつか補足しておこう。まず第1に、こうした学部教育のカリキュラムの定着は、19世紀後半から20世紀前半まで長い年月をかけて実現したことである。

アメリカの高等教育の歩みをたどってみると、19世紀後半には研究重視型の大学だけでなく、女子カレッジや黒人カレッジ、理工系カレッジ、二年制のジュニア・カレッジなど、独自の歴史的背景と文化をもつ多種多様な大学があいついで創設された。そして1900年から45年までの約半世紀の間に、この多様で柔軟な構造をもつ「大学のアメリカ・モデル」は、アメリカ社会のなかで中心的な社会制度の1つとして位置づけられるようになった。

ところで多種多様で異質な大学の共存はアメリカの大学制度の強みだが、他方でそのメリットを生かすために標準化への努力も常に求められてきた。それは大学教育も例外ではない。さまざまな試行錯誤を経て、アメリカの学部教育が結果的に、配分必修方式の一般教育と専攻によって構成されるようになるのに、1世紀近い年月が必要だったのである（ロスブラット、1999年、59-64頁、91-95頁、236頁；江原、1994年a、26-28頁、30-32頁）。

第2に、一般教育は20世紀以降、アメリカの大学教育、とくに学部教育の主要な構成要素として位置づけられるようになった。一般教育の導入はもともと、研究を重視する大学のドイツ・モデルの影響を受けたアメリカの大学が、伝統的な自由教育にもとづく教養教育と近代科学の成果にもとづく専門職業教育を大学教育として再編成するための、いわば「妥協の産物」であった。しかもそれだけでなく、大学にとっては学部教育の最初の2年間に、高校（後期中等学校）との関連で、大学教育に対して準備不足の学生が中等教育を補充したり、専門職業教育の基礎を学んだりするために、幅広い学習の機会を設ける必要があったからだ。

イングランドやヨーロッパ大陸では、大学進学者は大学教育を受けるのに必要な一般的知識や技能を入学前に修得しておくものだとされ、自由教育にもとづく教養教育も中等学校で行われていた。しかしアメリカでは、20世紀に入って中等教育が普及すると、少数の私立進学準備校は別にして、大部分の公立高校は大学への進学準備教育よりも、アメリカ社会にふさわしい市

民を育成する完成教育をめざしたため、生徒が大学での学習に必要な一般的な知識や技能を身につける教育を十分に提供できなかった。中等教育の学校教育全体における位置づけも、イングランドやヨーロッパ大陸では、大学への進学準備教育が重視されていたが、アメリカでは初等教育との接続が重視され、もっぱら初等中等教育として整備拡充することがめざされていた。

　そのアメリカでも第二次世界大戦後、大学進学者が急速に増えると、高校のカリキュラムは整備され、完成教育に加えて、大学進学志願者向けの進学準備教育も提供するようになった。たとえばアメリカの公立高校の多くは総合制になり、同じ学校内に進学課程、一般課程、職業課程の3つの課程を設けるようになったのをはじめ、中等教育と高等教育を教育の面で整合的に接続するさまざまな制度的工夫がはかられた。しかし完成教育と進学準備教育のバランスをとりながら、急増する大学進学志願者にふさわしい教育を提供するのはけっして容易なことではなかった。そのため大学教育に関心のある大学関係者の間では今日でも、一般教育は学部教育の主要な構成要素として理解され、その改革が継続して試みられている[2]。

　学部教育における一般教育の重要性は、日本の大学基準協会のモデルになった適格認定協会の「加盟共通要件」にも明記されている。アメリカでは適格認定協会の審査に合格し、その会員校になってはじめて正式の大学として社会的に認められるが、加盟共通要件は協会への加盟に必要な最低の要件である。

　そのうちカリキュラムに関する事項をみると、（日本の短期大学士に相当する）準学士や学士といった学位の取得につながる学部教育課程には、高等教育レベルの一般教育科目を必ず開設することが要求されており、大学院については、学部教育における一般教育の履修が大学院教育課程へ進むための必要条件になっている。さらにアメリカの大学には、修業年限が2年以上で資格証明書や卒業証書を出す学部教育課程を開設しているところがあるが、そうした課程にも必ず高等教育レベルの一般教育科目、あるいはこれに関連する教育プログラムを開設することが要求されている。ちなみにここでいう一般教育は、技術者や専門職の育成に直接つながるものではなく、すべての学

生がその専門分野に関係なく、共通に履修すべき科目であり、教養ある人間にとって必要な普遍的知識や知的・抽象的概念、さまざまな世界観の教育を目的にしている（大学基準協会、1995年、253-255頁）。

　このようにアメリカの学部教育には、伝統的な自由教育の理念をひきついだ教養教育と近代科学の成果にもとづく専門職業教育が不可欠の要素としてくみこまれている。しかし第3に指摘する必要があるのは、この2つの教育は、それぞれ相互に異質で調和できない要素や理念、価値を含んでいるため、両者の間にはこれまで常に調和よりも対立や葛藤がみられ、せめぎあいが続いてきていることである。

　それはただ単に学部教育における2つの教育の位置づけやバランスの問題だけでなく、学部教育と大学院教育との関連や学部教育と中等教育との接続の問題、それから大学の資源配分の優先順位や学部教育における大学教員の役割など、大学教育をめぐるさまざまな場面にもあらわれている。今日のアメリカの大学では、旗色が悪いのは教養教育の方かもしれない。本書の2章でもみたように、調査をすると、アメリカの大学教員には日本と比べて、研究よりも教育に関心のある者が多いが、実際には多くの大学教員は教育のみに従事するのは不本意だと密かに考えているし、学生の教育をする場合にも、できるだけ自分の専門分野に近い授業を担当し、教養教育を避けたいと思っている。また学生の立場からみても、現代の職業と直接関係した専門分野の学位を取得する学生が多数派であり、教養教育は彼らにとってわずらわしいと思われがちである。

　しかし留意する必要があるのは、教養教育と専門職業教育の対立や葛藤は学部教育の構造的な問題であり、特定のグループの考え方や行動に原因があるわけでもなく、誰か特定の人間の無能力や利己心や悪意の結果でもないことである。つまりアメリカの大学教育の改革では、たとえ困難で成功がおぼつかなくても、この2つの教育の理念や価値をふまえて、その時代にふさわしい大学教育を慎重に構想しなければ、その改革は事実とちがった単なる絵物語になり、定着しないと考えられているのである。

アメリカの学部教育カリキュラム

このような歴史をもつアメリカの学部教育は実際には多種多様で、大学によってかなり大きなちがいがみられる。しかしアメリカの現在の典型的な学部教育のカリキュラムは、(1)一般教育、(2)専攻(主専攻、副専攻)、(3)自由選択(フリー・イレクティブ)、(4)課外活動(ノンクラスルーム・アクティビティ)の4つの要素によって構成されている(Boyer and Levine, 1981, p.32)。

一般教育は幅広さ(ブレドス)を学ぶために人文科学、社会科学、自然科学の3分野にまとめられた専門分野の科目群に加えて、西欧文明や女性研究、第三世界研究などといった、一貫性(コヒーレンス)を学んだり総合的な理解力を修得するための総合科目群とか、知的な学習技能(ラーニング・スキル)の修得を目的にした作文、基礎数学、外国語、それから体育などの科目群によって構成されるのが一般的である。一般教育の科目にはすべての学生または大部分の学生にとって必修の科目が多く、履修する際には専攻や自由選択の科目と区別されている。

専攻は学部卒業後の就職や大学院進学の準備として、特定の専門分野を深く学ぶ(デプス)ための科目群によって構成されている。この専攻には主専攻(メジャー)と副専攻(マイナー)がある。専攻で学ぶ専門分野は実に多種多様だが、次の2つに大きく区分することができる。

1つは近代科学のなかでも基礎的な文理系(リベラル・アーツ・アンド・サイエンシズ)の専門分野、つまり人文科学や社会科学、自然科学の専門分野であり、複数の専門分野にまたがる学際研究や芸術なども含まれる。もう1つは職業との関連が深い実学的な専門分野であり、法学や経営学、教育学、工学、農学をはじめ、家政学や体育学、図書館学、保健医療科学、コンピュータ・情報科学、神学など多彩な専門分野が含まれる。

特定の職業に就くために要求される学歴や専門分野は時代によってちがうが、現在でも準学士や学士の学位はもちろんのこと、学部教育で取得できる資格や免許証があれば就職に非常に有利である。法学や医学、神学などの高度な専門職のための教育は主に大学院教育で行われる。しかし各種の専門職業教育が学部教育でも行われており、就職の際には、基礎的な文理系の専門

分野よりも卒業後の職業と直接結びついた実学系の専門分野を専攻した方が有利である。そのためアメリカでも1960年代後半から、実学系の学士をめざす「就職第一主義」の学生が大幅に増えている。

3つ目の学生が主体的に選択する自由選択の科目は、内容からみると一般教育の科目にも専攻の科目にもなるが、どちらも学生が主体的な一貫性の獲得をはかるために設けられたものである。最後に、4つ目の課外活動を卒業に必要な履修要件に含めている大学はほとんどない。しかし他方で、スポーツクラブや文化サークルだけでなく、自主研究(インデペンデント・スタディ)や経験学習(イクスペリメンタル・ラーニング)、学生寮での在住経験(レジデンシャル・イクスピアリアンス)など、さまざまな課外活動を学部教育のカリキュラムとして正式に位置づけている大学もある。そうした課外のインフォーマルな経験や「隠れたカリキュラム」の教育効果、つまり教員と学生とのインフォーマルな接触や学生の仲間集団での人間関係の教育効果を生かすために、課外活動と一般教育を有機的に結びつけようとする改革もみられる(Gaff, 1983, pp.193-194)。

多様な学部教育カリキュラムの構成

学部教育を構成する4つの要素のなかで、中心に位置するのは一般教育と専攻である。学部教育に占める一般教育の比重を確認すると、学士号取得に必要な120単位に占める一般教育の割合は2000年の時点では、平均で45％、中央値(メジアン)は48％であった。この一般教育の比重は1967年には43％を占めていた。それが卒業要件の緩和をもたらした60年代後半の「学生反乱」以後しだいに減少し、74年には34％まで低下したが、88年には再び38％に増加している(Ratcliff et al., 2001, pp.11-13)。

85年に実施された別の全米規模の大学調査によれば、4年間の学部教育のうち半分が専攻、3分の1強が一般教育にあてられ、残りが自由選択というのが一般的であった。このうち一般教育の履修状況をみると、学部教育に占める一般教育の割合の中央値は大学類型によってそれほどちがわないが、一般教育の比重が高い大学は研究を重視する大規模な研究大学よりも、教養カ

レッジ（学士大学）や総合大学（修士大学）といった教育を重視する一般大学に含まれる大学に多い。

ただし重要なのは、ほとんどすべての大学は学生に一般教育の履修を必修として課していることである。全学生に対して同一の一般教育を必修にしている大学は72％、専攻や所属するカレッジやスクールなどによって異なる一般教育を必修にしている大学は26％あり、まったく一般教育を必修にしていない大学は2％にすぎない。

大学類型別にみると、全学生に対して同一の一般教育を必修にしているのは、教育を重視する一般大学に含まれる大学に多い。とくに教養カレッジ、なかでも歴史と伝統があり学部教育の評価が高い上位校の教養カレッジは履修要件が厳しく、伝統的な一般教育科目の改善や新しい一般教育科目の開発に大学として積極的にとりくんでいる。学生の専攻でも基礎的な文理系の専門分野を専攻する学生が多数派を占め、卒業後大学院へ進学する者が多いのも、そうした教養カレッジの特徴である。

これに対して大規模校が多い研究大学には、学生の専攻や所属するカレッジやスクールなどによって一般教育の履修要件がちがう大学が少なくない。たとえばカリフォルニア大学バークリー校では、学部教育で同じ工学を専攻する場合でも、教養教育を重視する文理学部の学生は、卒業後の職業と関連した専門職業教育を重視する工学部の学生よりも一般教育の必修履修単位数が多い。それと対照的に、専攻の科目履修では必修履修単位数が少ないので自由選択の余地が大きく、科目の種類も工学系の科目だけでなく、人文科学や社会科学を含めて幅広い基礎的な専門分野を履修することが求められている。

なおコンピュータ科学専攻の学生についてみると、工学部の入学難易度は文理学部よりも高いが、卒業者の多くは初任給が高額なこともあり、専攻を生かして就職する。また大学院進学率も文理学部よりも高いが、進学先は工学系に限定されている。それに対して文理学部の学生の大学院進学では、必ずしも学部教育の専攻に限らずに、経営学大学院など他の専門分野も選択する傾向がある（江原、1994年b、99-105頁；吉田、2003年b、290-293頁）。

このようにアメリカの大学教育の歴史をふりかえってみると、かつての伝

統的な自由教育にもとづく教養教育は、現在の典型的な学部教育のカリキュラムでは、一般教育として定着していることが分かる。この一般教育は学部教育の主要な構成要素として位置づけられ、ほとんどすべての大学は一般教育の履修を必修として学生に課している。ただし大学のタイプをはじめ、学生の専攻や所属するカレッジやスクールなどによって、一般教育の履修要件や科目構成には大きなちがいがみられる。教養教育の目的が教養ある人間の育成にあることは同じでも、その具体的な教育内容や学部教育における比重は大学やカレッジ、スクールの使命や目標、それから学生の基礎学力や専攻、卒業後の進路などによってちがうからである。

　それに関連して、専攻の科目履修では、学部卒業後就職する学生は主に職業との関連が深い専門分野の科目を履修するが、学術大学院や専門職大学院に進学してより高度な専門職業教育を受けようとする学生のなかには、基礎的な文理系の専門分野を履修したり、狭い専門を超えてできるだけ幅広く学ぶ者も少なくない。つまりアメリカの大多数の学部学生は卒業後社会に出て活躍するが、彼らの場合には、一般教育が教養教育として、また専攻が専門職業教育として位置づけられる。

　ところが大学院に進学してより高度な専門職業教育を受ける少数派の学部学生の場合、その大半は学部卒業後就職する多数派の学生と同様の科目履修をして大学院に進学するが、なかには一般教育を教養教育として履修するのは同じでも、さらに専攻でも職業との関連が深い専門分野に加えて、基礎的な文理系の専門分野を中心に幅広く学ぶ者もいる。彼らにとって4年間の学部教育はどちらかといえば教養教育の色彩が濃い内容になる。

　歴史と伝統のある教養カレッジや威信の高い研究大学の文理系学部カレッジが提供しているのは、そうした教養教育の色彩が濃い学部教育である。これらのカレッジには、大学のドイツ・モデルにならった研究重視型の大学がアメリカ社会に定着するまで、学部教育としてヨーロッパの自由教育の伝統を反映した教養教育を行っていたところも少なくない。その規模を正確にとらえる統計はないが、仮にカーネギーの大学分類（1994年）にもとづいて類推すれば、教養カレッジの上位校（学士大学Ⅰ）は166校あり、アメリカの

全学生の1.8%が在籍している。また125校ある研究大学の上位校(研究大学Ⅰ、研究大学Ⅱ)には17.5%の学生が在籍しているから、その比率は全学生の19.3%を占めている。

　もちろんそうしたカレッジで学ぶ学生も全員が大学院に進学するわけではないし、他の大学の学部教育を受けた学生も数多く大学院に進学している。またこの統計では、研究大学の学生には大学院学生も含めて集計しているので、学部学生の数はもっと少なく見積もる必要がある。そのためごく大まかな数字だが、約2割弱の学生がどちらかといえば教養教育の色彩が濃い学部教育を受けていることになる(CFAT, 1994, p.xiv. なおブレネマン、1996年、24-29頁も参照)。したがってアメリカの大学全体についてみると、学部教育における教養教育と専門職業教育の内容や位置づけ、バランスは多種多様だが、非常に重要なのは、どの大学の学生も専門職業教育だけでなく、一般教育にせよ専攻まで含めた形にせよ、学部教育の一環として位置づけられた教養教育を学んでいることである。

3　学部教育改革の進展

アメリカ・モデルによる戦後大学改革

　日本の教育制度は第二次世界大戦後、連合国の占領下に抜本的に改革された。それは初等中等教育の改革からはじめられたけれども、改革の波は高等教育にも及んで、日本の大学は大きな変貌をとげた。その当時からすでに60年が経過し、今日まで制度の見直しや改革もいくたびか行われてきた。第二次世界大戦後の日本の大学改革の歩みは大きく、戦後大学改革期(1949-1955年)、日本独自の展開を試みた展開期(1956-1990年)、転換期(1991年以降)の3つの時期に分けることができるが、現在の日本の大学制度の基本的な枠組みは、この戦後大学改革期に形成されたものである。戦後教育改革の特徴の1つはアメリカの教育の影響を強く受けて改革が実施されたことだが、大学改革でも一般教育や単位制、課程制大学院、大学の適格認定(アクレディテーション)など、それまで日本の大学にとってあまりなじみのない

異質の要素がいくつもとりいれられた (天野、1996年、28-29頁；大崎、1999年、2-3頁)。

そうした大学のアメリカ・モデルの影響の一端を確かめるために、1956 (昭和31) 年に文部省令として制定公布された「大学設置基準」の規定により、学部教育のカリキュラムの構造を整理してみよう。

この大学設置基準によれば、大学で開設すべき授業科目は一般教育科目、外国語科目、保健体育科目、専門教育科目の4つに分けられる。そのうち一般教育科目は、その内容により人文科学、社会科学、自然科学の3系列に分けられ、系列ごとにそれぞれ3科目以上、全体として12科目以上の授業科目を開設するものとされている。

卒業の要件は大学に4年以上在学し、124単位以上を修得することである。修得単位は授業科目別に定められており、一般教育科目については、3つの系列ごとにそれぞれ3科目以上12単位、合計9科目以上36単位を修得し、外国語科目については1種類の外国語の科目8単位、保健体育科目については講義および実技4単位を修得しなければならない。また専門教育科目については76単位以上の修得が求められている。

このような構造をみると、日本が戦後大学改革で導入した学部教育のカリキュラムは、アメリカの典型的な学部教育のカリキュラムと形式的にかなり似ていることが分かる。修業年限はどちらも原則として4年間であり、一般教育は人文科学、社会科学、自然科学の3分野によって構成されている。科目履修に際して必修科目とともに、自由選択科目が設けられているのも日米共通である。

また日本でもアメリカでも、学生の多くは卒業までに卒業要件以上の単位を修得するので単純に比較できないが、日本の学生の場合、アメリカの専攻に相当する専門教育の卒業要件は76単位以上だから、124単位の61％を占めている。36単位の一般教育は124単位の29％を占めており、これにアメリカにならって、さらに外国語や保健体育を教養教育に含めると、その比率は39％になる。それゆえ実際の教育内容や授業のあり方などにはちがいがあるにしても、日本の大学はアメリカ・モデルの影響を強く受けて、学部教育の

カリキュラムを改革したと考えられる。

ところで戦後大学史のなかで、1956年は一連の戦後大学改革が一段落し、日本独自の展開をはじめたときでもある。敗戦直後の改革準備期を経て、1949年から本格的にはじまる戦後大学改革期には新制大学が開設されたり、占領軍の大学政策によりさまざまな改革が実施された。しかしその後、日本がサンフランシスコ講和条約の発効(1952年)を契機に独立すると、文部省(現、文部科学省)は再び大学政策への関与を強めたが、大学設置基準の制定公布はそうした大学政策の変化を象徴する出来事だった。

この大学設置基準でも、大学基準協会制定の「大学基準」(1947年)に変更が加えられた。たとえば専門教育重視、つまり学部教育における専門職業教育重視の観点から、専門教育の基礎となる「基礎教育科目」が授業科目として新たに導入され、一般教育科目のうち8単位に限り基礎教育科目の単位で代えることができるようになった。

その他にこの基準が省令として制定されて、政府の権限が強化されたのをはじめ、講座制と学科目制の区分の明確化や規定内容の細分化と数量化など、戦後日本の大学政策のあり方を左右した変更が行われた。このように50年代中頃の時点で、戦後日本の学部教育は国内の実情をふまえた軌道修正をほどこされたが、基本的には大学のアメリカ・モデルをベースにして再構築されたといってよいだろう[3]。

圧縮された戦後日本の学部教育

ところが、その後の学部教育の歩みはけっして順調なものではなかった。戦後にあらわれた大学教育論議をたどってみればすぐ分かるように、日本の大学教育は常に批判や非難の対象であり続けた。国内の当事者や関心のある人びとによる過去の経過や現状に対する厳しい批判は、大学教育の改革にとっては望ましいことであろう。しかし外国人の目からみても、比較的高く評価される初等中等教育と比べて、高等教育はその欠陥や問題点がしばしば指摘されてきた[4]。

タイトル自体がその当時衝撃的だった『ジャパン アズ ナンバーワン』の

なかから、ヴォーゲルの言葉を引用してみよう。「大学は卒業資格を与えるが、学生の教育に身を入れる教授の数はあまり多くなく、学生の勉強ぶりも、大学受験前に比べるとずっと落ちるし、授業中の問題の掘り下げ方も甘く、普段は出席率も悪い。学生一人当たりの大学側の支出は不当に低く、研究室の設備の悪い大学も多く、研究水準にも、その広がりにもばらつきが目立つ。日本の学生の書く論文は独創的ひらめきを示すよりも、どちらかといえば、教えられたことに忠実なものが多い」（ヴォーゲル、1979年、193頁）。

こうした学部教育の印象評価は日本の大学関係者にとってもおなじみのもので、それぞれの立場から時代の節目ごとにくりかえし論じられてきた[5]。その背景にはいろいろな事情が考えられるが、ここでは戦後大学改革にともなう問題点に焦点を絞ってポイントをまとめておこう。

まず第1に指摘する必要があるのは、戦後大学改革が占領軍主導で改革の条件が整わないまま短期間に遂行されたため、内容的な改革よりも制度的な改革が先行したことである。

占領軍による改革の基本方針の1つは戦前のエリート的な大学制度を改革して、多数の者に高等教育機会を拡大することだった。そのために旧制の大学や高等学校、専門学校、師範学校などの高等教育機関は抜本的に再編成され、すべて四年制の新制大学に統一された。しかしこの再編成は実質的には、同じ高等教育機関でもその目的や社会的役割、施設設備や大学教員などの条件がちがう既存の学校に、一律に「大学」の看板を掲げさせたものにすぎなかった。とくに多くの私立大学は単なる名義上の変更にすぎず、その質は戦前の専門学校のままだったところも少なくない。四年制大学への昇格が困難なところは短期大学になったが、それは新制大学の質と水準を維持するためというよりも、条件が不備な学校の救済的な性格をもっていた。

この旧制高等教育機関の新制大学への一元化は、「大学」という名の同格の高等教育機会を大幅に拡大した民主的な改革であり、その後の高等教育の大衆化の制度的な整備を結果的に実現した改革ということもできる。大学進学者は60年代以降急カーブを描いて増えたが、その主要な担い手はこのときに大学に昇格し、安上がりの大学教育を受益者負担で提供した私立大学

だったからだ。しかし大学関係者の合意の欠如や大学改革の実施を支える財源の不足など、改革の条件が劣悪な状態で戦前の学校間格差を存続させたまま、内容よりも形式を優先して強行された制度改革は、その後の大学の発展にとって大きな足かせとなった（土持、1996年、180-181頁、310-313頁；大崎、1999年、134-136頁）。

　第2は、戦後大学改革が明治期以降ドイツ・モデルにもとづいて構築されてきた大学制度を、アメリカ・モデルにもとづいて一挙に変えることをめざしたため、さまざまな誤解やひずみが生まれたことである。

　戦後大学改革は旧制の専門学校や高等学校などを再編成する改革であり、旧制大学だけを新制大学に変える改革ではなかった。しかし改革にかかわった日本側の多くの大学関係者は旧制の大学、とくに帝国大学をモデルにした伝統的な大学観にとらわれていた。たしかに外部からの圧力は非常に強かったけれども、実際の改革は70年間におよぶ日本型の近代大学建設の過程で培われた大学文化の影響を強く受けながら進められたのである。それは当時の大学関係者の多くが旧制大学の出身者だったことだけをみても、ごく自然なことだったのかもしれない。彼らにとって自らの原体験を大幅に修正する改革は簡単なことではなかったからだ。

　たとえば多くの大学関係者にとって、新制大学の修業年限を4年間にしたのは、学部教育の年限を戦前の6年間から2年分圧縮した改革であった。伝統的な大学観からみれば、旧制高等学校3年間と旧制大学3年間の、計6年間を4年間に縮めたのが新制大学の学部教育だったのである。独立後の大学改革では、工学や薬学、農学、法学などの分野で学部教育の年限延長をはかる改革がしばしば試みられた。その背景には大学院の未発達に加えて、科学技術と経済の著しい発展や学部教育の充実を求める社会的要請の高まりもあるが、新制大学の学部教育の年限がその出発当初から旧制大学よりも短かったことの影響も無視できない。

　また伝統的な大学観では、専門職業教育が学部教育の主要な役割だったこともあり、その後の大学改革では、新たに導入された一般教育の意義が幅広い支持をえないまま、専門職業教育の失地回復が継続してめざされることに

なった。91年の大学設置基準等の大綱化により一般教育と専門教育の区分が撤廃されると、一般教育に代わって教養教育という言葉が使われるようになり、学部教育における専門職業教育の比重はいっそう高くなった。

　教育よりも研究を重視する大学教員の役割観もいまだに根強く残っている。日本ではアメリカとちがって、研究と並んで学生の教育を重視する課程制大学院がなかなか定着しなかったのも、旧制大学では研究と専門職業教育が形だけの大学院ではなく学部段階で実際に行われていたことを考えれば、当然だったのかもしれない。

長い年月が必要な大学教育の再編成

　ただし第3に、こうした問題点の解決には長い年月が必要なことを指摘しておこう。アメリカでも現在の典型的な学部教育のカリキュラムが定着するのに、19世紀後半から20世紀前半まで1世紀近い年月が必要だった。アメリカの大学はこの時期に、それまでの4年間の伝統的な教養教育を事実上2年間の一般教育に短縮し、専攻という名の専門職業教育を加えた学部教育を構築した。

　それはやや乱暴な比較であり、改革の方向や条件も非常にちがうけれども、日本の戦後大学改革で実施された学部教育の再編成、つまり修業年限を戦前よりも2年分縮めて4年間にし、新たに加わった一般教育という名の教養教育と専門教育という名の専門職業教育によって構成される学部教育の再編成と同じことをめざしていたといってよいかもしれない。

　一般教育も専攻も少数のエリートではなく、多数の社会的指導者層を育成するために、その教育内容や方法の標準化や合理化がはかられた。それだけでなく、高等教育の大衆化がいっそう進んだ第二次世界大戦後も、アメリカでは時代の節目ごとにくりかえし改革が行われてきている。しかもそれはアメリカの大学関係者にとっては、自らの自発的、主体的な意思決定にもとづいた、いわば平時の改革なのである。

　ところが戦後日本の大学改革は敗戦を契機として、占領軍主導で改革の条件が整わないまま短期間の間に、伝統的な大学観とは異質の大学のアメリカ・

モデルにもとづいて、旧制の高等教育機関を抜本的に再編成することをめざした改革だった。それゆえその後の半世紀を超える大学改革の過程で深刻なひずみが出たり、日本社会にふさわしい大学制度を構築するための軌道修正に時間がかかっても少しも不思議ではない。

教養教育の導入を例にしてみよう。教養教育はアメリカの大学教育や第二次世界大戦後の日本の大学教育にはあるが、西欧諸国の近代以降の大学教育では、この教養教育に相当する教育を原則として提供してこなかった。イギリスをはじめ、ドイツやフランスなどの大学教育では今日まで、教養の面で「大人」の学生、つまり入学前にすでに基礎的な教養を身につけた学生を受け入れ、彼らに対して専門職業教育を行ってきている。

ところがアメリカの大学教育では、身体的にはすでに大人かもしれないが、教養の面では「半大人」の学生を受け入れ、彼らに対して基礎的な教養教育と応用的な専門職業教育を行ってきている。一般教育や自由教育など、大学のタイプによってその取り組み方は非常にちがっても、アメリカの学部教育で教養教育が重視されているのは、こうした背景があるからである。

第二次世界大戦後の日本の大学教育でも、学生は教養教育と専門職業教育を受けることを期待されている。ちなみに日米のちがいでとくに目立つのは、①日本の学部教育では、実質的にはともかく大学教育のあり方として、教養教育よりも専門職業教育の方がはるかに重視されてきたことと、②日本ではこれまでアメリカほど大学院の規模が拡大しなかったことである。

それに加えて、大学をとりまく環境はこの間に絶え間なく変動して、大学のあり方を大きく左右してきた。本書で扱う現在の転換期の大学改革も大学の内部の要因よりも、社会のグローバル化の進展や「小さな政府」の登場、情報技術革新といった学外の諸力によってひきおこされている（本書の1章2節「大学改革の世界的動向」を参照）。そうした観点からみれば、大学教育の改革をはじめ、日本の大学改革は半世紀の助走期間を経て、これから本格的にはじまるとみることもできる。

5章　学部教育の改革

1　学部教育改革の条件

　戦後教育改革の特徴の1つは (4章でもみたように)、アメリカの教育の影響を強く受けて改革が実施されたことである。大学改革でも一般教育や単位制、課程制大学院、大学の適格認定 (アクレディテーション) など、それまで日本の大学にとってあまりなじみのない異質の要素がいくつもとりいれられた。現在の日本の大学制度の基本的な枠組みは、この戦後大学改革によって形成されたが、その当時からすでに60年が経過し、今日まで制度の見直しや改革もいくたびか行われてきている。大学をとりまく環境もこの間に絶え間なく変動して、大学のあり方を大きく左右してきた。

　そうした状況をふまえて、日本の大学教育、つまり大学や短期大学等で行われるカリキュラム (教育課程) として明示された正式の教育を今後どのように改革すればよいのか。大学教育は教育段階をめやすにすると、学部教育と大学院教育に分かれるが、この5章では、主に学部教育の改革について考察する。

　はじめに、現在日本で進められている学部教育改革を考える際に考慮すべき条件を、6つに集約して提示する。続いて学部教育改革の進展を21世紀初頭の国立大学を中心にたどり、さらに学部教育における教養教育と専門職業教育の内容や位置づけをどのように考えればよいのか、その課題と方向を日米比較の観点を視野に収めながら探ってみたい。

最終的な学校教育段階としての大学教育

学部教育の改革を左右する第1の条件は、今日の大学教育は制度的に、初等教育（小学校）と中等教育（中学校・高等学校）の次に接続する最終的な学校教育段階として位置づけられ、その整備充実がめざされていることである。

　歴史的にみると、ヨーロッパ中世に生まれた大学は教育機関のなかで成立した順序が最も早く、すでに800年を超える長い歴史がある。次いで西ヨーロッパでは、この大学への進学準備教育を少数の上層階級出身者を対象に行う中等学校が整備され、最後に18世紀後半の産業革命以降、すべての国民を対象にした初等学校が設立されるようになった。つまり子どもの成長に対応した教育段階の順序と教育機関としての歴史的な成立の順序は逆であり、しかも初等教育と中等教育との間には大きな溝があって連続した教育段階として位置づけられていなかったのである。

　近代教育制度の歴史は、このような歴史的背景をもつ学校を子どもの成長に対応した教育段階に沿って体系的に再編成し、教育機会をできるだけ多くの人びとに開放するために、さまざまな改革を積み重ねてきた過程だとみることができる。もっとも今日でも、そうした制度改革が十分に実現している国はない。たとえば中等教育と大学教育の接続をみても、近代学校が生まれた西ヨーロッパには複線型の中等学校制度を採用している国が多く、大半の生徒が卒業後就職する学校と、パブリック・スクール（イギリス）やギムナジウム（ドイツ）などの大学進学準備校が併存している。

　それと対照的に、アメリカと日本ではどの教育段階も制度的には1種類しかない単線型で、上級学校への進学の道が閉ざされた袋小路がないので、高校を卒業すれば誰もが大学に進学する資格をえられる。しかし制度的には高校教育として同じでも、アメリカでは高校の一般課程や職業課程よりも進学課程で、日本では職業学科や専門学科よりも普通科で学ぶ生徒の方が大学進学でははるかに有利である。またアメリカには進学準備校としてプレパラトリー・スクールがあり、日本にも大学受験に有利な有名高校があるのはよく知られている。

　このように大学教育は現在でも、初等中等教育と制度的にスムーズに接続しているわけではない。それに加えて、教育内容の面でも扱う知識の内容や

質にちがいがあるため、スムーズに接続しないところがある。たとえば初等中等教育も大学教育も、できるだけ正確な知識を体系的に整理して標準化し、順序立てて系統的に提供しようとする点では同じだが、大学教育では研究で生産される新しい知識、つまり決着のつかない灰色の部分を含んだ知識を扱うことにも重要な意義があるからだ。しかし今後の改革の方向としては、大学教育を最終的な学校教育段階として位置づけ、その整備充実をめざすのが第1のポイントである。

同世代の半分強を受け入れる大学教育

第2は、現在の大学教育、とくに学部教育は同世代の半分を超える人びとを対象にしており、その改革では彼らにふさわしい教育をどのように構築すればよいのかが課題になっていることである。

第二次世界大戦後の教育改革で成立した現行の教育制度では、日本の子どもは小学校と中学校の計9年間の義務教育を終えれば、その後は社会的な経験を通じて、基礎学力の面でも教養の面でも、将来大人として社会で活躍するための能力を自主的に獲得できると想定されていた。ところが高学歴化の進んだ今日では、同世代の98％の人びとが高校で学ぶようになり、大学へ進む者も同世代の半分を超えるようになった。

こうした現状をふまえると、大学の門戸を同世代の何％に開けばよいのかを、理論的につきつめて考えることはできそうにない。しかし各国の近代教育の動向を歴史的にたどってみると、どの国でも教育制度における大学教育の位置と役割は、義務教育や後期中等教育とは異なっているように思われる。日本を含めてどの国も、近代化の過程で国民国家としての統合や発展を実現するために、すべての国民に近代社会で通用する一定の基礎学力と共通の文化を内面化させる義務教育の定着をはかってきた。1960年代の「教育爆発」の時代には、なによりも後期中等教育、つまり日本でいえば高等学校の整備拡充が教育政策の主要な課題だった。当時の教育観からみれば、普通教育にせよ職業教育や専門教育にせよ、義務教育後の教育年限の延長は個人と社会の双方にとって望ましいと考えられたからだ。

それに対して、大学教育はどの国でも基本的に、高度な専門的人材や広い意味での社会的な指導者層の育成を果たす教育機会として位置づけられている。大学の門戸も志願者にはできるだけ広く開かれるべきだとしても、すべての人びとを同じ条件で受け入れるべきだとは考えられていない。このような見方は大衆化がかなり進んだ今日でも支配的にみられることである。アメリカはもとより日本を含めた多くの先進諸国で、大学教育が後期中等教育と同じように直線的な右肩上がりのパターンで普及しなかったのは、こうした考え方があるからだと思われる（江原、1999年a、93頁）。

したがって日本の大学の門戸が近未来に大幅に開放されることはないと予想される。しかし日本の大学教育はすでに同世代の半分を超える人びとを対象にしており、少数の学生を受け入れた伝統的な大学教育観からみれば、能力や興味・関心の面で多種多様な学生にふさわしい教育をどのように提供すればよいのかを問われている。

不可欠な教養教育と専門職業教育

第3は、日本の大学教育、とくに学部教育はアメリカと同じように、身体的には大人かもしれないが、教養の面では「半大人」の学生を受け入れ、彼らに対して教養教育と専門職業教育を行うことを主要な目的にしていることである。

アメリカの学部教育では、大学によってその取り組み方はちがっても、専門職業教育と並んで、学生を教養のある成人として育成する教養教育が重視されている。卒業後、社会に出て活動する大多数の学部学生は、一般教育（ジェネラル・エデュケーション）として教養教育を履修し、専攻（メジャー）として専門職業教育を履修するのが普通である。また大学院に進学してより高度な専門職業教育を履修する少数派の学部学生の場合、その大半は学部卒業後就職する多数派の学生と同様の科目履修をして大学院に進学するが、なかには一般教育を教養教育として履修するのは同じだが、専攻でも職業との関連が深い専門分野に加えて、基礎的な文理系の専門分野を中心に幅広く学ぶ者もいる。歴史と伝統のある教養カレッジや威信の高い研究大学の文理系学部カ

レッジが提供しているのは、そうした教養教育の色彩が濃い学部教育である。

戦後日本の学部教育も基本的に、このアメリカ・モデルをベースにして構築され発展してきたので、同じような学部教育観にもとづいているはずである。もっとも日本の多くの大学関係者にとって、大学は「半大人」の学生を受け入れ、彼らを教養のある成人にしながら、卒業までに専門職業教育も受けてもらう場なのだという学部教育観は認めたくないのかもしれない。戦前の伝統的な大学観からみても、旧制大学の学生は旧制の高等学校や大学予科を経て19歳で大学に入学したから、すでに立派な成人であり、彼らに専門職業教育をほどこすのが大学教員の仕事と考えられていた。

しかしすでに触れたように、戦後大学改革は旧制の高等教育機関を再編成した改革であり、しかも入学年齢も旧制専門学校は17歳、旧制高等学校や大学予科は中学校4年修了で進学する場合は16歳、5年修了で進学する場合でも17歳だった。新制大学はそうした高等教育機関を再編成して、18歳で新制高等学校を卒業する若者を受け入れるようにしたのだから、戦後大学改革の際に、学部教育観も大きく変える必要があったのである。

もっとも多様化した学生を実際に教育している大学教員にとって、「半大人」の学生を受け入れて教養教育と専門職業教育を行うという学部教育観は、今日ではどの大学でも実態に即した見方であり、ようやく日本の大学でも広く受け入れられるようになったといった方が正確なように思われる。目の前の学生のなかには、義務教育後に高校で3年間よけいに学んでも、基礎学力の面でも教養の面でも、将来大人として社会で活躍するための能力を自主的に獲得できそうにない学生が結構いるようにみえるからだ。

専門分野や進路に応じた教養教育の比重

第4は、大学教育、とくに学部教育にとって教養教育と専門職業教育は不可欠の要素だが、この2つの教育の比重や内容は学生が専攻する専門分野や卒業後に就く職業や進路によってちがっていることである。

日本でもアメリカでも、大部分の学部学生は卒業後大学院に進学しないで社会に進出する。そのため日本では専門教育、アメリカでは専攻としてまと

められる専門職業教育は学部教育でもたくさん行われている。その内容が卒業後に就く職業とどの程度密接に関連しているのかは別にして、専門職業教育は学生が特定の専門分野を集中的に深く学ぶための教育である。

その他に教員や学芸員、栄養士など、学生が在学中の専門職業教育で取得できる職業資格もたくさんある。職業によって要求する学位は短期大学士(準学士)の場合もあれば、学士の場合もあり、とくに大学で取得する学位を問わない職業も少なくない。特定の職業に就くために必要な職業資格や学位の要件は、主に職業団体や関連学協会、政府などの学外の大学関係者によって決められるが、学生は所属大学のカリキュラムのなかから資格取得や受験資格で定められた資格必須科目を履修する。

アメリカでは現在、医師や法律家などの専門職向けの専門職業教育は大学院で行われている。そのためこれらの専門職をめざす学生の学部教育はどちらかといえば教養教育の色彩が濃いけれども、日本ではこれまで大学入学時に学部や専攻を決め、学部教育の段階から専門職業教育を集中して行ってきた。ただし職業が要求する学歴はどの国でも、時代とともに高学歴化してきている。

アメリカでも専門職が大学院教育の履修を要求するようになったのは、たとえば医師や法律家では20世紀以降のことである。また経営学修士(MBA)が企業経営者の学位として注目を集めるようになったのは第二次世界大戦後、それも60年代以降のことであるように思われる。日本では近年、大学院教育の拡充が政府による行政主導の大学政策でもとりあげられ、法科大学院や経営学大学院、教職大学院などが専門職大学院として設置されたり、同様の専門職業教育が通常の大学院で提供されるようになった。

日本の戦後大学改革では、戦前の専門学部の仕組みを温存させたまま、大学設置基準により画一的で平準化した学部教育のカリキュラムを導入した。しかしその後学問領域の多様化や4文字学部、つまり情報や国際、人間、文化などの言葉を加えて4文字の学部名をもつ学部の開設などにより、この大学設置基準に縛られたカリキュラムは学部教育の実情にあわないことが明らかになった。その意味では、91年の大学設置基準等の大綱化は平準化をも

たらしやすい設置基準の規制を緩和し、それぞれの大学や学部における学部教育を実情にあうように多様化して再編成するための措置であったとみることもできる（井門富二夫、2000年、37頁、43頁）。このように考えると、取得する学位の種類や学部教育における教養教育と専門職業教育の比重や内容は、専門分野や職業によってちがってよいし、ちがうべきなのである。

問われる教養教育のあり方

しかし第5に、学部教育についてみると、この約半世紀の間に日米ともに、教養教育よりも専門職業教育がますます重視されるようになり、教養教育のあり方が問われている。

科学技術と経済の発展は学問の専門分化と高度化を促すため、学部教育でも専門職業教育が強化されるのは自然な流れである。アメリカではほとんどの大学が、教養教育に相当する一般教育の履修を必修として学生に課している。その学部教育に占める比率も大学によってそれほど大きなちがいはないから、教養教育を行う制度的な枠組みは確保されているといってよい。ところが専門職業教育の強化にともない、大学教員は自分の専門分野の研究や教育にいっそう関心をもつようになった。学生も一般教育よりも専攻を重視し、しかも専攻では卒業後の就職に有利な実学系の専門分野を選んだり、職業資格の取得をめざす「就職第一主義」の学生が大幅に増えたため、一般教育の質が低下したり、軽視されるようになった。

日本では1991年の大学設置基準等の大綱化以降、それまでの経緯もあって、各大学の学部教育改革は「専門教育」という名の専門職業教育の比重を高める方向に進んでいる。日本の場合アメリカと比べて大学院教育が現状では小規模なため、4年間の学部教育の枠内で専門職業教育を強化しようとするので、教養教育の居場所はますます狭くなりやすい。その解決策の1つは大学院の拡充だが、やみくもに大学院の門戸を広げればよいというものではない。アメリカの大学院も60年代から70年代にかけて飛躍的に膨張した後、学位取得者に大量の失業者が出たこともあり、80年代以降はゆるやかに拡大している。

また大多数の学生は学部卒業後、社会に出て活動するから、専門職業教育は主に大学院教育よりも学部教育で行われることを前提にして、その将来の方向を考える必要がある。つまり次世代の高学歴者の主力は数のうえでは今後も短期大学士や学士なのである。さらにきわめて重要なことだが、同世代の最も優秀な人材が大学院に進学して、彼らがあらゆる分野で将来の社会的リーダー層として活躍することが、必ずしも期待されているわけではないのである。

　1980年代のアメリカでは、学部教育の全面的な見直し、そのなかでもとくに一般教育の改革をめざした政策提言があいついで公表され、数多くの大学が実際に改革を進めた。この「一般教育リバイバル」と呼ばれた改革では、社会的統合の促進と並んで、学部教育の過度の専門化と職業教育志向の是正も主要な課題としてとりあげられ、限られた時間枠のなかでどのように一般教育を再構築すればよいかが問われた（江原、1994年b、123-124頁）。

　アメリカでは学部教育改革、とくに教養教育としての一般教育の改革は90年代以降も世紀を超えて、多くの大学や大学連合組織で計画されたり、実施されてきた[1]。全米カレッジ・大学協会（AAC & U）の活動を例としてとりあげてみよう。同協会は専攻や学問的背景にかかわらず、すべての学部学生が学部教育で身につけるべき学習成果のリストを、次の3つに分けて提言している（AAC & U, 2005, p.2）。

①文化と自然に関する知識（科学、社会科学、数学、人文学、芸術）
②知的、実践的技能（文章と口頭のコミュニケーション、探求的・批判的・創造的思考、数量的リテラシー、情報リテラシー、チームワーク、学習の統合）
③個人的、社会的責任（市民的責任と関与、倫理的推論、異文化に関する知識と活動、生涯学習への志向）

　この協会は教養教育（リベラル・エデュケーション）を重視する大学の連合組織であることもあって、専門分野のちがいを超えて、学部教育全体に共通する学習成果を強調している。その意味では、この学部教育で身につけるべき

学習成果のリストは一般教育の学習成果を整理したリストといってもよいほどである。

また同協会は、906校の加盟大学の教学担当副学長を対象にしたオンライン調査（回収率47.8％）にもとづいて、78％の大学はすべての学部学生が身につけるべき共通の学習成果を大学として設定していること、学生にはそれらの共通の学習成果を大学便覧やシラバス、ウェブサイト、オリエンテーションなどを通じて周知させるように努めていること、しかしそれにもかかわらず、多くの学生は自分の大学が提供する学部教育の目標について理解していないことなどを明らかにしている。

さらに89％の大学が一般教育プログラムを評価したり、改革しようとしており、何もしていない大学は11％にすぎない。しかも56％の大学は5年前と比べて一般教育を重視するようになっており、そうした大学ほど、学部学生の研究参加や初年次教育、外国留学、サービスラーニング、インターンシップなどといった、さまざまな学習実践を重視するようになったことも重要な指摘である（Hart Research Associates, 2009a, p.1, pp.5-6; Hart Research Associates, 2009b, pp.1-2, p.6）。

日本では一般教育に代わって教養教育という言葉が近年使われるようになったが、この教養教育を専門職業教育の強化が進む学部教育のなかでどのように確保し、同世代の半分を超える多様化した学生に何を学んでもらえばよいのかが、ますます問われるようになった。

中央教育審議会は、日本の大学が授与する学士が保証する能力の内容に関する参考指針として、次のような4つに分けた、専門分野のちがいを超えて学部教育全体に共通する学習成果を提示している（中央教育審議会、2008年、12-13頁）。

①知識・理解（多文化・異文化に関する知識の理解、人類の文化、社会と自然に関する知識の理解）
②汎用的技能（コミュニケーション・スキル、数量的スキル、情報リテラシー、論理的思考力、問題解決力）

③態度・志向性（自己管理力、チームワーク、リーダーシップ、倫理観、市民としての社会的責任、生涯学習力）
④統合的な学習経験と創造的思考力

　これらの能力は日本の学士課程教育が分野横断的に、共通してめざす学習成果に着目したもので、できる限り汎用性のあるものを提示するように努めたという。またこの参考指針は標準的な項目にとどまるものであり、各大学が実際に学位授与の方針などを定める場合には、その大学の教育理念や学生の実態に即して、各項目の具体的な達成水準などを主体的に考えていく必要があることが謳われている。さらに（あいまいな表現だが）、これらの能力は教養を身につけた市民として行動できる能力として位置づけることができるという（中央教育審議会、2008年、10-11頁）。

　全米カレッジ・大学協会と中央教育審議会が提言した学習成果のリストは似通っており、大きなちがいはない。ちがいがあるとしたら、全米カレッジ・大学協会は学部教育における一般教育の位置と役割を明示しているのに対して、中央教育審議会の提言では、学部教育における教養教育や専門基礎教育や専門教育の位置と役割、あるいは高い教養とか専門的能力などといった重要な言葉の具体的な内容が明確でないことである。

　教養教育は専門職業教育とともに、日本の大学教育、とくに学部教育にとって不可欠の要素である。この学部教育における教養教育と専門職業教育の比重や内容は、専門分野や職業によって、あるいは大学や学部によってちがってよい。学部教育の改革でいま問われているのは、専門職業教育の強化が進む学部教育のなかで、教養教育をどのように確保し、同世代の半分を超える多様化した学生に何を、どのように学んでもらえばよいのかを明らかにすることである。

近代科学の成果にもとづいた学部教育

　第6に、学部教育の教育内容についてとくに指摘しておきたいのは、今日の大学教育では専門職業教育だけでなく教養教育も、主に近代科学の成果で

ある知識や技能にもとづいて構成されていることである。

　学生は授業での学生同士や大学教員と学生との人間関係、サークルやクラブなどの課外活動への参加、それから学外でのアルバイトなど、さまざまなことを在学中に経験する。学生のなかには、大学の授業で学ぶ中味よりもそうした経験を重視したり、そこから大きな影響を受ける者も少なくない。また教養教育には人間形成や価値教育をはじめ、芸術への関心とかコミュニケーション能力の育成なども含まれるので誤解されやすいけれども、大学教育の基本はあくまでも近代科学の成果にもとづいた教育なのである。

　というのは、近代大学にとって基本的で固有の役割は知識を扱うこと、つまり知識を発見し、統合し、応用し、教育することであり、その知識はなによりもまず近代科学の成果によって構成されているからだ。その意味では、現在の大学教育を構成する教養教育は教育内容の面でも、かつて植民地時代のアメリカの学部教育に根づいた、ヨーロッパの伝統を色濃く反映した教養教育とはかなり異なっていることに留意する必要がある。

　また教養教育の内容を論じるときに、書物の役割、とくに文学作品とか最良の哲学書や歴史書などをじっくり味わうことを通じて、知の基盤を作り上げることの重要性がしばしば指摘されるのは当然のことである（たとえば苅部、2007年、184頁；村上、2008年、278頁などを参照）。しかし大学教育を構成する教養教育で扱う文学作品はあくまでも、人文科学としての文学の研究対象であり、文学作品そのものではない。哲学書や歴史書も人文科学や社会科学の専門分野における研究というフィルターをくぐり抜けて、はじめて大学教育としての教養教育を構成することになるのである。

　近代科学の成果にもとづいた大学教育、とくに教養教育にはいくつもの限界や問題点がある（江原、2000年、27-28頁）。たとえば近代科学の性格についてみても、19世紀中頃の「第2の科学革命」で生まれた近代科学を支える科学観では、科学の進歩は無条件に善、つまり「よい」ことであり、人類の幸福を約束するものだと楽観的にとらえられていた。ところが近年、こうした楽観的な科学観は科学が生み出した核兵器や環境問題などをまのあたりにして大きな変更をせまられている。

また細分化しすぎた科学を統合するための総合的な科学の再構築は科学の世界でも強く求められているのに、いまだに実現する見通しは立ちそうにない。さらに近代科学はこの1世紀の間に社会生活の奥深くまで浸透したが、その成果は人類が生み出した知識や技能のごく一部であり、日常の生活はそれ以外の多くの近代科学とは異質の伝統や文化があってはじめて成立している。それゆえ教養教育は学生が近代社会で生きていくのに必要な基礎的な学力を身につけたり、価値観や態度を変えるのにある程度役立つかもしれないが、はたしてこれからの社会にふさわしい教養を十分に身につけるのに役立つかどうかが疑問視されても、少しもおかしくないのである。

　しかしたとえそうした問題があるにしても、大学教育は基本的に近代科学が生み出した知識や技能にもとづいているので、教養教育の改革でも、それをどのように取捨選択したり再構成して、学生にどのように提供すればよいのかが問われている。つまり理想的な教養のある成人の資質がどのようなものであれ、大学の教養教育がめざしている教養は、その主要な部分だが一部にすぎず、しかも幅広い学問領域を体系的に学ぶことによって獲得される幅広さと一貫性を備えた知識や技能、価値観、態度が中心なのである。別の言葉でいえば、教養教育を実質的に改革するには、その目的や効用の範囲を明確にし、大学教育に固有の強みと制約を考慮して実施しなければならない。

　教養教育でさまざまな専門分野を学ぶことを学生に求めたり、一貫性や総合的な理解力を修得するための総合科目を設ける理由は、このような観点から理解する必要がある。教養教育がめざす人間形成や価値教育をはじめ、講義やゼミ、実習などでの大学教員と学生や学生同士の交流も、近代科学のフィルターを通して行われるという点では同じである。

　もちろん教養教育をいっそう豊かなものにするために、アメリカでも日本でもカリキュラムと課外活動を結びつけたり、学外のさまざまな組織や人びととの連携を探るなど、いろいろな工夫が試みられてきた。近代科学の成果にもとづいた知識や技能だけでなく、近代科学とは異質の伝統や文化と向きあったり、人格の非認知的な面を重視しなければ、自分の人生をその人なりに全体として見通すことのできる成人を育成することはできないからだ。

また研究がもたらす新しい知識や技能を扱う大学教育では、たとえその歩みが遅々としたものであっても、ジェンダー論や環境問題、マイノリティ研究など、主流派に批判的な研究の成果や実践をとりいれて、その内容を豊かなものにしてきた。さらにアメリカほどではないにしても、日本でも多文化主義の浸透にともなって、多文化社会にふさわしい大学教育のあり方が問われるようになってきている。

2 改革の進展：21世紀初頭の国立大学を中心に

大学設置基準と学部教育カリキュラム

それでは、このような改革の条件をふまえて、日本の学部教育改革では教養教育と専門職業教育の内容や位置づけ、バランスをどのようにすればよいのか。90年代の改革の進展状況を手がかりにしながら、その課題と方向を探ってみよう。

主に注目するのは四年制大学の学部教育カリキュラムの構成である。学部教育についてはその他にも検討すべき課題は数多くある。また日本の大学もアメリカと同様に実際には多様なため、必要に応じて大学を少なくとも一般大学と研究大学の2つに大まかに分けて考察する必要があるが、資料不足によりほとんど触れることができないことをあらかじめ指摘しておきたい。

まずはじめに、学部教育の改革に関心のある大学関係者にとっては繁雑かもしれないが、現行の教育法規、とくに「大学設置基準」で学部教育カリキュラムの構成について規定したところを確認しておきたい。アメリカではカリキュラムについても、各大学が加盟する適格認定協会の自主規制が強く働いている。そのアメリカでも近年、州政府によるカリキュラムのアカウンタビリティ（説明責任）の要求が高まってきているが、日本では規制が緩和されてきているといっても、文部科学省の大学設置基準の法的規制はアメリカと比べてはるかに強いと考えられるからだ。

現行の大学設置基準では、カリキュラムに関する規定は第6章「教育課程」にまとめられている。そのうち第19条（教育課程の編成方針）では、「教育課

程の編成に当たっては、大学は学部等の専攻に係る専門の学芸を教授するとともに、幅広く深い教養及び総合的な判断力を培い、豊かな人間性を涵養するよう適切に配慮しなければならない」と定められている。この条文の前半、つまり「学部等の専攻に係る専門の学芸を教授する」のが専門職業教育であり、後半の「幅広く深い教養及び総合的な判断力を培い、豊かな人間性を涵養する」のが教養教育である。

　第20条（教育課程の編成方法）では、「教育課程は、各授業科目を必修科目、選択科目及び自由科目に分け、これを各年次に配当して編成するものと」し、第21条（単位）では、「各授業科目の単位数は、大学において定めるものとする」と規定されている。第7章「卒業の要件等」の第32条（卒業の要件）によれば、卒業の要件は医学、歯学、獣医学、（臨床に係る実践的な能力を培うことを主たる目的とする）薬学に関する学科以外の学科では、大学に4年以上在学し、124単位以上を修得することである。

　こうしてみると、形式の面では日本の学部教育カリキュラムの基本構造はアメリカとよく似ている。つまり一般教育（教養教育）、専攻（専門教育）、自由選択（自由科目）の3つの構成要素があり、原則として課外活動を含まないのが、法的規定からみた日本の学部教育カリキュラムの基本構造である。なお関連した条文を「大学院設置基準」でみると、修士課程の大学院教育は広い視野に立って精深な学識を授けることも、また博士課程の大学院教育は研究能力の基礎となる豊かな学識の養成も目的にしているが、いずれも専門分野の研究や職業に必要な専門職業教育が基本である。

　次に高等教育に含まれる短期大学の「短期大学設置基準」をみると、修業年限は半分の2年間だが、大学とまったく同様に、教養教育と専門職業教育を行うことが求められている。短期大学が法令上大学とちがうのは、教育課程の編成で必修科目と選択科目はあるが、自由科目はないことである。同様に「高等専門学校設置基準」によれば、授業科目は各学科に共通する一般科目と学科ごとの専門科目に分けられ、教育課程は各授業科目を各学年に配当して編成することが定められているから、大学の前半の2年間に相当する第4・5学年でも専門科目に加えて、一般科目が開講されている。

さらに日本でもアメリカでも、高等教育を構成する教育機関に「専門学校」を含める動きがある。日本の場合、高校卒業後進学する専修学校専門課程では、授業科目の開設にあたって豊かな人間性を涵養するよう適切に配慮しなければならないが、教養教育と専門職業教育をともに授業科目として開設する必要はない。つまり専門学校は高等学校における教育の基礎のうえに、主に専門職業教育を行うところである。

　ところでこれらの現行の教育法規では、卒業や修了の要件として修業年限や修得単位数の下限は定められているが、学部教育カリキュラムの構成について、かつてのような詳しい規程はない。大学と短期大学は教養教育と専門職業教育を行うことを求められていても、その内容や位置づけ、バランスは各大学の裁量に任されている。また大学への編入学の条件をみると、高等専門学校の場合は、一般科目を教養教育として位置づけるかどうかにかかわりなく、その卒業者は短期大学卒業者と同様に、大学に編入学することができる。専修学校専門課程の修了者も、修業年限が2年以上であることなど文部科学大臣の定める基準を満たしていれば、大学に編入学することができるので、高等教育機関の間の接続では学部教育の教育内容よりも修業年限の方が重視されているのである。

　こうした制度の弾力化は、その他にも大学への飛び入学や有職者の大学入学、科目等履修生制度の導入、他の大学や大学以外の教育施設等における学修の認定などにもみられる。それは大学が能力や興味・関心の面で多様な学生を受け入れるようになってきたことを考えれば、当然の措置だといってよいかもしれない。しかし学部教育にとって教養教育と専門職業教育が不可欠な要素だとすれば、各大学はこれらの2つの要素を含んだ自前の学部教育カリキュラムを編成して、それぞれのキャンパスで学ぶ多様な学生にふさわしい学習環境を整備することを求められている。

学部教育カリキュラムの現状：国立大学

　文部科学省の調査によると、91年の大学設置基準等の大綱化以降、全体の9割を超える大学と学部が2001年までの10年間に、科目区分や必修・選択

科目の見直しをはじめ、さまざまなカリキュラム改革を実施してきた（文部科学省高等教育局大学課大学改革推進室、2002年）。その結果、日本の四年制大学の学部教育カリキュラムはどのように変わったのか。続いて、そのごく大まかな現状を国立大学の教養教育を中心に確かめてみよう。

主に使用する資料は、大学評価・学位授与機構が全学テーマ別評価「教養教育」の一環として95校の国立大学（大学院大学と短期大学を除く）を対象に実施した教養教育の実状調査である（大学評価・学位授与機構、2001年）。なお同機構は2000年度から国立大学の大学教育について、分野別教育評価も順次実施している。ただし調査対象校が限られており、評価結果のみが公表されるので、専門職業教育の全般的な特徴や専門分野別の詳細な全国レベルの傾向について知ることはできない（大学評価・学位授与機構、2003年）。

さて大学評価・学位授与機構の調査によれば、21世紀初頭の国立大学の学部教育カリキュラムには次のような特徴がみられた。

第1に、学部教育に占める教養教育の割合を確かめてみよう。この調査では、全卒業要件単位数に占める一般教養関連科目の卒業要件単位数の割合を大学単位と学部単位で求めている。大学に6年以上在学する医学、歯学、獣医学の学科を除くと、大学設置基準で定められた124単位以上という卒業要件に対して、各学部は平均して129単位を卒業要件として設定している。

またこの調査では、学部教育を一般教養教育と専門教育に区分しているが、そのうち一般教養関連科目、つまり①一般教養教育の授業科目区分と②一般教養的内容と専門的内容をあわせもつ教育の授業科目区分の卒業要件単位数を加えた合計卒業要件単位数についてみると、各学部は平均して41単位を一般教養関連科目の卒業要件として設定している。したがって大学によって学部構成にちがいはあるにしても、大学単位でみると、学部教育の卒業要件に占める教養教育の割合は32％ということになる。

ただしそのうち、②一般教養的内容と専門的内容をあわせもつ教育の授業科目区分には、専門基礎教育科目、つまり91年の大綱化以前の標準的な学部教育カリキュラムで、専門教育の基礎として8単位まで認められた「基礎教育科目」に相当する授業科目や専門共通科目などが含まれている。そのた

め、ここでいう教養教育は専門職業教育の要素も加味されているが、それを除くと教養教育の割合はさらに低くなる。アメリカの学部教育に占める一般教育の割合が45％（2000年）であることと比べれば、国立大学の学部教育は専門職業教育の色彩が濃いのである（Ratcliff et al., 2001, pp.11-13）。

この教養教育の割合を学部別にみると、ほとんどの学部は31％から34％の間であまり変わらないけれども、資格取得などのために修得する単位数が多い教育学部（28％）と医学部の看護学科や保健学科等（26％）では低い。また獣医学の場合、一般教養関連科目の卒業要件単位数は他の農学系と変わらないが、全卒業要件単位数の平均が190単位なので、教養教育の割合は最も低い22％である。医学や歯学も一般教養関連科目の卒業要件単位数は他の学部よりも10単位ほど多いけれども、全卒業要件単位数の平均がそれぞれ医学は206単位、歯学は210単位と多いため、教養教育の割合は25％と低くなる。

91年の大綱化以前の学部教育カリキュラムでは、36単位の一般教育に外国語や保健体育を加えると、教養教育は124単位の卒業要件単位数の39％を占めていた（本書の4章3節「学部教育改革の進展」を参照）。それゆえ大綱化以後だけでなく以前でも、一般教養関連科目の定義や授業内容、卒業要件単位数などは大学や学部によってちがうので単純な比較はできないけれども、学部教育に占める教養教育の割合は、この10年間に39％から32％にやや減少したことが分かる。

なお現行の教育法規では、学部教育カリキュラムの構成は各大学の裁量に任されているため、たとえ学部名は同じでも授業科目区分の方式やその卒業要件単位数などは大学によって多様である。たとえば文学部と経済学部についてみると、どちらも学部教育に占める教養教育の割合の平均は32％だが、最大値は63％、最小値は14％だから非常にバラエティに富んでいる。また理学部では平均は34％だが、最大値56％、最小値18％であり、工学部では平均は33％だが、最大値63％、最小値16％だから、いずれも大学によって大きなばらつきがみられる。それだけでなく学部内でも学科やコース、専攻などによって異なる基準を設けているところが少なくない。しかしどの大学

のどの学部の学部教育でも、たとえその比率は多様でも、専門職業教育と並んで教養教育を提供しているのは、きわめて重要な事実である（大学評価・学位授与機構、2001年、28-30頁）。

第2に、教養教育と専門職業教育の基本的な関係についてみると、ほぼ9割の大学では、たとえ授業科目として教養教育と専門職業教育を区別しているにしても、相互の有機的な関係をはかっているか（46％）、この2つの教育の他に一般教養的内容と専門的内容をあわせもつ教育を実施している（43％）。前者は1学部構成の単科大学に多く、後者は6学部以上の大規模大学に多い。それに対して教養教育と専門職業教育を区別し、独立に展開している大学は皆無であり、一般教養的内容と専門的内容をあわせもつ教育を実施し、一般教養的内容のみの教育を行っていない大学は1校（大阪外国語大学、現在の大阪大学外国語学部）だけである。

91年の大綱化以前にも、教養教育と専門職業教育との有機的な連携に配慮した学部教育を実施したり、構想していた大学がなかったわけではない。しかし90年代の大学教育改革では、多くの大学が2つの教育の有機的な連携に配慮した学部教育の改革を行った。たとえば医学系や工学系といった、学部卒業後の職業との関連が比較的明確な専門分野の単科大学やそれに準ずる大学では、職業人育成のなかで教養教育をとらえ直そうという傾向がみられた。教員養成系や外国語系、芸術系などの学部や大学のなかには、専門職業教育自体に教養教育的要素が含まれているから、2つの教育の有機的連携が必要だという見解もみられる。複数の学部をもつ大規模大学でも、4（6）年一貫教育を柱にした学部教育改革を行い、学部教育を通じて2つの教育の有機的な連携をめざしたところが少なくない。

そうした動向も反映して、多くの大学は教養教育の授業科目の履修年次を高学年次まで広げている。最も多いのは教養教育の履修年次が1～4年次の大学（61％）である。それに1～3年次の大学（16％）をあわせると、8割近い大学は履修年次を高学年次まで広げて、「くさび型」のカリキュラム編成を採用している。従来のように教養教育の履修を1、2年次に限っている大学（14％）は少数派になったのである。

高学年次の教養教育の授業科目には、専門職業教育との有機的な連携をはかるために、教養教育に関する科目の発展的内容や上級外国語など、低学年次で履修した内容をさらに発展させたり、専門職業教育との関連でより深い理解がえられるような科目が開設されている。ただし履修年次の拡大は多くの場合、学生の自由な履修選択を確保するための措置であり、大多数の大学では教養教育は現在でも低学年次を中心に行われている。また大学によっては、キャンパスが複数あり教養教育と専門職業教育の履修場所がちがっていたり、専門職業教育の時限枠と重なるため、教養教育の授業科目を低学年次に履修しなければならないところもある（大学評価・学位授与機構、2001年、11-13頁、30-31頁）。

　第3に、専門職業教育については、大学評価・学位授与機構が実施した教養教育の実状調査では、大学ごとの回答をみても、専門教育の授業科目区分（必修科目、選択必修科目、選択科目など）しか確かめることができない。同機構の分野別教育評価でも、教育活動の組織的な取組の評価は行っているが、専門分野の教育内容にまでふみこんで評価していないので、専門職業教育の全般的な特徴や専門分野別の傾向を知ることができないのはすでに述べたとおりである。それはこの調査だけでなく、学部教育カリキュラムに関する全国規模の先行研究についてもあてはまる[2]。

　ただし他方で、文部科学省や大学基準協会はこれまで専門分野別の大学教育カリキュラムのあり方を検討したり基準を設定してきた。医学系や工学系などのように、専門分野の関連学協会や学外の職業団体、専門職団体などが長年にわたり専門職業教育の改善に積極的にとりくんできた専門分野も少なくない。工学系では1999年に、日本技術者教育認定機構（JABEE）も国際標準の基準認定を考慮した技術者教育の認定機関として設立された。

　その他の専門分野でも、学部教育や専門職業教育に関する学会や研究会がいくつも活動している。経済学教育に限って1、2例示すれば、たとえば経済学教育学会は1981年から大学の経済学教育のあり方について議論を重ね、学会紀要『経済学教育』を刊行するとともに、多様な授業実践を中心にその成果の一部を経済学教育学会編『大学の授業をつくる―発想と技法』（青木書

店、1998年）などとして公表した。なお同学会は2003年から学会名称を経済教育学会に変更し、それにともない学会紀要も23号から『経済教育』に名称変更している。また経済経営系コア・カリキュラム研究開発会議編『経済経営系のコア・カリキュラムの研究開発』（経済経営系コア・カリキュラム研究開発会議、2000年）は、東北大学経済学部を拠点校とする国立5校、私立3校、公立1校の9大学によって進められてきた共同研究の成果である。

学部教育カリキュラムの構成

学部教育カリキュラムの構成や内容は同じ国立でも大学や学部ごとにちがっており、公立や私立まで含めれば収拾がつかないほど多種多様である。それゆえ不十分な試みにすぎないが、第4に、教養教育の科目編成を中心に、各大学に共通する面に注目して整理すると、21世紀初頭の国立大学の学部教育カリキュラムの標準的な構成は**表5-1**のようにまとめることができる。

学部教育カリキュラムは教養教育と専門職業教育によって構成される。教養教育を構成する科目のうち、①導入教育・補習教育科目は学生が学生生活や大学における学習などにスムーズに対処できるように支援することを目的とした科目で、導入教育と補習教育の2つに大きく分けられる。いずれも近年の改革で注目されるようになった科目である。

表5-1 学部教育カリキュラムの構成：標準モデル

Ⅰ 教養教育
　①導入教育・補習教育科目
　②教養教育科目
　　　分野別教養教育科目
　　　総合的教養教育科目
　③共通基礎教育科目
　　　語学教育科目
　　　健康・スポーツ教育科目
　　　情報処理教育科目
　④専門基礎教育科目
Ⅱ 専門職業教育
　⑤専門教育科目
　⑥卒業研究

導入教育は大学の概要の紹介や履修上の注意点の理解、自発的学習態度の修得、大学における学習の目的意識の明確化、討議や発表の仕方等の基礎的な能力の育成などをはかるために、新入生向けのセミナーや入門コースで行われるものが多い。

　補習教育は大学で学ぶのに基礎学力が不十分な学生を対象にした教育である。高等教育の大衆化や入学者選考の簡素化にともない、日本でも準備不足の学生は大幅に増えた。高校での未履修者向けの補習教育や学生の基礎学力の多様化への対策として、理数系の科目（数学・物理・化学・生物）や英語の補習教育が行われている。また独立した補習教育を行わずに、能力別のクラス編成により対処しているところもある。

　この他に留学生向けの補習教育として、日本語・日本事情に関する授業や出身国の教育で未履修だった科目の授業、英語による入門コースなどを提供している大学もある。

　②教養教育科目は主に従来の一般教育科目によって構成されており、教養教育、つまり高度な専門的人材や広い意味での社会的な指導者として活動することが期待されている学生に、それにふさわしい基礎的な学力や教養を身につけさせる教育の中核に位置する科目群である。この教養教育科目は大きく、分野別教養教育科目と総合的教養教育科目の2つに分けられる。

　分野別教養教育科目については、科目区分として従来の人文科学、社会科学、自然科学の3分野を残している大学もあるが、91年の大綱化以降、科目区分を5〜6区分程度に再編成して学生が科目の内容を判断しやすいようにしたり、分野を横断した主題別に科目を再編成して学生の学習目的を明確にすることを重視する大学が大幅に増えた。主題別に科目を再編成した大学のなかには、教養教育科目を「副専攻科目」として位置づけ、特定の主題を集中的に履修させるところもある。

　総合的教養教育科目は多くの大学で分野横断的な科目として、教養教育科目のなかやそれとは別に独立して開設されている。この科目のテーマには環境問題や国際問題、ジェンダー論など、個別の専門分野を超えた学際的なものが多い。大学のなかには、たとえば岩手大学の「岩手の研究」や琉球大学

の「沖縄研究入門」などのように、大学の所在地域に関する科目を開講しているところもある。

　③共通基礎教育科目は語学教育科目、健康・スポーツ教育科目、情報処理教育科目によって構成されている。学生は在学中に、特定の専門分野や職業にとって不可欠な幅広い学問領域を教養教育科目として体系的に学ぶことにより、幅広さと一貫性を備えた知識や技能、価値観、態度を身につけることを期待されているが、それと並んで、卒業後の社会生活にとって不可欠な近代科学と多様な異文化（外国文化）をふまえたコミュニケーションのあり方や心身の発達に関する理解を深めたり、基礎的な能力を修得することを期待されている。

　共通基礎教育科目のうち、語学教育科目はすべての大学が必修にしており、ほとんどの大学は授業の改善策として少人数教育の推進を目標に掲げている。その他に大学によっては、技能別クラス編成（読・書・聞・話）や内容別クラス編成（時事英語や専門英語など）、能力別クラス編成などをとりいれている。特徴的な語学教育活動として、ネイティブによる英会話授業や外部試験受験用の授業、外部試験の結果を用いた単位認定、海外提携校での短期研修などを実施している大学もある。

　健康・スポーツ教育科目については、91年の大綱化以降、単独の必修科目から教養教育科目との間で選択できる選択科目に変更したり、講義と実技の区分を廃止した大学もある。しかしほとんどの大学では今日でも教養教育の科目として重視され、講義と実技の有機的連携をはかったり、レベル別や障害者向けの授業が開設されている。情報処理教育科目は90年代に入ってから、学部教育に導入されるようになった共通基礎教育科目である。この科目を学部教育の教養教育にくみこむべきかどうかについては異論もあるけれども、多くの大学では全学的に必修にする方向に進んでいる。

　④専門基礎教育科目は教養教育と専門職業教育の橋渡しをする科目群で、とくに理系の専門分野によくみられる科目である。この授業科目区分を設けている大学では、学部教育は教養教育、専門基礎教育、専門職業教育の3層構造としてとらえられている。専門基礎教育科目の位置づけは、(a) 従来の

専門教育科目のうち基礎的な科目を低学年次におろして、専門職業教育の早期化をはかる方式と、(b) 従来の一般教育科目のうち専門分野との関連が深い科目を専門教育科目とくみあわせて、専門職業教育の基礎的科目として位置づける方式の2つに大きく分けられる。

　(a) 方式の場合、たとえば医学系では、医学概論や応用統計学、医療倫理学などが、また教育学系では各教科科目の入門科目や「教職の意義」などの科目が開設されている。理系の専門分野に多い (b) 方式の場合、専門基礎教育科目は従来の一般教育科目に含まれていた数学、物理学、化学、生物学などの概論や実験・実習を中心に構成されている。

教養教育の具体的な内容と科目編成

　ところで大学評価・学位授与機構の調査では、教養教育の内容について、32の選択肢を設けて具体的に聞いているので、その概要も整理しておこう。この調査では、教養教育の内容をその教育目標、とくにどのような能力や資質の形成、発達をめざしているのかに沿って区分している。そのため32の教養教育の内容のなかには教養教育を構成する4つの科目にまたがっているものもあるが、できるだけ個別の科目編成に結びつけて整理すると、次のような特徴がみられる。

　ポイントは教養教育にとって必要な要素として、どのような内容をカリキュラムにくみこんでいるのかをより具体的に確かめることである。現行の大学設置基準によれば、幅広く深い教養と総合的な判断力を培い、豊かな人間性を涵養するのが教養教育である。この教養教育の内容についてはこれまで、大学教育論や授業論の研究者をはじめ、大学審議会や中央教育審議会などの審議会、あるいは大学改革を実施する大学の関係者やマス・メディアなど、さまざまな立場から語られてきた。

　この調査はそれらの成果もふまえているが、調査自体は国立大学の大学評価の実施を前提に行われた行政主導の実状調査である。そのため教養教育の要素だけでなく、教養教育に関するとらえ方や学部教育の授業科目区分などにも調査主体の意図や意向が反映しているにしても、そうした立場からみた

日本の国立大学の大学教育における21世紀初頭の教養教育のイメージをある程度具体的に描くことができるだろう。

　まずはじめに、どの大学も教養教育にとって必要な要素だと回答した内容に注目すると、ほとんどすべての大学 (98％) は教養教育にとって必要な要素として、人文科学、社会科学、自然科学の3分野の基礎的な知識と方法の修得をあげている。それらはたとえその比重が大学や学部、専門分野によってちがっても、教養教育の不可欠の要素とみなされ、②教養教育科目や④専門基礎教育科目として提供されていると考えられる。

　ほとんどすべての大学 (95〜98％) は主に総合的教養教育科目に関連した要素として、諸科学の境界を超えた学際的な知識の修得をはじめ、社会問題や環境問題、国際問題に対する理解の促進、それから自らの文化や世界の多様な文化に対する理解の促進をくみこんでおり、ジェンダー問題に関する理解の促進 (81％) を重視する大学も少なくない。

　さらにすべての大学 (100％) は外国語によるコミュニケーション能力の育成と外国語の修得を通じた外国文化の理解を、教養教育にとって必要な要素としてくみこんでいる。しかも2つ以上の外国語の修得 (99％) を学生に求めているので、③共通基礎教育科目のうち、語学教育科目は非常に重視されているといってよい。

　科目としては情報処理教育科目と関連した情報リテラシーの向上も、すべての大学 (100％) が重視している。それに比べると同じリテラシーでも、科学リテラシー (91％) や数理リテラシー (89％) はやや少ない。健康・スポーツ教育科目と関連した健康な生活を営む能力の向上 (99％) と身体運動能力の向上 (97％) も、ほとんどのすべての大学が重視している教養教育の要素である。

　どの大学でもこれらは教養教育にとって必要な内容として非常に重視されており、②教養教育科目や③共通基礎教育科目、④専門基礎教育科目として提供されている。とりわけ外国語によるコミュニケーション能力の育成 (69％) と情報リテラシーの向上 (71％) については、すべての大学が教養教育の内容としてくみこんでいるだけでなく、7割の大学がとくに重点を置いて

くみこんでいるのが大きな特徴である。

　それに対して、大学によっては教養教育の内容としてとくにカリキュラムにくみこんでいなかったり、くみこむ方向で検討中の要素もある。たとえば非常に多くの大学は高い倫理性をもって判断し行動できる能力の育成（93％）や高い責任感をもって判断し行動できる能力の育成（87％）を教養教育の内容としてくみこんでいるが、その比率は上述の要素と比べると相対的に少ない。それは芸術鑑賞能力の育成（84％）や芸術的な表現能力の育成（61％）、それから人間関係能力の向上（87％）や自己発見の援助（77％）、職業観の育成（69％）、ボランティア意識の育成（48％）についてもいえることである。

　これらの要素は教養教育にとって重要だけれども、特定の科目とは結びつけにくいのかもしれない。教養教育も専門職業教育と同様に、主に近代科学の成果である知識や技能にもとづいて構成されているため、価値教育の色彩が濃い要素を中心にした科目を設定しにくいせいもあるだろう。

　①導入教育・補習教育科目と関連した内容も、最近注目されるようになった新しい教養教育の要素であり、21世紀初頭の時点ではそれほど普及していない。大学における学習への適応能力の育成はすでに88％の大学が教養教育にくみこんでいるが、高等学校程度の内容の補習教育の実施は58％にとどまっている。ただし重要なのは、補習教育を教養教育にとくにくみこんでいない大学は23％とすでに少数派であり、19％の大学はくみこむ方向で検討中だということである。入学者選考の受験学力の水準が比較的高く、大半の学生が受験学力を十分に身につけているはずの国立大学でも、4校に3校は何らかの補習教育を実施したり、実施に向けた検討を行っているのである。それゆえ国立大学でも、補習教育を実施する大学は今後ますます増えることが予想される。

　その他に8割を超える大学は、論理的な文章を書く能力の育成（87％）やプレゼンテーション能力の育成（85％）、討論能力の育成（85％）、課題発見能力の育成（88％）などを教養教育の内容としてくみこんでいる。これらの要素も教養教育にとって新たに必要な要素としてくみこむ方向で検討中の大学が多いものである（大学評価・学位授与機構、2001年、12頁、14頁、24-27頁）。

大きく変わった学部教育の内容

　こうしてみると、国立大学の教養教育は91年の大学設置基準等の大綱化以降の10年間に、想像以上に大きく様変わりしたことが分かる。現在でも教養教育の中核をなすのは、人文科学、社会科学、自然科学の3分野の基礎的な知識と方法の修得や、諸科学の境界を超えた学際的な知識の修得、外国語や健康・スポーツなどの能力の向上であり、その意味では従来の教養教育と変わらない。しかしそれらに加えて、現在の教養教育には社会の情報化に対応した情報リテラシーの向上や、高い倫理性や責任感をもって判断し行動できる能力の育成といった価値教育、多様な学生の受け入れにともなう導入教育や補習教育など、盛りだくさんな内容が含まれるようになった。

　もっともそのために、各大学がそうした内容を含む科目をどの程度必修にしているのかとか、幅広くしかも層の厚い充実した選択科目を学生に提供しているのかどうかは、この調査では分からない。また考察の範囲を広げて日本の学部教育における教養教育そのものについてみれば、教養教育の内容と科目編成の体系性や両者の整合性も明確ではない。各大学が教養教育の教育目標としてどのようなことを設定し、学生はそれらをどの程度実際に達成しているのかもまったく別の問題である。教養教育の内容が豊かになることは望ましいにしても、学部教育に占める教養教育の割合が91年以降の10年間でも39％から32％にやや減少して、時間的に制約されるようになったことを考えると、教養教育改革の実施には解決すべき数多くの問題が残されている。

　さらに専門職業教育も含めた学部教育カリキュラムを正面から論じる場合には、急増した知識の中身を分析してその特徴や構造を明らかにする必要がある。専門外の者にとっては膨大で底の知れない知識のブラックボックスに光があてられ、ある程度系統的で幅広い議論に役立つ情報が広く大学関係者に提供されなければ、教養教育や専門職業教育をめぐる論議は非常に形式的で平板なものになってしまうにちがいない。

　ただし本書では、大学教育で扱う知識そのものについてはほとんど触れる

ことができない。近代科学の展開を過不足なく理解して、大学における知識の発見はもとより、知識の統合や応用、さらには知識の教育を論じるのは、個人の研究者にとって手にあまる仕事だからである。それに加えて、学部教育改革では私立大学や公立大学でも多種多様な研究や実践が行われているが、その全貌をくまなく見通すことができないこともある。

この5章では最後に、学部教育改革の課題と方向を探るために、最近注目されるようになった導入教育・補習教育の改革動向や入学者選考における学部学生の基礎学力の問題、学部教育の効用、学部教育の教養教育化の可能性などについて考察してみよう。

3 学部教育改革の課題と方向

学部教育に浸透する導入教育と補習教育

導入教育・補習教育科目は(前項でみてきたように)、学生が学生生活や大学における学習などにスムーズに対処できるように支援することを目的にした科目で、導入教育と補習教育の2つに大きく分けられる。どちらの教育も単位数からみれば、教養教育のごく一部を占めるにすぎないが、日本でも大学が能力や興味・関心の面で多様な学生を数多く受け入れるにつれて、教養教育の科目として大学関係者の注目を集めるようになった。

導入教育は新入生が学生生活へ適応したり、専門分野の学習や研究に必要な基礎的知識や技能、価値観、態度を修得するのを支援する教育である。最近ではこの導入教育に代えて、「初年次教育」という言葉がよく使われている。これまでの学部教育では、大学生活の全般的なオリエンテーションが入学時に教科外のガイダンス教育活動として行われていた。しかし導入教育(初年次教育)では、それに加えて、大学における学習方法の修得や学習への動機づけの促進、学生生活における円滑な人間関係や社会的マナーの修得、専攻や卒業後の職業の適切な選び方といった、学生生活に不可欠な問題がとりあげられる。また学生はテキストの精読や小グループでの討論、レポートの作成などを通して、専門分野の入門的基礎知識だけでなく、大学での学習や研

究に必要な能力や技能、つまり科学的思考方法や問題発見能力、表現力や発表力、あるいはノートの取り方や文献検索、調査実験方法などを修得する(山田、1999年、3-4頁；生和・於保、2000年、222頁)。

　アメリカでは、導入教育科目は「一年次教育(フレッシュマン・セミナー)」と総称され、1970年代後半から多くの大学で積極的にとりくまれるようになった。97年には70％の大学が設置しており、そのうち47％は新入生全員の必修科目にしていた。ほとんどの大学(88％)はこの授業で取得した単位を卒業要件の単位として認めており、半数の大学(54％)は1学期分の単位数(通常は3単位に相当)を与えている。一年次教育はその後さらに全米規模で普及し、2002年には研究大学や一般大学といった大学のタイプにかかわりなく、8割を超える大学で実施されるようになった(権、1999年、46-48頁；山田、2003年)。

　日本でも、国公私立四年制大学209学部を対象にした調査によれば、1998年の時点で回答大学の74％が導入教育的な授業を実施していた。その必要性は国公立大学よりも私立大学の方が切実だが、学部間のちがいはそれほど大きくない。対象学年は1年次(通年32％、前期29％)が多く、48％の大学は必修にしていた。単位は4単位または2単位である。もっとも担当教員の構成や授業形態、教育内容は大学によって多様で、担当教員の裁量にゆだねられているところもあり、日本では試行錯誤の段階にあった(山田、1999年、2-3頁)。しかしその後社会的な関心も高まり、2008年には初年次教育に関する研究と実践をめざす初年次教育学会が発足した。

　2つ目の補習教育は大学で学ぶのに必要な基礎学力が不十分な学生を対象にして、彼らの学力向上をはかる教育である。それは大学教育の補習ではなく、大学入学時までに受けた教育の補習であることに特色がある。高等教育の大衆化や入学者選考の簡素化、高校教育の多様化などにともない、日本でもそうした準備不足の学生は大幅に増えた(荒井・羽田、1996年、1-2頁)。

　河合塾の国公立大学115校204学部、私立大学212校を対象にした調査によれば(2000年)、国公立大学の27％、私立大学の29％が補習教育を実施していた。専門分野別にみると、工学系や農学系では数学や物理、化学、医学

系では理科といった自然科学の補習教育が多く、国際系では英語が多いので、学部教育の基礎になる科目の補習教育が行われていた。その後補習教育を実施する大学は着実に増えた。文部科学省の調査によると、2006年に補習授業の実施など、高校の履修状況に配慮した取組を行っていた国公私立大学は全体の61％にのぼる。ちなみに同じ2006年に初年次教育を実施していた国公私立大学は全体の71％であった（滝、2001年、49頁；文部科学省高等教育局大学課大学改革推進室、2008年）。

　アメリカでは通常、補習（リメディアル）教育は大学での学習に必要な基礎技能（スキル）を欠く学生を対象にした読解、作文、数学の教育を意味する言葉として使われている。この補習教育は学生が急増しはじめた1960年代から行われるようになり、80年代には全米の大学に普及した。95年の時点で、補習教育のコースを設置していた四年制大学は公立81％、私立63％である。コース設置率は入学者選考が厳しい大学ほど低く、最難関の大学（27％）と無競争の大学（96％）との間には大きな開きがある。大学のタイプ別にみると、履修学生が10％以下と少ない大学は私立研究大学（88％）に最も多く、次いで私立教養カレッジ（72％）、公立研究大学（64％）、公立一般大学（31％）の順になる。ただし重要なのは、どのタイプの大学にも補習教育のコースがあることである。

　補習教育の履修学生を選別する方法としては、入学者全員に振り分けテストを実施する大学が最も多く、ほぼ半数を占める。履修期間は1年以内で、1年を超える大学はほとんどない。また履修者の合格率は80％を超えており、履修すれば大半が合格する。70％を超える公立大学と約半数の私立大学は補習教育科目の修得単位を卒業要件にしないが、必修科目や自由選択の単位として認定する大学も少なくない（吉田、1999年、225-227頁）。

　ところでアメリカの補習教育の読解や作文、数学の授業の内容と水準を一般教育の相当する科目と比べてみても、そのちがいはそれほど明確ではない。たとえば補習教育の数学では高校1年次の代数、一般教育では高校2年次の代数というちがいはあっても、どちらも高校教育のくりかえしであることに変わりはないのである。

アメリカの大学では、入学者選考で使われる進学適性検査(SAT)やACTテストの高得点者は補習教育の振り分けテストの受験だけでなく、一般教育で必修の作文や数学の履修を免除される。また高校在学中に大学の単位が取得できる大学科目履修課程(アドバンスト・プレイスメント・プログラム)の高得点者は一般教育の作文の履修を免除されるので、補習教育と一般教育で必修の作文や数学は、その内容や水準の面で境界が非常にあいまいである。したがって補習教育は基礎学力不足の学生の学力向上にとって必要であり、教養教育の一環としてカリキュラムにはくみこみやすいけれども、その比重が正規の教養教育を浸食するほどまで高まれば、学部教育全体の質の低下を招く恐れがある(吉田、1999年、235-236頁、240頁)。

　日本でも基礎学力の向上をはかる補習教育が必要な学生は大幅に増えている。たとえば私立大学の経済系学部を中心に、文科系学部の大学入学者の数学力を調査した結果によると、経済学では数学の理解や能力が必要なのにもかかわらず、私立大学の経済系学部の入学者のうち、入学者選考で数学を受験しなかった者の数学力の平均は、入学難易度が上位とされる大学でも中学生1、2年次程度である。入学者選考で数学を受験した者でも、最低限の基礎数学力が期待できるのは中位校といわれるレベルの大学までであり、数学を受験しなければ、上位校の入学者でも中位校で数学を受験した者の数学力に及ばないという。

　それだけでなく、旧帝大系の国立大学や私立の最難関校を含めて、ほとんどの入学者が数学を受験した理工系学部の学生の数学力ですら低下しており、受験学力が最も高い東京大学や京都大学も学生の数学力の低下に直面している。駿台教育研究所が大学1年生を対象に行った「大学の講義に関するアンケート」(2000年)によれば、8割を超える理系学部の学生は大学の数学と物理学の講義が十分に理解できないという(戸瀬・西村、2001年、49頁、68-69頁、79-80頁；大学未来問題研究会、2001年、100頁)。

　大学で学ぶのに必要な基礎学力の範囲と水準は、専門分野や大学、学部によってちがうから、補習教育の必要性はさまざまである。この補習教育は大学教育の補習ではなく、大学入学時までに受けた教育の補習であるために、

大学によっては公表がはばかられ、学部教育のカリキュラムのなかで非公式に行っていたところもある。しかし最近では、大学教育を改善するための特色ある新しい試みとして注目されるようになった。そうした状況を反映して、2005年には日本リメディアル教育学会が発足し、リメディアル教育に関する研究・開発と普及を促進する活動を開始した。

日本の大学教育、とくに学部教育にとって導入教育と補習教育が必要なのは、今日の大学教育が初等教育と中等教育の次に接続する最終的な学校教育として位置づけられていることや、日本の大学がアメリカと同じように、同世代の半数を超える、身体的には大人かもしれないが教養の面では「半大人」の学生を受け入れ、彼らに対して教養教育と専門職業教育を行うことを主要な目的にしていることを考えれば、少しも不思議なことではない。

第二次世界大戦後の教育改革の動きをふりかえってみると、日本でもアメリカでも、学校教育の拡大と普及は社会や国民にとって望ましいことだと考えられていた。教育年限もできるだけ延長して、学び足りなかったり理解できなかったことをあらためて学ぶ機会を、教育段階ごとにくりかえし提供する方針で教育制度を整備してきた。その結果、高校教育は準義務化し、大学進学率も大幅に伸びたが、それと同時に学校教育になじみにくかったり、授業についていけない者を大量にかかえることになった。

とりわけ日本ではアメリカとちがって、いったん入学した者は高校でも大学でもできるだけ卒業させようとするので、大学はますます準備不足の学生をかかえることになった。その意味では、学生のなかに学部教育の意義が分からなかったり、中学1、2年次の基礎学力しかない者がたくさんいてもおかしくないのである。

多様な学生への対応

こうしてみると、学生が大学入学時に基礎学力として身につけていることを期待されているのは、たとえば現行の日本の学校教育のカリキュラムでいえば、義務教育のレベルなのか、それとも高校1年次のレベルなのか、あるいはもっと高いレベルなのだろうか。また大学教育では、そうした基礎学力

のさらなる向上に加えて、特定の専門分野については、独創的な研究で発見される新しい知識を含んだ、より高度で専門化した知識や技能を学生は学ぶことになるが、学部教育では何をどの程度まで身につけることを期待されているのか。さらに中学校や高校を卒業して社会に出る人びとは、社会生活を通じて大人になっていくけれども、同世代の半数を超え、教養の面では「半大人」の学生は学部教育を通じて、どのような知識や技能、価値観、態度を身につけた大人になることを期待されているのだろうか（江原、1999年a、101-102頁）。

国際比較の観点からみると、日本の初等中等教育の教科書は検定制度もあって、その内容や構成が画一的で平板な反面、体系的で標準化されており、その水準もけっして低いものではない。中学校の教科書を手にとってみれば分かるように、義務教育の内容を十分に理解して使いこなすことができれば、今日の社会生活を大人として円滑に送るのに必要な知識や技能、それから考え方や学び方、生き方などを十二分に身につけていると、大いに自信をもってよいほどの立派な「大教養人」である。

またたとえ高校教育の内容が十分に理解できなくても、大学に進学できるのは今も昔も変わらない。大学の入学者選考で使われる学力試験や高校の学業成績でみれば、たしかに成績上位者は進学者に多いし、その進学者に占める割合は選抜の厳しい大学ほど高くなる。しかしだからといって、それは彼らが高校教育の内容をまんべんなく十分に理解していることを意味するわけではないのである。

日本では長年にわたり、受験競争の緩和をめざして入学者選考の簡素化が進められてきた。その背景には少子化にともなう学生確保の問題だけでなく、大学で学ぶ専門分野により要求される基礎学力の種類と程度がちがうこともある。どの専門分野でも入学者の基礎学力が高いほど、大学教育で人的資源の全般的な底上げをはかりやすい。とくにそれは先端的な人材の育成、つまり先端的な科学技術の研究と開発に将来従事することを期待される人材の育成をめざす大学にとってあてはまることだろう。しかし専門分野のなかには特定の基礎学力や感性は重要でも、高校教育の専門に関連する分野以外の内

容の理解についてはそれほど必要としないものも数多くある。

　さらに現在、専門職や管理職の第一線で活躍している人びとには大学入学時に受験学力の高かった者が多いのかもしれないが、受験学力も使わなければすぐにさびついてしまうから、彼らがかつての受験学力をその後どの程度保持できているのかは大いに疑問である。活動の分野によっては、学部教育の内容まで含めて、当面の仕事に無関係な近代科学の知識や技能も少なくないのである。

　こうしてみると、高大連携の問題を考える際に、学生が大学入学時に身につけている基礎学力に下限を設けるのは、あまり意味がないことである。教科書の内容からみれば、たしかに初等中等教育と大学教育との間には、知識の性格や水準をはじめ明確なちがいがある。日本の入学者選考では高校教育の範囲内で試験問題を出題し、その到達度を判定するのが原則であり、大学教育の内容は高校教育の理解を前提に学ぶことが想定されている。しかし現実の問題として実際には、大学制度全体でもそれぞれの大学でも、目の前にいる学生の水準にみあった学部教育を構築する以外に選択肢はないのである。

　ちなみにアメリカの入学者選考では、基礎学力の主要な判定資料として進学適性検査や高校の学業成績などを使っている。そのうち進学適性検査はもともと知能検査から派生した共通テストで、生徒が高校で学んだ教育内容の達成度よりも大学教育に対する潜在的な適性を測定する（レマン、2001年、422頁）。そのため学力の水準の面では、せいぜい高校1年次程度の教育内容の理解を問うものであり、しかも選抜の厳しい少数の大学を除けば、6割程度できればよいし、高校の学業成績はかなり低い水準でも、実際には入学を認められている。つまりアメリカでは、大学進学の適性を事実上、高校教育を受ける前の前期中等教育で身につけた基礎学力で判断していることになる。

　もっとも日本の学部教育ではアメリカよりも、専門職業教育を完成させようとする傾向が今でも強いから、大学入学時の基礎学力に対する大学側の要求水準は高いのかもしれない。また補習教育の内容も日本語の読解や作文、

数学だけでなく、専門分野によっては理科を含めたりするので、アメリカよりも広範囲にわたっている。

学部教育の効用

それではこうした学生は、教養教育と専門職業教育によって構成される学部教育を通じて、何をどの程度まで身につけることを期待されているのか。逆の立場からいえば、同世代の半数を超える学生にとって、学部教育にはどのようなメリットがあるのか（江原、1998年、16-17頁）。

現在の日本のように、ほとんどの学生が高校卒業後すぐに大学に進学する状況をみれば、在学中にいろいろなタイプの人びととつきあいながら学ぶ機会があるのは、長い人生の節目の時期として非常に貴重な経験だろう。

この10年ほどに限ってみても、社会の動きは予想以上に早くて、将来の見通しを立てたり予測をするのがいかに難しいかがよく分かる。このような動きの早い時代に求められるのは、実力があるだけでなく、未知なものに「開かれた」心をもち、自分なりの柔軟な思考や判断ができる人間である。そして大学というのは、そのための知識や技能、価値観、態度を身につけたり、さらにみがいたりするところである。

学生は卒業後社会のどの分野で活動するにしても、その分野にふさわしい実力を目にみえる形で発揮する必要がある。逆にいえば、社会では自分がすべき当面の仕事をてきぱき処理できる実力があれば、他のことに多少問題があっても目をつぶってもらえるから、自分のやりたいことを実現する余地も大幅に広がる。大学は同世代のほぼ半分を占める学生が、何よりもまずこうした実力を身につけるために、自分の能力や興味・関心にふさわしい近代科学の専門分野について、その基礎から系統的に学ぶ場なのである。

学生が卒業後の社会生活で一般的に期待されるのは、かつてのような一握りのエリートとしてではなく、高校卒業者と比べればより高度な専門的人材や広い意味での社会的な指導者として活動することである。それは（やや乱暴でしかも正確ではないけれども、議論を非常に単純化していえば）、企業などの社会組織では今後、1人の大学卒業者が1人の高校卒業者の上司として活動

することを意味する。今日の学生はそのために、教養教育では特定の専門分野や職業にとって不可欠な幅広い学問領域を体系的に学ぶことにより、幅広さと一貫性を備えた知識や技能、価値観、態度を基礎的な学力や教養として修得し、専門職業教育では特定の専門分野や職業と直接関連した知識や技能、価値観、態度などを修得することを期待されているのである。

　この他に、どの分野で活動する際にも、高校までに学ぶ基礎学力がある人は圧倒的に有利なので、高校までに英語や数学、文章表現力などでやり残したことがあれば、在学中に補充することも期待されている。大学の４年間は中学３年から高校卒業までの期間と同じ長さである。その４年間に自分がどれだけ大きく変わったかを実感できていれば、やり方しだいで大学の４年間でも同じように変わることができるはずだ。

　それに加えて、将来の予測が難しい社会では、未知なものに「開かれた」心をもち、自分なりの柔軟な思考や判断ができるようになることもきわめて重要である。自分の知らないことや分からないことは間違えていると思ったり、価値がないと思う方が生きやすいのかもしれない。その方がストレスがないし、不安に思う必要もないからだ。しかし外界とのつながりを閉じてしまえば、自分の社会における相対的な位置を確かめたり、将来の可能性を試すのに必要な情報や手段も手に入らなくなってしまうだろう。

　それよりも未知なものに恐れずにアプローチする方が、長い目でみれば自分の成長にとってはるかに役に立つだろう。多種多様な専門分野の教育と研究が行われている大学は、そうした「開かれた」心を学部教育を通じてきたえ、柔軟な思考や判断ができるようになる機会を提供する場でもある。

　もちろん学生にとっては授業の他に、考え方や生き方が自分とちがうさまざまな人びとと出会う機会が数多くあることも、「開かれた」心をきたえるのに役に立つ。キャンパスのなかだけでも、入学するとすぐにユニークな仲間を何人もみつけることができる。複数の学部のある総合大学なら、専門分野によってキャンパスライフがいかにちがうかも分かるだろう。サークル活動などを通して他の大学の学生と交流したり、学外でアルバイトをすれば、人間関係のネットワークはさらに広がるにちがいない。

その意味では、授業も学生にとっては異文化をもつ大学教員との出会いの場である。仮に卒業に必要な単位が124単位で、1科目が2単位だとしたら、卒業までに（単純に計算すれば）60人を超える大学教員と出会うことになる。大学教員は職業の1つにすぎないが、それぞれユニークで個性的な生き方をしている。しかも学生も大学教員も、誰もが皆同じ現代に生きる人間なのである。

こうした人間関係の網の目を通して多くの生き方を知り、自分自身を相対化してみることは、それ自体に意義があるだけでなく、社会に出てからも大いに役に立つのではないか。しかもその経験をふまえて、自分なりの柔軟な思考や判断ができるきっかけがつかめたら、学生としてある期間キャンパスライフを経験することはけっして無駄ではないように思われる。

ところで（すでに指摘したように）学部教育のあり方を考える際にとくに重要なのは、今日の大学教育では専門職業教育だけでなく教養教育も、主に近代科学の成果である知識や技能にもとづいて構成されていることである。

学生のなかには大学の授業で学ぶ中味よりも、課外活動やアルバイトなどから大きな影響を受ける者も少なくない。また教養教育には人間形成や価値教育をはじめ、芸術への関心とかコミュニケーション能力の育成といったことも含まれるので誤解されやすいけれども、大学教育の基本は近代科学の成果にもとづく教育である。というのは、近代大学にとって基本的で固有の役割は知識を扱うこと、つまり知識を発見し、統合し、応用し、教育することであり、その知識はなによりもまず近代科学の成果によって構成されているからだ。人間形成や価値教育、芸術などもこの近代科学のフィルターを通して再構成されたものが大学教育では提供される。

近代科学の成果にもとづいた大学教育、とくに教養教育には（これもすでに述べたように）いくつもの限界や問題点がある。しかしたとえそうであっても、大学教育が基本的に近代科学が生み出した知識や技能にもとづいていることに変わりはなく、専門職業教育の改革だけでなく教養教育の改革でも、それをどのように取捨選択したり再構成して、学生にどのように提供すればよいのかが問われている。

専門職業教育については、その教育内容の水準も問題になる。学生は専門職業教育で、特定の専門分野について研究で発見される新しい知識を含んだ、より高度で専門化した知識や技能を集中的に深く学ぶことになるが、何をどの程度まで身につけることを期待されているのかという問題である。この課題への対応は専門分野によって当然ちがうにしても、それぞれの専門分野が急速に細分化し高度化していることを考えると、どの分野でも4年間の学部教育のうち正味2年間程度で修得できる教育内容は時間的な制約もあり、それほど高度な水準のものではない。

私立大学連盟の加盟校119大学の学生を対象にした学生生活白書を例としてとりあげてみよう。この白書では、学生の目からみた学部教育の効用を「大学生活でこれまで身についたと実感できること」は何かという設問で聞いている（日本私立大学連盟学生部第一分科会編、2000年、63頁、186頁）。

その結果によれば、ものごとを幅広く考える力 (82%) や相手の状況や考え方を考慮して対応する力 (74%)、趣味やスポーツなどによって生活を楽しむ力 (73%) に続いて、専門的知識をもとに論理的に考える力 (54%) は第4位である。その他の能力については、パソコンやインターネットなどの情報機器を使いこなす力 (54%)、自分の考えをまとめて表現する力 (52%)、計画を立て、目標に向かってリーダーシップをとる力 (46%) などが、大学生活で身についたと回答されている。

こうした学生の意識の他に、大学側の対応をみても、とくに総合大学では、これまでも即戦力としての人材育成をめざすのではなく、10年後に役に立つ人材として、高度の教養を身につけた人材を育成するために、その学部や学科の卒業生に将来必要とみなされる基礎的知識や技能を教授してきた。それが今になって急に大きく変化したとは思われない。それよりもむしろ学生の能力や興味・関心が多様化してきた今日ほど、学部教育では特定の専門分野や職業に特化しすぎない専門職業教育、その意味では幅広さと一貫性を備えた教養教育の色彩の濃い専門職業教育が求められているように思われる。

日本の学部教育改革は91年の大綱化以降、専門教育という名の専門職業教育を強化する方向に進んでいるが、この専門教育で実質的に期待されてい

るのは（やや乱暴にいえば）、その分野の先端的な研究の理解でもないし、その分野の自主的な学習にとって必要十分な基礎的知識や技能を修得することでもない。それよりも今日の専門職業教育で重要なのは、学生が特定の専門分野を集中的に深く学ぶ過程で、その専門分野の言葉や考え方を用いて自分の判断や価値観、態度をある程度表現できるようになったり、それが卒業後の社会生活にとって意義があると思うようになることだろう。そしてこのような学習経験を人生の節目の時期にもつかどうかが、それぞれ同世代のほぼ半分を占めるようになった高校卒と大学卒との大きなちがいなのである。

難しい学部教育の教養教育化

　学部教育の教養教育化は、こうした学部教育の現状をふまえた改革構想の1つである。たとえば近年の行政主導の大学教育改革では、学部段階の専門職業教育は基礎的なものに限り、高度の専門職業教育は大学院段階で行う方向で改革が進められている。これは学部段階の専門職業教育の教養教育化により、学部教育全体の教養教育化をめざすものといってよいだろう。また日本の大学はその設立当初から専門学部制をとってきたが、国際・総合・政策・文化・環境といった新名称学部や4文字学部の設置は、この専門学部制の枠組みを崩さずに、学部教育を実質的に教養教育化する改革として位置づけられるのかもしれない（天野、1999年、202-203頁）。

　伝統的な学部については、たとえば文学部の学部教育カリキュラムを全国の文学部113大学122学部を対象に分析した個別研究がある（杉谷、2002年、83-84頁）。その結果によると、人文学を基礎とする文学部の教育理念として「人間の探求」を掲げる大学が多いけれども、カリキュラムは多様な内容を幅広く自由に学べる柔軟性を特色とするものが多く、学生には教養教育だけでなく専門職業教育でも大幅な選択権がある。そのため2つの教育の境界があいまいになり、実質的に学部教育全体が教養教育化してきているという。

　全国の四年制大学1926学部の学部長を対象に実施した調査（2008年）によれば、学士課程教育の方向性（複数回答）として大半の学部がめざしているのは基礎・基本分野の重視（90％）と実学教育志向（84％）である。しかしそれと

同時に、半数近い48％の学部長は「リベラル・アーツ教育志向が強い」と回答している（Between編集部、2009年、11頁）。

　このように学部教育の教養教育化をめざす改革は、その現状をふまえた実現可能な将来構想のようにみえる。しかし学部教育の内容を教養教育に1本化した場合、どの程度整合的で体系的なカリキュラムを実際に構築できるのかはきわめて疑問である。それは学部教育を教養教育と専門職業教育に区分してカリキュラムを構築する場合よりも、はるかに難しい作業をともなうように思われる。

　各大学が学部教育を改革する際には、その内容を教養教育と専門職業教育に区分してカリキュラムを構築すべきである。しかも教養教育は学部教育の不可欠の要素だけれども、大多数の学生は学部卒業後社会に出て活動するから、専門職業教育は主に学部教育で行うことを前提にして、学部教育のカリキュラムを構想する必要がある。というのも彼ら（学士や短期大学士）は次世代の高学歴者の主力であり、卒業後多種多様な職業や職種に就くことを考えると、それにできるだけ関連した専門分野を集中的に深く学んで、その知識や技能、価値観、態度を身につけることを社会から期待されているからだ。

　それから日本のほとんどの大学は学部ごとに学生を受け入れているので、とくに複数の学部をもつ大学が全学的に学部教育を再構築する際には、まず各学部で学部教育のあり方を専門職業教育を中心に構築し、次いで各学部のカリキュラムに含まれる共通の要素を、全学的な教養教育としてまとめる方向で集約するのが、学部教育の改革では実質的である。

　ところで学部教育カリキュラムは、このようにそれぞれの大学ごとに構築するのが基本だが、もう少し広い視野からみると、教養教育と専門職業教育を大学間のちがいを超えて、ある程度標準化する作業も不可欠である。その際に、教養教育の標準化は日本の大学一般の学部教育のあり方だけでなく、各大学の教育理念や教育目標も考慮して行われる必要がある。

　それに対して、専門職業教育は大学院教育や職業資格とも直接関連するため、その標準化には関連学協会や職業団体、それから学生を受け入れる産業界の意向なども反映される必要がある。そしてこの専門職業教育の標準化の

程度は専門分野や職業によってちがってもよいが、それぞれの専門職業教育の内容や水準などについては大学間で極端に大きなちがいがないように調整することが求められる。

　アメリカでは学部教育改革、とくに教養教育としての一般教育の改革は90年代以降も世紀を超えて、多くの大学や大学連合組織で計画されたり、実施されてきた。日本の大学関係者も今後は、そうした終わりのない学部教育の改革の流れに常にさらされる状況のもとに置かれることになるだろう。

6章　大学院教育の改革

1　大学院改革の進展

大学院の制度的特徴

　大学院は初等教育（小学校）、中等教育（中学校・高等学校）の次に接続する最終的な学校教育を提供する高等教育機関の1つである。現行の「学校教育法」によると、大学院は「学術の理論及び応用を教授研究し、その深奥をきわめ、又は高度の専門性が求められる職業を担うための深い学識及び卓越した能力を培い、文化の進展に寄与することを目的とする」（第99条）高等教育機関である。ところで大学院は教育法制上大学に置かれるが、2003年の改正により、日本の大学院には従来の大学院に加えて、新たに専門職大学院が導入された。それにともない、高度専門職業人の育成に特化した教育を行う大学院修士課程として1999年に創設された専門大学院は専門職大学院へ移行した。

　どちらも学術の理論および応用を教授研究することに変わりはないが、従来の大学院はその深奥をきわめて研究者を育成するとともに、高度専門職業人も育成するのに対して、専門職大学院はもっぱら高度専門職業人の育成に特化した実践的な教育を行うことを目的としている。入学資格は大学を卒業した者またはこれと同等以上の学力があると認められた者である。また従来の大学院の場合、大学は大学院の課程を修了した者に対して修士または博士の学位を授与するが、専門職大学院の課程を修了した者には専門職学位を授与する。

　大学院の課程は大きく修士課程、博士課程、専門職学位課程の3つに分かれる。そのうち修士課程は広い視野に立って精深な学識を授け、専攻分野に

おける研究能力またはこれに加えて高度の専門性が求められる職業を担うための卓越した能力を培うことを目的としており、標準修業年限は2年である。大学院に2年以上在学して30単位以上を修得し、かつ必要な研究指導を受けた上、当該修士課程の目的に応じ、当該大学院の行う修士論文または特定の課題についての研究の成果の審査および試験に合格した者に修士の学位が授与される。ただし優れた業績をあげた者については、大学院に1年以上在籍すれば足りる。

　博士課程は専攻分野について、研究者として自立して研究活動を行い、またはその他の高度に専門的な業務に従事するに必要な高度の研究能力およびその基礎となる豊かな学識を養うことを目的としており、標準修業年限は5年である。5年一貫の課程の他、前期2年と後期3年に区分し、前期2年の課程を修士課程として取り扱う大学院もある。また教育研究上必要がある場合には、後期のみの博士課程を置くことができる。なお医学・歯学・獣医学等を履修する博士課程は4年制であり、修士課程は置かれていない。

　大学院に5年以上(医・歯・獣医学等は4年以上)在学して30単位以上を修得し、かつ必要な研究指導を受けた上、当該大学院の行う博士論文の審査および試験に合格した者に博士の学位が授与される。ただし優れた業績をあげた者については、大学院に3年以上在籍すれば足りる。なお博士の学位にはこの課程博士の他に、大学院の行う博士論文の審査に合格し、かつ博士課程修了者と同等以上の学力があると確認された者に授与される論文博士がある。

　専門職学位課程は高度の専門性が求められる職業を担うための深い学識および卓越した能力を培うことを目的としており、標準修業年限は2年、または専攻分野の特性によりとくに必要があると認められる場合には1年以上2年未満である。ただし法曹養成のための教育を行うことを目的とする法科大学院の課程の標準修業年限は3年である。

　専門職大学院に2年(2年以外の標準修業年限を定めている場合には当該標準修業年限)以上在学して、当該専門職大学院が定める30単位以上の修得その他の教育課程の履修(法科大学院は93単位以上の修得)により課程を修了した者に、高度専門職業能力を修得したことを証明する学位として、たとえば経営管理

修士(専門職)などの専門職学位が授与される。なお標準修業年限が3年の法科大学院の修了者に授与される学位は法務博士(専門職)である。

大学院の現況をごく簡単にみると(2008年)、765校の大学のうち、大学院を置く大学は604校で、全体の79％を占める。大学院学生数は26万3千人、そのうち修士課程16万5千人、博士課程7万4千人、専門職学位課程2万3千人である。大学生総数は283万6千人だから、大学院学生はその9％を占めている。企業等を退職した者や主婦などを含む社会人の大学院学生数は5万4千人を数え、大学院学生の20％を占める。なお専門職学位課程学生の39％は社会人学生である。

修士課程の専攻分野別構成比では(2008年)、工学(40％)の比率が最も高く、次いで社会科学(11％)、理学(8％)の順になっている。比率の年次推移をみると、医・歯学は年々上昇してきているが、社会科学、理学は低下した。博士課程の専攻分野別構成比では、医・歯学(27％)の比率が最も高く、次いで工学(19％)、人文科学(10％)の順である。比率の年次推移をみると、教育学は年々上昇してきているが、理学、工学の比率は低下した。専門職学位課程の専攻分野別構成比で特徴的なのは、社会科学(91％)の比率が圧倒的に高いことであり、それに教育学(3％)が続いている。

大学院の拡充をめざす臨教審以降の改革

現行の日本の大学院制度は第二次世界大戦後、アメリカの大学院をモデルにして設置された。しかし戦後大学改革の際には、大学が最高学府であるという戦前の大学観に変更が加えられることはなく、アメリカで普及していた中間学位である修士や単位制教育を中心とする課程制大学院の必要性は、大学関係者も文部省(現、文部科学省)も認識していなかった。博士課程の設置も、国立大学にとっては施設設備の実質的な整備充実をともなう研究重視型大学になることを意味していたが、私立大学にとっては大学のステータス・シンボル以上の意味をもたない場合も少なくなかった。

その後、世界同時発生の「学生反乱」が終息した70年代初頭には、高等教育の大衆化の進展に対処するために、高等教育機関としての大学院の役割が

あらためて問われ、大学院設置基準が1974年に制定された。学部・学科に対応しない独立研究科や独立専攻が設置されたり大学院講座が予算化されて、課程制大学院の実質化も進められた。しかし大学院は研究者育成の場だとする見方は、大学関係者の間に根強く残っていた（大崎、2000年、73-76頁）。

ところが80年代後半以降、とりわけ90年代に入ってから、大学院の拡大と充実をはかるために、さまざまな改革が行政主導で実施されるようになる。この大学院改革で主要な役割を演じたのは、臨時教育審議会第一次答申（1986年）の提言を受けて翌年、文部省（現、文部科学省）内に設置された大学審議会である。大学審議会の大学院改革に関する答申や報告をふまえて、大学院設置基準や学校教育法などの法改正が次々に実施された（八尾坂、2000年、70-72頁）。同審議会は2001年に中央省庁等改革の一環として中央教育審議会の大学分科会に再編されたが、引き続き行政主導の大学院改革は急ピッチで進められている。

とくに2005年に公表された答申『新時代の大学院教育——国際的に魅力ある大学院教育の構築に向けて——』では、大学院における人材育成の強化と世界的水準の教育研究拠点の形成をめざして、修士課程と博士課程を中心に、大学院教育の実質化をはかるさまざまな提言が行われた。その翌年の2006年には、答申で示された施策を実施していくために5年間の重点施策をまとめた「大学院教育振興施策要綱」も策定され、それにもとづいて大学院設置基準の改正や学位授与の円滑化のための取組、大学院学生に対する経済的支援の取組など、さまざまな施策が実施されている（義本、2009年、52-54頁）。

またこの答申の基本的な考え方は、科学技術・学術審議会が策定した「第3期科学技術基本計画」（2006年）の発想とも密接に関連しており、日本が科学技術創造立国を実現するためには、大学院における先端的な科学技術の研究人材や高度な専門職業人の育成が不可欠なことを強く訴えている。

転換期の大学院改革の位置

臨教審以降の改革動向をたどってみると、政府の政策意図は別にして、この転換期の大学院改革の特徴は、次のようにまとめられる。

まず第1に、大学院改革の目的は、制度全体の方向としては、日本の国際的な経済競争力を強化するために「科学技術の研究と開発の推進」をはかるとともに、先端的な科学技術の研究と開発を推進したり支援したりする「先端的な研究人材や高度な専門職業人の育成」を果たすために、既存の制度を再編成し、拡充することである。この大学院における教育はもっぱら専門職業教育、つまりすでに基礎的な学力や教養を身につけた学生に、特定の専門分野や職業と直接関連した知識や技能、価値観、態度などを身につけさせる教育によって構成される。

　また現在の大学院改革では、教育法制上の制度改革だけでなく、個別の大学院における改革も強く求められている。そのため各大学はその大学の理念や改革の基礎になる手持ちの条件をふまえて、自らにふさわしい大学院改革を独自に進めたり、複数の大学が連携して新たな大学院を構築することをめざしている。

　こうした改革は日本だけでなく、アメリカやイギリス、ドイツなどの先進諸国や韓国、中国をはじめとする発展途上諸国もまきこんで世界同時進行の形で実施されている。グローバルな観点からみると、各国の高等教育をとりまく社会経済的状況は、1970年代の二度にわたるオイル・ショックや90年前後の社会体制の再編成などを契機に大きく様変わりした。それにともなって、どの国でも高等教育のあり方があらためて問われ、大学院改革を含めた抜本的な大学改革が進められている。

　この近年の大学改革の顕著な特徴は、どの国の政府も基本的に、市場競争の原理と自助努力を強調する新保守主義の考え方にもとづいた「小さな政府」による大学政策を策定し、その推進をはかっていることである。ただし各国の社会経済的条件や大学制度の歴史的文化的背景、高等教育の普及度などは非常に異なるため、改革の具体的な内容はもとより、その実施手続きや実施過程で生じた解決課題にも、国によって大きなちがいがみられる。

　たとえばバブル経済の崩壊後長期的に経済が低迷している日本では、欧米諸国と異なり90年代後半から、大学院における教育と研究を拡充して経済的生産性を向上させることが、いっそう強く求められるようになった。とく

に不況のため自前の企業内教育や研究開発が負担になった産業界は、大学院教育を充実してすぐ役に立つ優秀な企業人材を育成したり、大学における研究では基礎的な研究よりも、製品化に直結する応用的な研究を推進することを声高に要求している。

　大学院をもつ多くの大学にとっても、社会人学生や留学生を大学院に受け入れて学生数を確保するのは、大学経営上重要な戦略の1つである。日本ではすでに同世代の半分強が大学や短期大学などに進学するほど、高等教育は普及している。しかし少子化にともない進学該当年齢人口が長期的に減少するため、定員を満たせない大学が今後続出すると予想されており、大学院の拡大は学生確保の有力な方策だと考えられているからだ。いずれにしても、日本の大学院改革にとって重要なのは、改革の基礎的条件や基盤の異なる国ぐにの改革動向を「合わせ鏡」として活用するとともに、日本社会にふさわしい新しい大学院の将来構想（グランドデザイン）を構築し、それにもとづいて実質的な改革を実施することである。

大学院制度の弾力化

　第2に、臨教審以降の大学院改革では、大学院への進学や学位取得を容易にし、大学院の規模を拡大するために、大学院制度を弾力化する制度改正が矢継ぎ早に進められた。夜間大学院や昼夜開講制大学院、通信制大学院の制度化、修士課程の修業年限の標準化、学部3年次からの修士課程進学の容認、専門分野による学位の種類の廃止などである。

　このうち夜間大学院は、主として社会人学生の通学上の利便をはかるために、夜間に授業を行う大学院である。大学等の高等教育機関は高度の体系的で継続的な学習機会の提供者として、生涯学習社会のなかで重要な役割を果たすことが期待され、広く社会に開かれることが求められている。とくに大学院に対する社会の期待は近年ますます高まっているので、その質と量の両面にわたる飛躍的な充実は重要な課題である。

　そのために、各大学院がそれぞれの目的に即し、多様な形で教育研究の高度化・活性化をいっそう推進できるような制度の弾力化がはかられてきた

が、夜間大学院はそうした大学院の制度改革の一環として導入された。2007年の時点では、夜間大学院の設置大学は28校を数え、また307の研究科が昼夜開講制のコースを開設していた。社会人受け入れのために行われた制度改革としては、この他に、社会人特別選抜、科目等履修生制度、専門職大学院（後述）、大学院修士課程（1年制コース・長期在学コース）、4月以外の入学制度などがある。

　通信制大学院は、高度専門職業人の育成を主な目的とした通信教育を行う修士課程を置く大学院である。大学院レベルの高度な知識や技能の修得を希望しても、地理的・時間的制約などから通学が難しい社会人の学習要求に応えるために、1998年に制度化され、2008年には放送大学と9校の私立大学がこの課程を開設している。

　2002年4月から修士課程の学生を受け入れた放送大学では、文化科学研究科・文化科学専攻のもとに、2009年度入学者から生活健康科学、人間発達科学、臨床心理学、社会経営科学、文化情報学、自然環境科学の6つのプログラムを開設している。学習方法はテレビやラジオを利用した授業が中心だが、電子メールやファックスなど、多様なメディアを活用した個別指導も行われる。情報技術革新のめざましい進展にともない、他の大学の大学院でも専修免許状の取得をめざす現職教員向けの課程など、さまざまな通信教育課程を導入する動きがみられる。

　ところで、大学院制度を弾力化するさまざまな制度改正のなかで、日本の大学院教育に今後大きな影響を及ぼすと考えられるのは、2003年の学校教育法の改正により発足した専門職大学院である。従来の大学院の多様化に加えて、この専門職大学院の発足により、アメリカの専門職大学院（プロフェッショナル・スクール）に相当する大学院レベルの専門職業人教育が大幅に拡大することが期待されている。しかしそれと同時に、学部教育や従来の大学院で行われてきた専門職業教育との関係をはじめ、学位制度や専門職業人教育の水準の問題、評価体制の確立など、大学制度全体に関わる課題も指摘されている（天野、2004年、42-48頁；清水、2007年、7-8頁）。

先端的な科学技術の研究開発と人材育成

　第3に、現在の大学院改革の主要な目的である先端的な科学技術の研究開発の推進と、そのための人材育成についてみると、「大学院の重点化」政策がそうした政策の一環として90年代以降進められ、多くの大学院研究科が設立された。

　とくに国立大学では東京大学や京都大学などの旧制帝国大学を母体とする7大学をはじめ、東京医科歯科大学や東京工業大学、一橋大学、さらに神戸大学や広島大学が大学教員の所属を学部から大学院に移すことになり、少数の研究大学の大学院が重点的に整備拡充された。その後、他の国立大学でも予算優遇措置をともなわない大学院の部局化が実施され、私立大学でも同様の大学院の重点化を行うところがみられた（小林、2004年、60-64頁）。

　「世界的研究教育拠点の形成のための重点的支援——21世紀COEプログラム——」も、文部科学省の新規事業として2002年から開始された。マス・メディアの報道では、このプログラムを日本の国際的な経済競争力を強化するために先端的な科学技術の研究開発の推進をめざす大学政策として位置づけることもある。しかしCOEの補助金は大学院学生、とくに博士号を取得したポストドクターが活動する場を確保するための人件費の充実に重点が置かれているので、高学歴人材のうち先端的な人材の育成をはかる事業だといった方が正確である。その成果をふまえて、「グローバルCOEプログラム」が2007年から開始された。

　大学教育の改善をめざす政策としては、2003年から5年間実施された「特色ある大学教育支援プログラム」（特色GP）をはじめ、大学教育の改善や改革の推進をめざす大学教育改革の支援政策も重要である。この特色GPは主に学部教育を対象にしていたが、その後『魅力ある大学院教育』イニシアティブ」や「法科大学院等専門職大学院教育推進プログラム」、「資質の高い教員養成推進プログラム」などが導入された。

　先端的な科学技術の研究開発と人材育成、とくに科学技術の研究開発には、学術政策や科学技術政策の動向も密接に関連している。国際比較の観点からみると、欧米諸国の科学技術政策は80年代から、国際的な経済競争力の向

上を目標として掲げ、技術革新の促進をめざす政策へ重点を移したため、基礎的な研究への公的資金の投入は後退した。それに対して日本の科学技術政策は、日米間の技術摩擦への対応という経済的動機もあり、創造的な研究や基礎的な研究の振興を重視していた。

しかしその日本でも90年代後半以降、景気対策のために経済発展に対する科学技術の寄与が期待され、大学における研究や人材育成では基礎的な研究よりも経済発展に役立つ応用的な研究が重視されるようになった。この政策転換は、科学技術の振興を総合的・計画的に推進することを目的とした科学技術基本法(1995年)やそれにもとづいて政府が策定した科学技術基本計画(1996年)、第2期科学技術基本計画(2001年)、第3期科学技術基本計画(2006年)にもよくあらわれている。

たとえば第2期科学技術基本計画の科学技術の戦略的重点化では、たしかに基礎研究の推進も謳われていた。しかし国家的・社会的課題に対応した研究開発のうち、とくに寄与の大きい重点分野としてとりあげられたのは、ライフサイエンス、情報通信、環境、ナノテクノロジー・材料の4分野にすぎない。大学にとって問題なのは、こうした学外からの要請に応える仕組みを構築するのは重要だとしても、それと同時に、大学がこれまで長い時間をかけて培ってきた教育と研究の様式や精神（エートス）を堅持するために、新たな状況にふさわしい大学院のあり方が求められていることである（小林、1998年、221-225頁、236-237頁）。

大学院教育の改革動向

第4に、現在の大学院改革における教育面の改革動向に注目してみよう。アメリカの大学院は研究活動と並んで大学院学生の教育（スクーリング）を非常に重視しており、修士課程の大学院だけでなく、博士課程をもつ大学院も教育と研究の両面で優秀かどうかを常に問われてきた（江原、1994年b、195頁）。もともと第二次世界大戦後の日本の大学院改革では、このアメリカの大学院をモデルにした課程制大学院の構築を意図していたが、実際には定着しなかった。それはたとえば同じ東アジアで、アメリカの大学院をモデルにした

大学院改革を実施してきた隣国の韓国が、論文博士の撤廃や大学院の種別化などにより課程制大学院制度を整備してきたのと比べると、きわめて対照的である（馬越、2004年a、247-248頁）。

　近年の大学院改革で制度の弾力化をはかり、大学院への進学や学位取得を容易にするためにさまざまな制度改革が行われてきたのは、従来の大学院教育を改善してアメリカ型の教育を重視する課程制大学院を再構築しようとする試みといってよいだろう。またこれまでの大学院教育、とくに博士課程では主に専門分野の研究者の育成を行ってきたが、それに加えて研究活動よりも大学院学生の教育を重視し、高度専門職業人を育成する修士課程や博士課程が開設されたり、生涯学習機会としての大学院が設置されるようになった。

　とりわけ専門職大学院が高度専門職業人の育成に特化した実践的教育を行う大学院として創設されたのは、大学院の拡充にとって画期的な出来事だった。専門職大学院については（すでに述べたように）、学部教育や従来の大学院で行われてきた専門職業教育との関係をはじめ、学位制度や専門職業人教育の水準の問題など、大学制度全体に関わる課題がいくつも指摘されている。これは日本が今後大学院をいっそう拡充するためには、社会との関係が密接な専門職大学院がどの程度普及するかが重要な鍵の1つになるからだ。

　それでは、このような行政主導の改革により、日本の大学院はこれからどのような方向に進んでいくのか。次に日本の大学院教育の改革課題を探るために、2つのアプローチを試みてみよう。1つは日本の大学院教育の実状と課題を、主に大学基準協会が1997年に実施した全国調査にもとづいて整理することである[1]。もう1つは改革の先行モデルであるアメリカの大学院教育の改革では何が問題になっているのかをまとめてみることである。

2　大学院教育の改革課題：90年代後半

進展する大学院教育の改革：90年代後半

　大学基準協会は1997年に、日本の大学院教育の実状と課題を明らかにす

るために、国公私立のすべての大学院研究科を対象にした「大学院改革の実施状況に関するアンケート調査」を実施した。有効回答数は対象大学420校のうち375校（回収率89.3％）、対象研究科1103研究科のうち1038研究科（回収率94.1％）であった（岩山・示村、1999年、93-98頁）。

　この大学基準協会の調査により、国公私立のすべての大学院研究科における大学院教育の改革状況を集約すると、次のようにまとめられる。調査結果のうち主に注目するのは、カリキュラム（教育課程）の構造改革と教育研究条件の整備に関連した改革の進展状況である。

　調査では、設問の冒頭で大学院の改善・改革の実施状況を聞いている。その結果によれば、97年当時、大学院をもつ大学で回答のあった364大学のうち、実に82％が大学院を重視してその改善・改革にとりくんでいた。こうした改善・改革の流れはすでに80年代からはじまっていたが、多くの大学をまきこむようになったのは92年以降であり、ピークを迎えたのは96年、97年あたりからである。

　大学院教育に関連した改革についてみると、たとえば1038の研究科のうち、カリキュラムの改革をすでに実施したり、検討中だったのは75％、教育理念・目的の改革は74％、教育方法の改革も61％にのぼり、いずれも改革のピークは調査時点の97年だった。また教育研究条件の改革も75％がすでに実施したり、検討中だったから、日本の大学院教育のあり方は90年代に大きく変わったことが分かる（江原、1999年b、60頁）。

カリキュラムの構造改革
(1) 専門職業教育中心の大学院教育

　大学院教育のうち、修士課程の教育目的で最も多いのは（複数回答）、社会の多方面で活躍できる高度な職業上の「専門的知識・能力を有する人材の養成」(89％)であり、専門分野における「研究者としての基礎的能力の養成」(69％)と「学部における専門教育の補完・深化」(36％)が、それに続いている。博士課程の教育目的で最も多いのは（複数回答）、専門分野における「自立した研究者の養成」(88％)だが、高度な職業上の専門的知識・能力を駆使し、

社会の多方面で「指導的役割を果たす人材の養成」(72%)もかなり多く、さらにこの2つに教育目的を絞るのではなくて、研究経験を通じて「研究者としての自覚等を身につけさせること」(23%)もめざされている。

したがって大学院教育の教育目的は学部教育とはちがって、あくまでも専門職業教育中心である。また卒業後の職業が要求する専門的知識や能力にちがいがあるにしても、修士課程でも博士課程でも、高度専門職業人の育成と研究者の育成がめざされている。とくに重要なのは、博士課程でこれまでの研究者の育成に加えて、高度専門職業人の育成が定着してきていることである。

(2) カリキュラム改革の特徴

75%の研究科が実施したり、実施を検討していたカリキュラムの改革で特徴的なのは、新たな学問分野の進展や社会の要請に対応して、専攻科目に関わる授業科目や専攻科目の関連分野の授業科目を充実させたところが多いことである。たとえばカリキュラムの改革の内容についてみると、改革を実施していた401の研究科のうち、66%は「学際的分野や生成途上の新たな分野に対応した教育課程」の充実をはかっており、46%は生涯学習ニーズや国際化の進展にともなう「新たな社会の要請に対応した教育課程」を重視していた。

比率はそれほど高くないが、大学院教育のカリキュラムを学部教育のカリキュラムと関連させて包括的に改革する動きがみられるのも、今後の大学院教育のあり方を考えるのに重要な傾向である。たとえば改革を実施していた401の研究科のうち、28%は「学部教育との連関や修士（博士前期）課程と博士（博士後期）課程との一貫教育」を視点にカリキュラムを再編成しており、14%は「大学院と学部との共通教育」を設けることにより、学部学生に大学院の授業を受けさせることを可能にするような弾力化をはかっていた。これまでは学部教育における教養教育と専門教育の関連がもっぱら議論の的になっていたが、今後は学部教育と大学院教育の関連をすっきりしたものにすることも重要な課題になるだろう。

(3) 教育方法の改革

　大学院教育が学部教育とちがうのは、授業における教育指導と並んで学位論文の作成をはじめ、調査や実験の手ほどきといった研究指導が大きな比重を占めていることである。また学生が主体的な判断能力や思考力、創造力を伸ばすことも学部教育よりもはるかに強く求められている。どのような職業に就くにせよ、高度専門職業人や研究者にとってこれらの能力やそれを発揮するために必要な考え方や価値観、行動様式の修得は、基礎的な知識や技能の修得と並んで、あるいはそれ以上に不可欠だと考えられるからだ。

　もう少し具体的にみると、教育研究の指導方法の工夫で比較的多かったのは、「対話討論方式による教育方法の採用」(37%)、「少人数講義の増加」(29%)、「フィールドワークの採用」(23%) などである。指導教員による研究指導の工夫も多様だが、「研究室での指導時間の増加」(52%)、「指導教員の変更に柔軟に対応」(31%)、「複数指導教員制の採用」(30%) などが実施されている。教育研究指導の高度化・先端化の措置としては、「キャンパス情報ネットワークの整備」(66%) や「インターネットを活用した教育研究指導の拡充」(33%) が目立っている。

　さらに研究指導を学生が所属する大学院の研究者だけでなく、他の大学院や研究所といった外部の研究者に委託する動きがあることも、時代に即応した新しい傾向として指摘しておく必要がある。そうすることにより、学修活動がいっそう活性化したり、第一線の研究者の指導が受けられたり、最先端の施設設備が利用できると期待されているからだ (江原、1999年b、66頁)。

　この外部委託の研究指導は修士課程よりも博士課程に多く、とくに国立大学では、修士課程の6割以上、博士課程の8割近くがすでに実施していた。しかし科学技術の急速な進展や専門分野の深刻な細分化を考えると、外部委託による研究指導は今後も拡充されると予想される。さらにこれから高度専門職業人の育成がいっそう求められるとしたら、指導教員の範囲を企業や公共団体等の学外で活動している研究者や実務家まで広げて、学生の研究指導を委託することも必要になるだろう。

(4) 体系的な構造化と補習教育の導入

ところでカリキュラムの構造改革をはかる際には、この他にもいくつか考慮すべきポイントがある。まず第1に、大学院教育のカリキュラムをフォーマルな教育として、これまで以上に体系的に構造化すべきである。大学教育のカリキュラムは初等中等教育の場合とちがって、たとえば学習指導要領のような形で、全国的に標準化する必要はない。教科書や教材等も検定などのフォーマルな手続きによって外部から調整して標準化するよりも、それらを各大学で実際に使用する過程で優れたものが次第に広く普及していくようにした方が、かえって有効でうまくいくように思われる。

しかしそれぞれの専門分野の研究者や高度専門職業人を育成するための一般的な教育目的や教育目標、そのための具体的な教育計画などには、専門分野ごとにある程度標準化されたものが想定できるはずだから、専門分野の学協会や関連学協会の連合組織、あるいは卒業生を受け入れる専門職業団体などが中心になって、大学院教育のカリキュラムを定期的に検討し、標準的なガイドラインを整備充実していく必要がある。

ただし専門分野や卒業後に就く職業分野によって望ましいカリキュラムの内容はかなり異なるので、大学院教育としての共通性を過度に強調するのはあまり得策だとは思われない。そしてそうしたゆるやかに体系化されたカリキュラムのモデルは、個々の大学院や研究科が明確な理念や目的にもとづいた自前の特色のあるスクーリングを構想する際にも大いに役立つと考えられる。

第2は、大学院における補習教育の問題である。多くの大学では近年、学部教育への補習教育の導入がはかられている。それは多くの場合、高校教育と大学教育との接続を是正し、学生が大学でできるだけ無理なく学べるようにするために、高校で履修しなかったり、たとえ履修する機会があっても十分に学べなかった基礎的な教科、つまり英語や数学をはじめ、物理や化学などといった理科系の教科を中心に行われている。

大学院教育でも学生が増えれば、学生の能力や興味・関心が多様化して、こうした補習教育の導入が近い将来、多くの大学で求められるようになる。

しかしここでとくに強調しておきたいのは、大学院への進学者、とりわけ高度専門職業人を育成する大学院への進学者に対する学習上の配慮の問題である。というのは彼らのなかには、学部時代の職業教育や専門教育とはちがう専門分野に進学したり、たとえその専門分野に対する興味や関心があって独学しても、基礎的な学習を系統的に行う機会がなかった者が少なくなく、進学した大学院における専門職教育に直ちになじめないケースが出てくると予想されるからだ。

すでに紹介したように、90年代後半の大学院改革でも大学院教育のカリキュラムを学部教育のカリキュラムと関連させて包括的に改革する動きがみられたが、これは主に大学教育を受ける間に自分の専攻を変えない学生を念頭に置いた改革である。効率的な人材育成、とくに高度な学術研究に従事する研究者の育成には、こうした専門分野の学習を系統的に積み上げるための改革はいうまでもなく不可欠である。

しかしその場合でも、学際的分野や生成途上の新たな分野に進出しようとしている学生に対しては、研究上必要だがそれまでフォーマルに学ぶ機会がなかった関連分野の理解を促すために、何らかの措置を講じる必要がある。その意味でも、学生の学習上の必要に応じて大学院における学習をスムーズにするための補習教育を正式にカリキュラムにくみこむ方向で、カリキュラムのあり方を検討すべきだろう。

教育研究条件の整備
(1) 施設設備の充実

大学院教育の改革では、カリキュラムの構造改革と並んで、そのインフラ（基礎的条件）の整備も重要な課題である。とくに日本の大学では従来、学部を基礎にして大学組織を編成し、大学院独自の教員組織や施設設備をほとんど充実しないまま大学院を拡充してきたので、大学院担当教員の負担増や大学院用の施設設備の不備、研究費の不足などといった教育研究条件の悪化はあまり省みられないままできた。

こうした状況に対して、調査時点の97年7月に、1038の研究科の75％は

教育研究条件の改革をすでに実施したり、実施を検討していた。このうち改革を実施した406の研究科についてみると、半数を超えていたのは「施設設備の充実」(54%)と「学生の研究環境や研究条件の改善」(51%)であり、それに「図書資料等の充実」(45%)や「大学院担当教員への特別手当支給」(37%)、「学内研究助成金制度の充実」(29%)、「個々の教員の研究費の増額」(27%)などが続いている。

さらに具体的な改革の内容に注目すると、「大学院教育のための施設設備の充実改善」をはかったのは52%であり、大学院学生専用の施設設備に関しては、「コンピュータ等の拡充」(58%)や「学生自習室の拡充」(41%)、「机・椅子の拡充」(35%)、「講義室、演習室の拡充」(32%)などが多い。図書館関連の改革で目立つのは、「図書館資料の検索システムのコンピュータ化」(55%)、「広域的な学術情報システムへの接続推進」(38%)、「他大学院等の図書館とのネットワーク化」(30%)、「図書館の開館時間の延長」(27%)、「レファレンス機能の拡充・強化」(27%)、「蔵書冊数の大幅な増加」(26%)などである。

(2) 人的支援体制の強化

大学教員への人的支援体制の強化も大学院教育の改善では重要な課題である。しかし実際には「事務職員の充実」(10%)や「技術職員の充実」(3%)、「助手の数の拡大」(3%)はほとんど実施されていない。その代わりに国立大学を中心に多くの大学で「教育助手(ティーチング・アシスタント;TA)制の導入」(60%)がはかられ、「研究助手(リサーチ・アシスタント;RA)制の導入」(29%)も試みられている。これは大学にとって、いったん増員すると長期間にわたって人件費がかかり、人員削減もしにくい正規の事務職員や技術職員、助手の雇用拡大よりも、必要経費がはるかに安く、しかも人的資源の需給状況や確保できる財源の変化に流動的に対応しやすい教育助手や研究助手の導入の方が実施しやすかったからだと考えられる。

このような現状をふまえて、今後さらにどのような点で大学院の教育研究条件の充実をはかりたいのか、その方針を聞くと、実に8割を超える研究科は、インフラ整備の基本的な3つの柱、つまり「施設設備面の充実」(84%)、「教

員面の充実」(84％)、「教育研究経費の充実」(80％)をはかろうとしていた。「人的補助体制の充実」(62％)や「図書等学術資料の充実」(55％)も、半数を超える研究科が重視している。したがって全体としてみると、大学院のインフラの整備全般はけっして十分ではないことがうかがわれる。

　日本の学部教育にはさまざまな課題が山積しているが、それでも第二次世界大戦後に限ってみても60年を超える改革の歴史がある。それに比べると大学院教育の改革はようやくはじまったところであり、なによりもまずその基礎的な条件整備が求められている。さらにその他に、自律的でしかも効率的な大学院の組織運営の確立や、制度としての大学院の社会的な評価の向上、専門分野にふさわしい大学教員の質の確保、大学院進学者にとって非常に大きな関心事である卒業後の就業先の拡大や処遇改善への努力など、教育条件を左右するさまざまな課題の解決にも、これから多くの時間とエネルギーを注ぐ必要があるだろう。

(3) 改革のポイント：教育と研究のバランス

　そうした観点から、考慮すべきポイントについて簡単に触れてみよう。第1は、大学教員の仕事のうち、教育と研究のバランスをどのようにとればよいのかという問題である。国際比較の観点からみると、どの国の大学教員も優れた研究活動を行うことを期待され、所属大学の教員評価でも研究業績が重視されている。とくに日本はドイツやスウェーデン、オランダ、イスラエルなどと並んで、少なくとも意識の上では教育よりも研究を重視する大学教員が多い国だから、どのような大学改革を構想する場合でも、大学教員の仕事については教育と研究をできるだけ分離させない形で、その将来の方向を考えるべきだろう。大学教員が研究をしながら教育もいっそう充実させる方向で、教育と研究のバランスをとることをめざす改革の方が大学教員の協力もえやすく、無理がないからである (江原、1996年、153頁、160-163頁)。

　しかし今後は学部のみならず大学院でも、研究に加えて学生の教育がいっそう重要になるので、教育活動を大学教員の専門的な活動として正式に位置づけ、教員評価の項目にも主要な指標としてくみこむ必要がある。また研究

上優秀な教員が学生の教育でも優れているとは限らないから、大学教員の教員研修 (FD) の機会の充実など、教育活動の改善を支援する制度的条件を整備する必要もある (江原、2009年、23-25頁)。

ただし気をつけなければならないのは、大学によっては教育を重視しすぎると、大学教員の研究活動を抑制する雰囲気が学内で強くなる恐れがあることである。初等中等学校の教員と大学教員との間に、教師としてそれほど大きなちがいがあるわけではない。しかし大学教員が初等中等学校の教員とちがうのは、そのキャリアのどこかで、自分の専門分野の研究水準に達した研究を行った経験があることではないだろうか。さらに能力や意欲、それから条件や幸運に恵まれれば、その後もその専門分野で先端的な研究を続けることができる。そして大学教育のメリットは、そうした研究の経験のある大学教員が自分の研究を視野の片隅に据えながら、専門分野のエッセンスを系統的に学生に伝えるところにあると考えられる。

もっともこうした考え方に対して、たとえばアメリカの大学にみられるように、学内の大学教員を教育担当の教員と研究担当の教員に二分して、役割分担を明確にする考え方もある。しかし日本では大学院のある大学ではどこでも (たとえ大学教員の所属が制度上大学院に変わった大学でも)、ほとんどの大学教員は学部教育と大学院教育を担当しているので、そうした役割分担の実施はけっして簡単なことではない。

また教育と研究のどちらをどの程度優先するかは、専門分野によってちがうだけでなく、個々の大学教員についてみると、採用時から退職時までのキャリアのどの時期にいるのかによっても異なっている。したがって日本の大学では、大学教員のキャリアのなかで研究を重視する時期と教育を重視する時期を本人の判断にもとづいて設定し、本人の意向をできるだけ尊重しながら、全学的に教育と研究のバランスをはかる方策を探る方が、はるかに現実的で有効だと思われる。

(4) 改革のポイント：学習環境の整備

第2のポイントは、大学院入学者の多様化にともなって、学習環境をどの

ように整備すればよいのかという問題である。これまで日本の大学院は多くの場合、自校の学部を卒業後、直ちに同じ専門分野の研究科に進学する日本人学生を受け入れてきた。しかし大学院の規模が拡大すれば、こうしたいわば伝統的な大学院学生に加えて、新しいタイプの非伝統的な大学院学生も今後数多く入学するようになることが予想される。大学基準協会の調査で「新しい大学院学生」としてとくに注目しているのは社会人、留学生、自校以外出身者である。

大学院の門戸を開放して新しい大学院学生を受け入れれば、学内の人間関係が豊かになり、大学院教育をいっそう活性化することができる。社会的にみても、優秀な潜在的人材を発掘するプールを性別や年齢、国境などの壁を超えて広げたり、入学志願者にアクセスしやすい学習機会を整備するのは望ましいことである。しかし現在の大学院改革で新しい大学院学生の受け入れが注目されるのは、入学者が定員に満たない研究科が多いことも関係しているように思われる。実際に1997年の時点で定員が充足されていなかった研究科は修士課程では44%、博士後期課程では60%、博士課程（一貫制）では79%であり、設置者別では私立、学問分野別では家政学系研究科に多い。それゆえ多くの大学は大学院学生の獲得に努めているが、新しい大学院学生はその主要な標的になっているとみてよいだろう。

そのための工夫として、たとえば半数ほどの研究科はすでに、社会人や留学生の特別入試制度を実施していた。入学者の多様化に応じて特別の教育課程を設けている大学は少ないが、その代わりに多様な学生のニーズに対応できる指導体制の整備は比較的多くの大学で進められている。留学生のために交流の場や専用宿舎を用意したり、組織的な相談業務体制を整備して、アドバイザーやチューターを配置している大学も少なくない。

しかし新しい大学院学生のための学習環境の充実には多額の経費がかかるため、学生増がはたして大学経営の健全化につながるのか、その収支のバランスが大きな問題になる。また大学院教育の条件整備は（すでに述べたように）、伝統的な大学院学生についてもようやくはじまったところである。改革の問題点や副作用として、大学教員や大学職員の負担増、施設設備面での制約、

財政面での負担増や制約などもよく指摘されている。したがって学習環境の整備を進める際には、どこからどのような手順で何を改善するのか、かなり的を絞った総合的で綿密な準備が必要である。

ところでここでは、全体的な傾向をごく簡単に整理したが、設置者別や専門分野別に分けてみただけでも、大学院教育の改革状況は大学によって非常に多様である。どのような大学改革もそうだが、実質的で有意義な改革は個別の大学がその固有の条件をふまえて実施する改革を一つ一つ積み上げていくことによってしか実現できない。その意味では、大学院教育の改革で最も求められているのは、それぞれの大学がその大学院や研究科にふさわしい明確な理念や目的にもとづいた体系的で実施可能な教育を、独自の視点から構築することである。

3　アメリカの大学院教育改革：改革の先行モデル

第二次世界大戦後急速に拡大した大学院教育

次に今後の大学院教育の改革課題を探る2つ目のアプローチとして、改革の先行モデルであるアメリカの大学院教育の特徴と改革動向を、90年代を中心にまとめてみよう。

アメリカの大学院教育は、大学のドイツ・モデルにならって研究重視型大学が創設された19世紀後半にはじめられた。しかしアメリカの大学院教育の特徴として、まず第1に指摘する必要があるのは、その規模が急速に拡大し、社会的な威信を高め、世界のモデルになったのは、第二次世界大戦後の50年間だということである（LaPidus, 2001, pp.250-252）。

米国教育統計センター（NCES）の統計によれば、修士と博士の合計授与数は60年代から70年代前半にかけて飛躍的に膨張したが、その後はゆるやかに拡大している。合計授与数が6万4603件だった1950年を起点にすると、2000年の合計授与数は50万1864件だから、半世紀の間に7.8倍になった。学位別にみると、1950年に6420件を数えた博士授与数は50年代後半から70年代初頭にかけて急成長し、1970年には2万9866件に達した。その後70年

代と80年代は3万件のレベルで推移し、1990年の3万8371件を経て、2000年には4万4808件まで増加した。2007年の博士授与数は6万616件である。

それに対して1950年に58183件を数えた修士授与数は1970年に208291件に達した後、70年代以降も29万8081件 (1980年)、32万4301件 (1990年)、45万7056件 (2000年) と着実に増加した。2007年の修士授与数は60万4607件である。したがって1950年を起点にすれば、2000年までの半世紀の間に、博士授与数は7.0倍に、修士授与数は7.9倍に拡大した。

比重の高い実学的な専攻分野

第2に、大学院教育の機能を大学院学生が専攻する専門分野の比重で確かめると、各種の職業との関連が密接な専門分野の比重が高いことである。とくに修士取得者には、実学志向の専門職業教育を修得した者が圧倒的に多い。

1962年に刊行されたルドルフの『アメリカ大学史』は、アメリカ高等教育史のスタンダードな教科書として世評の高い著書である。彼はこの本のなかで、アメリカの大学は19世紀後半のユニバーシティ運動を契機にして、大学教員の職を専門職にするとともに、大学院レベルの専門職大学院（プロフェッショナル・スクール）の集合体となり、そのスクールは法律家や医師、聖職者、教員を育成する正式の専門職業教育を行うようになったこと、さらにその後、時代や地域の要請に応えて、経営学や森林学、ジャーナリズム、獣医学、社会福祉など、さまざまな目的に適した専門職大学院が産み出されたことを指摘している（ルドルフ、2003年、316-319頁）。こうした大学院レベルの実学志向の専門職業教育の発展は、今日の学位取得者の専門分野別構成にもよくあらわれている。

学位別にみると、授与された博士の専門分野別構成比では (2000年)、教育学 (14%) の比率が最も高く、次いで工学 (12%)、生物学・生命科学 (12%)、心理学 (11%)、社会科学・歴史学 (9%)、物理学・科学技術 (9%)、語学・文学・人文科学 (6%)、保健衛生 (5%)、神学・宗教職 (4%)、経営学 (3%) の順になっている。1970年以降の30年間についてみると、これらの比重が高い10の専門分野の構成比に大きな変化はない。ただし実学的な専門分野のうち教育学

(19%→14%) は比率を下げ、基礎的な研究を重視する物理学・科学技術 (14%→9%) や社会科学・歴史学 (11%→9%)、語学・文学・人文科学 (9%→6%) の比率もやや低下した。その反対に比率が上昇したのは心理学 (7%→11%) や保健衛生 (2%→5%)、神学・宗教職 (1%→4%) である。なお大学院教育の規模が拡大したため、これらの専門分野のうち、30年間に博士授与数が減少したのは物理学・科学技術 (4324名→3963名) だけであった。

授与された修士の専門分野別構成比をみると (2000年)、教育学 (27%) と経営学 (24%) の比率が飛び抜けて高く、この2つで全体の50%を占めていた。次いで保健衛生 (9%)、社会福祉 (6%)、工学 (5%)、心理学 (3%)、コンピュータ・情報学 (3%)、社会科学・歴史学 (3%)、語学・文学・人文科学 (3%)、視覚・公演芸術 (2%) の順である。これらの比重が高い10の専門分野のうち、1970年以降の30年間に構成比が高くなったのは経営学 (12%→24%) や保健衛生 (2%→9%)、社会福祉 (3%→6%)、コンピュータ・情報学 (0.7%→3%) といった実学志向の専門分野である。ただし同じ実学志向でも教育学 (38%→27%) はその比率を下げ、社会科学・歴史学 (7%→3%) と語学・文学・人文科学 (8%→3%) の比率も低下した。比率に大きな変化がみられなかったのは工学や心理学、視覚・公演芸術である。

専門分野によって異なる大学院学生の社会化

第3に、大学院教育の特徴やあり方は専門分野や卒業後の職業によって異なることである。アメリカの大学院教育は実際には、1つとして同じものがないほど多様だが、大まかに分けると、文理系の大学教員や研究者を育成する専門職業教育と研究を行う学術大学院における大学院教育と、主に実学的な専門職業教育を行う専門職大学院における大学院教育の2つに区分することができる。ただし同じ実学的な大学院レベルの専門職業教育でも、卒業後の職業に注目すると、伝統的な専門職を育成する法学や医・歯学、神学といった専門分野における大学院教育と、専門的職業の高度化にともなって成立し、拡大してきた教育学や経営学、工学、図書館学、看護学などの専門分野における修士レベルと博士レベルの大学院教育にはちがいがみられる。

こうした観点から、アメリカの大学院教育の特徴やあり方を①文理系の専門分野、②伝統的な専門職の専門分野、③実学志向の専門分野の3つに分けて、その概略を整理すると、次のようにまとめられる。なおここでは、大学院教育を大学院学生が社会化（ソーシャライゼイション）する過程、つまり高度な専門的知識や技能を要求する専門的職業に就くのに必要な知識や技能、価値観、態度などを獲得する過程としてとらえている。また大学院学生の社会化には、入学者の社会的背景や生育歴をはじめ、学外の関連学協会や専門職業団体、労働力市場における専門的職業の状況、専門分野の外部研究資金なども大きな影響を及ぼすが、主に注目するのは専門分野の特徴やカリキュラム、入学者選考、大学教員の役割、学生の自律性、学生文化、教育成果などである（Weidman, et al., 2001, pp.iii-iv, p.4, pp.87-89）。

(1) 文理系の専門分野

文理系の専門分野の大学院教育は、学士を取得した学生が、修士課程と博士課程で特定の専門分野を体系的に学習し、学位論文を執筆することにより、自立した大学教員や研究者になることを目的にしている。有力な研究大学には修士課程と博士課程を一貫した課程として設置しているところが多く、そうした大学では、修士は博士課程に進学できない学生に対する最終学位として授与される（山田、1998年、37頁）。

近代科学の発展にともなって、文理系の専門分野は著しく細分化したが、それぞれの専門分野は他の専門分野との境界が比較的明確であり、独自に体系化されている。大学院学生は約2年間の必修のコースワークとその後の研究訓練や論文指導を通じて、専門分野の自立した研究者の役割を修得する。社会化の成果として最も重視されるのは専門分野における研究能力である。学生はコースワーク終了後、資格試験に合格して博士候補生になり、さらに学位論文の研究計画の口頭試問に合格した後、論文を執筆し、論文ディフェンスの口頭試問に合格しなければならない（ピーターズ、1996年、122-128頁）。Ph.D. などの学術学位取得後は大学教員や研究者として就業し、研究業績を継続して発表することが期待されている。

入学者選考では、入学試験の成績や比較的厳密な基準にもとづいて入学者を区分したり選抜する。大学教員の役割として重要なのは、大学院学生に専門分野の知識や技能を正式のカリキュラムにしたがって教授することよりも、彼らの自主的な学習や研究を支援して、理論の構築や研究計画を立てる際に助言することである。大学教員は大学院学生との共同研究を組織したり、彼らの研究能力を判断して学会での発表の是非を決定する門番の役割も果たす。多くの学生は研究助手 (RA) や教育助手 (TA) として雇用される。しかし大学教員は通常、研究助手を研究者として育成する指導には熱心だが、教育助手を教育者として育成する指導にはあまり関心がない。

大学院学生の学生文化も彼らの社会化にとってきわめて重要である。大学院学生と大学教員の関係は形式的になりやすいのに対して、学生は仲間集団との付き合いを通して学生生活のノウハウを学んだり、自分の能力を確かめたり、ストレスを解消する。文理系の専門分野の大学院学生にはフルタイムの正規学生が多いが、競争と協力が入り交じった共同研究に参加して自立的な研究者としての力量を磨くことになる。

ところで文理系の専門分野の大学院教育は、入学後約2年間のコースワーク期間が設けられている点では共通しているが、研究訓練や論文指導には専門分野によってかなり大きなちがいがみられる。ガムポートのまとめを参考にすると、物理学、生物科学、歴史学、経済学の4つの専門分野のちがいは、次の通りである (ガムポート、1999年、358-381頁)。

物理学 物理学では一般的に、学生は学士取得後、修士課程ではなく博士課程にただちに進学する。入学後は必修のコースワークを学習するとともに、通常は1年間の間に3カ月ごとに異なる研究室に所属して、自分の興味や関心にあった研究室を選択する。所属する研究室が決まると、研究助手として雇用され、半日勤務分の給料で実際には週50-60時間の間、研究室の雑用をしたり共同研究に参加しながら、研究指導を受けることになる。大学教員と大学院学生は毎日のように顔を合わせ、週に1度の研究室ミーティングに参加する。学位論文のテーマは通常、大学教員の研究プロジェクトのサブテーマのなかから決められ、論文作成用の研究資金もプロジェクトの資金から充

当されるので、学生の自由度はあまり高くない。

生物科学　生物科学では物理学とちがって、修士を取得してから博士課程に進学するのが普通だが、博士課程における所属研究室の決め方や研究助手としての雇用、研究室での日常生活の様子は変わらない。学位論文のテーマも大学教員の研究の延長として決められ、研究資金が与えられる。このように2つの専門分野の大学院教育で大学教員と大学院学生の徒弟関係が顕著にみられるのは、大学院教育と研究が強く結びついており、しかも組織的な人間関係、つまり大学教員の研究プロジェクトが受ける外部研究資金を使った研究助手の雇用などが、大学院教育のあり方に強く反映しているからである。生物科学の大学院教育が物理学とちがうのは、専門分野自体が急激な発展段階にあるため、コースワークでは既存の知識や研究技能よりも重要な研究テーマをみつけるための知的基盤の獲得の方が重視されていることや、学生が研究を進める際により強い自律性をもち、専門家として自主的な判断をしていることだという。

歴史学　歴史学は外部研究資金が限られているため、大学院教育に投入する資金の獲得が非常に難しい専門分野である。大学教員には研究は自力で行うものだと考える者が多い。研究助成への申請も全体としてそれほど熱心ではないし、たとえ外部研究資金を獲得しても少額で、しかも自分の研究用に使う傾向があるので、大学教員と大学院学生は雇用−非雇用の関係にはない。そのため大半の学生はローンや自己資金、学外のアルバイト、州や大学が提供する教育助手の奨学金などにより、学資や生活費を工面する。

　歴史学でも社会史や女性史をはじめ、膨大な研究成果が生産され、大学院教育で修得すべき知識は増加した。しかし自然科学の専門分野とちがって、それを首尾一貫した体系的なカリキュラムとして再編成する努力はなされていない。研究訓練の内容や方法もそれほど明確ではなく、学生はゼミナールへの参加や大学教員との1対1のインフォーマルな相談を通じて、学位論文のテーマを決めたり、自分の研究を進めて論文を執筆する。歴史学には自律的な訓練を理想とする考え方が暗黙のうちにあり、大学教員のなかには、自分の研究と学生指導は時間配分の面で両立しないと考える者もいる。

経済学 経済学の大学院教育は自然科学と歴史学の両方の特徴をもっており、実証的、実験的な専攻分野では自然科学に、理論的な専攻分野では歴史学に似た教育と研究訓練が行われる。4つの専門分野のなかでは、教育の理念やその実践の仕組みが最も多様で、学位論文の作成でも大学教員と学生の関係はさまざまである。大部分の経済学研究は連邦政府や民間の助成機関から資金援助を受けているが、自然科学のように大学教員の研究プロジェクトに対する大規模な研究助成もあれば、歴史学のように少額の研究助成もある。ほとんどの大学院学生は教育助手を経験する。しかし経済学の研究者になるためには、研究助手として研究のトレーニングを積むことが非常に重要である。学位論文の分量は1冊の単行本にまとめられるような長い論文から、2〜3本の短い論文を執筆する方向へ変わってきており、それらの論文は就職活動にも使われる。

(2) 伝統的な専門職の専門分野

伝統的な専門職を育成する専門分野の大学院教育は、学士を取得した学生が、法学や医・歯学、神学といった特定の専門分野を、所定の授業科目が系統的に配置されたカリキュラムにしたがって集中的に学習したり、臨床的実践を経験することにより、それぞれの専門職が要求する知識や臨床的技能、価値観、態度などを修得することを目的にしている。取得できる学位は法学博士（JD）や医学博士（MD）、歯学博士（DDS）、神学修士（MTh）などの専門職学位である。これらの専門分野は博士課程を併設して研究者も育成しているが、ほとんどの学生は卒業後、資格を取得して法律家や医師、聖職者などの専門職として活躍する道を選ぶ。

入学者選考では、入学試験の成績や学部時代の学業成績、推薦状、志望動機などにもとづいて入学者を区分したり選抜したりする。大学教員の役割として重要なのは、大学院学生に専門分野の知識や臨床的技能を正式のカリキュラムにしたがって教授することにより、彼らが課程修了後、法曹試験や医師国家試験などの資格試験に合格し、免許証を取得できるようにすることである。カリキュラムの編成や資格試験には専門職業団体が関与しており、

大きな影響力をもっている。

　大学教員と大学院学生との付き合いは主に授業場面で行われるので、文理系の専門分野と比べると距離があり、学生は大学教員の指示や権限を受け入れる立場にある。学生の自律性はきわめて限られており、研究助手や教育助手として雇用される機会もごくわずかしかない。大学院学生は同じ専門職をめざす学生仲間としてチームを組んだり、自主的な研究会で学びながら、課程修了や資格試験に備えることになる。

(3) 実学志向の専門分野

　教育学や経営学、工学、図書館学、看護学などの実学志向の専門分野における修士レベルと博士レベルの大学院教育は、それぞれの専門的職業が要求する特定の知識や臨床的技能、価値観、態度などを学生が体系的に学習し、その職業的役割を修得することを目的にしている。社会化の成果として最も重視されるのは職業に関連した臨床的、実用的能力であり、学生は学位や証明書、免許証を取得した後、それぞれの専門的職業に就業する。

　取得する学位は博士と比べて修士が圧倒的に多いけれども、必要な学位や職業資格は職業によって多様である。たとえば初等中等学校の教員養成は一般に、学部教育カリキュラムにおける教職に関連した専門教育と修士課程における教育実習を中心とした実践的経験をくみあわせて行われるようになった。そのため学士を取得して教職に就いた教員の多くは、夜間の修士課程や夏期集中講座にパートタイム学生として在籍して修士を取得している。

　学士の専門分野別構成比をみると (2000年)、経営学 (21%) は社会科学・歴史学(10%)や教育学(9%)とともに、専攻する学生が最も多い専門分野であり、大半の学生は卒業後さまざまな業種に就職する。しかし1970年代以降、経営学修士 (MBA) は企業などの中堅幹部になるための資格として社会的に評価されるようになった。現在では、学部の新卒者やスキルアップをめざす若手の職業人だけでなく、経営学修士の取得をめざす現職の中堅幹部も受け入れている。また技術者(エンジニア)は通常、工学分野の学士を取得して就職し、職場訓練 (OJT) や企業内教育訓練、企業外の大学や専門職業団体などが提供

する専門別現職研修を受ける。大学院で学ぶのは新しい工学技術を修得したり、教育の幅を広げたり、昇進する機会を広げるためである（山田、1998年、42頁、130頁、145頁）。

こうした入学者の多様な社会的背景を反映して、入学者選考では、面接や推薦状、本人の志望動機などにもとづいて入学者を区分したり選抜したりする。大学教員の役割として重要なのは、大学院学生に専門分野の知識や臨床的技能を正式のカリキュラムにしたがって教授することよりも、彼らの関心や目的に沿った自主的な学習を支援するために、専門的職業への導入を円滑にしたり、ガイダンスや助言をすることである。

カリキュラムの編成では、それぞれの専門的職業が求める専門的実践にもとづいた集中訓練や現場での実践的経験が重視される。カリキュラムの構造や教育内容の配置は伝統的な専門職を育成する専門分野と比べるとゆるやかである。学外の専門職業団体の関与がそれほど大きくない専門分野では、カリキュラムの標準化もそれほど進んでいない。

大学院学生が正式の研究助手や教育助手として雇用される機会はほとんどない。しかし多くの専門分野では、学生は卒業後の職場で指導的な役割を果たしたり、管理運営の意思決定をすることを期待されるので、在学中に専門的職業能力だけでなく、自主的な思考能力や判断能力を修得することが重視されている。また就業経験のあるパートタイムの成人学生が比較的多いこともあり、学生は気のあった学生同士で作るインフォーマルなグループを情報交換のネットワークや共同作業、相互支援の場として活用する。

このようにごく大まかにみても、大学院教育の特徴やあり方は専門分野や卒業後の職業によって多様であり、同じ課程でも学生によって異なった経験をする。ワイドマンらは1950年代以降の文献研究にもとづいて、アメリカでは大学院学生の社会化過程をふまえた実質的な大学院教育の改革がほとんど行われてこなかったことを指摘している。大学教員をはじめ大学管理者や専門的職業の関係者は、効果的なカリキュラムの設計や双方向を重視した教育方法の導入、入学者選考や学生支援、学習環境の改善などにより、多様化した学生がそれぞれの専門的職業にとって望ましい大学院教育を経験できる

仕組みを構築することを求められている (Weidman, et al., 2001, p.91, pp.99-100)。

90年代の大学院教育改革の動向

アメリカの大学院教育の特徴は、①その規模が第二次世界大戦後急速に拡大したこと、②職業との関連が密接な実学的な専門分野の比重が高いこと、③大学院教育の特徴やあり方は専門分野や卒業後の職業によって異なることである。また大学院教育に関する全米レベルの調整機構がないことも大きな特徴といってよいだろう。行政主導の大学改革が進められてきた日本と対照的に、アメリカでは制度的に多種多様な大学が独自に改革を進めることにより、社会の急激な変化や多様な社会的要請に制度全体としてスムーズに対応するとともに、質の維持もはかってきた。

こうした特徴をもつ大学院教育の諸問題を探るために、ここでは、主に2つの大学院教育、つまり①文理系の専門分野における博士課程の大学院教育と、②実学志向の専門分野における修士レベルの大学院教育の改革動向に注目してみよう。

1つ目はアメリカで発明された大学院教育の原型になった、文理系の大学教員や研究者を育成する専門職業教育と研究を行う学術大学院における大学院教育である。それに対して2つ目はその対極に位置する、社会の急激な変化や多様な社会的要請に柔軟に対応して急速に拡大してきた大学院教育である。どちらも大学院教育と卒業後の職業や経歴を、どのように関連づければよいのかを問われている。アメリカの大学院教育改革の動向と課題は、さまざまな立場から論じられてきた[2]。整理の際に主に依拠したのは、ラピダスのまとめである (LaPidus, 2001, pp.259-274)。

(1) 文理系博士課程教育の課題

アメリカの文理系の専門分野における博士課程教育は、1970年代と80年代にゆるやかに拡大した後、90年代に飛躍的に拡大した。その当時、ヒトゲノム・プロジェクトや超大型で強力な衝突型加速器であるスーパーコライダーなどの巨大科学が脚光を浴びた。コンピュータの性能が高度化し、人文・

社会科学における大規模なデータベースの整備が進んだのもこの時期である。アメリカの博士課程教育、とくに工学と並んで自然科学の博士課程教育は世界のトップクラスと評価され、世界中から留学生が押し寄せた。また産業界や教育界のリーダーのなかにはアメリカの大学院で教育を受けた者も少なくないので、多くの国ぐにでアメリカの大学院は改革のモデルになった。

しかしアメリカの文理系の博士課程教育については、さまざまな課題や問題も指摘されている。第1に、大学院教育の発展は学部教育にとって有害になりうることである。というのは研究資金の獲得と研究生産性の向上は、大学教員を学部教育から引き離すように作用するからだ。つまり外部研究資金の獲得と研究評価にもとづいた大学のランキングが浸透したために、大学教員、とくに研究重視型大学の大学教員は学部段階の学生の教育に時間をさけなくなってきている。

この問題に対処するために、教育と研究という二分法ではなく、研究の雰囲気のある環境のなかで学生が学習できる学部教育を構築する動きがみられた。たとえばカーネギー教育振興財団ボイヤー委員会が公表した『学部教育の再編―アメリカの研究大学の青写真』(1998年) は、大規模な研究大学における包括的な学部教育改革を提言した文書である。この報告書では、研究大学の学部学生が全体性をもち、しかも他者と共有できる優れた学部教育を経験できるようにするために、研究大学がその特性を生かしながら学部教育を改善する具体的な方策として、次の10の方法を提言している[3]。

① 授業では研究中心の学習(学期末のレポートも含まれる)を標準とする。
② 第1学年を探求中心型に構成する。……経験豊かな大学教員が担当する1年次教育(フレッシュマン・セミナー)を必修にする。学生に大量のレポート提出を求める。補習教育(英語、数学)は入学前に終了させ、高校での大学科目履修(AP)で空いた時間を有効利用する。
③ 第1学年の基礎の上に積み重ねる。……探求中心型学習、助言指導(メンターシップ)を高学年でも継続する。
④ 学際的教育を推進する。……低学年の授業科目に学生のニーズを反映し

た学際的教育を導入する。
⑤コミュニケーション・スキルと授業科目を関連づける。……授業内容の修得と授業内容の伝達能力の両者を反映した成績評価を実施する。どの授業でも論述と口述の練習をくみいれたコミュニケーション・スキルの強化をはかる。
⑥創造的に情報技術(IT)を活用する。
⑦最終学年の経験を頂点にする。……4年次セミナーを学部教育の最後の仕上げ(キャップストーン・コース)として充実し、専攻での経験を広げ、深め、統合する探求中心型学習の頂点として位置づける。
⑧見習い教員として大学院学生を教育する。……大学院学生にとって重要な就職前の見習い教員経験の仕組みや教育助手(TA)に対する報酬などの組織的支援を改善する。
⑨大学教員の報酬体系を変える。……教育活動を含めた評価システムを構築する。大学教員の学内の委員会活動への参加負担を軽減する。
⑩共同体意識を育成する。……アカデミック・コミュニティを再建する。キャンパスにおける多様な人びとの交流経験を重視する。大学寮生活や共同研究活動を活用する。

大規模な研究大学では、教育よりも研究を重視する大学教員が多いこともあって、学部教育が危機的状況に陥り、その改革が強く求められている。それだけでなく大学経営者にとっても、学部教育を改革して優秀な学部学生を必要な数だけ確保するのは、大学院を含めた大学全体の安定した経営のために不可欠な課題である。

第2に、90年代には科学者や技術者が不足すると予測されたが、実際には産業界でも大学でも博士取得者を採用しないようになり、就職難が生じたことである。その背景には、①州政府の公的資金の削減や②東西冷戦の終結、③大学や企業組織の再編成にともなう人員削減と適正規模化の進展などがある。研究大学の終身在職権のあるポストもあらゆる専門分野で少なくなり、その代わりに大学は任期制フルタイム教員やパートタイム教員を雇用するよ

うになった。

　アメリカでも日本と同様に、文理系の博士課程教育は学生が専門分野の自立した研究者の役割を修得する場だという従来の考え方が、学生だけでなく大学関係者の間にも根強く残っている。多くの自然科学の専門分野では工学と同様に、たいていの博士取得者は産業界に研究者として就職し、その数は70年代後半から着実に増えてきた。ところが人文科学の専門分野では90年代でも、大多数の博士取得者は大学に就職すること、とくに研究大学の終身在職権のあるポストに就くことを望んでいた。しかしたとえ大学に就職しても、その希望が実現したのはごく少数の学生であり、大学外の職場に就業した者も少なくない。

　こうした博士取得者の就職難に直面して、多くの大学は90年代後半以降、大学院学生の就職の目標や在学中の学習経験の質に注意を払うようになった。卒業後の就業先を考えずに、博士取得者を大量に育成してきたことも問題になり、博士課程教育の規模を縮小する動きもみられた。皮肉なことだが、日本をはじめイギリスやフランスなどが博士課程教育を拡大しはじめた時期に、アメリカの多くの大学はその規模を縮小する方向に動き出したのである(LaPidus, 2001, p.263; Calhoun, 2000, p.71)。

　とくに深刻なのは、博士課程教育と卒業後の職業や経歴との関連をどのようにすればよいのかという問題であった。博士課程教育で扱う専門分野の範囲が非常に狭く、教育の場がキャンパス中心であり、就学期間が長すぎることが問題になった。さらに多くの大学院学生が自分の将来の職業や経歴について非常に限られた期待しかもっていないことも問題になった。たしかに彼らは在学中に優れた基本的な観点をふまえて課題を定式化し、なんらかの回答を見出す方法を修得する。文理系の博士課程教育の改革で問われたのは、彼らがそうした能力を生かしてさまざまな職業や経歴に対処できるように、教育内容を拡充することであった。

　そのため第3に、多くの大学では、博士課程教育の改革をめざして新しい試みを模索するようになった。たとえば博士課程教育のカリキュラムを修正して、大学院学生が学位論文の執筆に直結した専門的な知識よりも、幅広い

範囲の知識を学べるようにした。卒業後の多様な職業や経歴に対して学生を準備させる科目や実習を追加したり、専攻する専門分野の他に副専攻の科目を履修できるようにしたり、資格を取得する課程を設置したのである。他の専門分野にも転用できる一般的な技能、たとえばプロジェクトの計画立案やレポート作成、時間管理の仕方などのノウハウを学ぶ科目やワークショップを開設した大学もある。

　大学のなかには、大学教員の役割を学ぶために、学生がいくつかのタイプが異なる大学で大学教員や学生と交流する機会をくみこんだプログラムとか、企業や政府機関と連携して、学生がさまざまな職場で役割の異なる実務を経験するプログラムなど、職場実習を主な目的にした特別課程を開設したところもある。また大多数の大学教員は（とくに人文科学系の場合）、自分が学んだ研究大学の実態しか知らないため、博士取得者向けのさまざまな就職情報を提供するプログラムや、卒業生を招待して経験談を語ってもらう学科単位のセミナーなども、多くの大学で設けられるようになった。

　このように文理系の博士課程教育のあり方は、大学教員の研究関心を過度に重視するものから、教育的側面を重視し学生を幅広い視点から教育する方向へ大きく変わってきている。大学教員はこれまでのように優れた講義をし、世界的水準の研究に従事するだけでは不十分なのである。それに加えて教育者として、大学院学生やポストドクターなどの若手研究者の活動を支援する環境を整備することが求められている。

　その意味では、1990年代はアメリカの文理系の博士課程教育にとって重大な転換期だった。文理系の学術大学院はもともと、大学のドイツ・モデルで考えられた教育と研究の統合をはかるために、カレッジとは別に大学内に設置された組織である。この大学院では、研究は学生が受ける正規の学習内容として位置づけられ、研究のための高度な訓練が行われた。学生はカリキュラムにもとづいた集中的なコースワークを履修し、学位論文を執筆するとともに、大学教員と一緒に研究活動に参加してきた。こうした博士課程教育の仕組みは今日でもきわめて有効であり、博士課程教育の中核を構成している。しかしそれと同時に、ただ単に大学教員の研究関心に沿った研究を徒弟教育

のように進めるだけでなく、学生の在学中の学習や将来の職業や経歴の目標にふさわしい環境を整えることが求められているのである（LaPidus, 2001, p.267；江原、1994年a、142-143頁）。

(2) 実学志向の修士課程教育の課題

アメリカでは、学士取得者を対象にした大学院レベルの教育は、学位を授与する修士課程や博士課程だけでなく、免許証や証明書を取得できる課程をはじめ、個別のコースやセミナー、ワークショップなど多種多様な形で行われている。また学位を授与する機関には従来の非営利大学だけでなく、私立の営利大学も含まれるようになった。大学と協力して課程やプログラムを開発して配信する営利教育企業や、主に従業員向けの現職教育を提供する企業立大学も大幅に増えている。このように大学院レベルの教育機会は、社会の急激な変化や多様な社会的要請に対応して急速に拡大したが、現在最も多くの学生を受け入れているのは大学が提供する修士課程教育である。

この修士課程教育の大きな特徴は実学志向の専門分野が圧倒的に多いことである。授与された修士の85％は教育学や工学、図書館学、看護学などの専門分野であり、伝統的な文理系の専門分野は15％にすぎない。また大部分の修士課程教育は他の大学教育と独立した形で設置されており、学部教育の特定の専攻と直接関連しているわけでもなく、博士課程教育の準備段階として位置づけられているわけでもないのである。さらに学生の大多数はパートタイム学生で、修士を自分のキャリアアップにとって重要な職業資格と考えているため、フルタイムで働く人びとが学びやすいように、授業の開講時間や場所を工夫しているところが多い。

こうした継続教育に対する要求の増大にともない、（学位取得とは直接結びつかないが）免許証や証明書などの資格を取得できるプログラムを設置する大学も大幅に増えている。ただしこのプログラムは特定のトピックや技能について短期間に集中して教育するので、雇用者にとっても被雇用者にとっても魅力があり、大学だけでなく専門職業団体をはじめ他の組織や団体も開設している。

したがって大学院関係者の今後の検討課題は、学位としての修士と免許証や証明書との関連を明確にすることである。学生は今後、修士課程教育により修士の学位よりも免許証や証明書を取得することを期待するようになるのか、あるいはそうした職業資格を取得できるプログラムを修士課程教育の一部を構成するモジュール（学習単位）として位置づけるのかによって、修士課程教育の将来のあり方は大きく異なるからだ。

情報技術革新の進展にともなう遠隔教育の普及も、修士課程教育のあり方に影響を及ぼすようになった。成人の有職者でパートタイム学生が多い実学志向の専門分野の修士課程教育では、それまでも長年にわたって、学生の教育要求を満たす方法として夜間クラスや週末クラス、出前講義、通信教育など、さまざまな工夫が試みられてきた。

しかしインターネットやeメールなどを活用する遠隔教育の普及により、決められた時間にキャンパスで学ぶという伝統的な大学教育がもつ時間と場所の制約がとりはらわれ、多くの人びとが大学院教育にもアクセスできるようになった（吉田、2003年a、15-19頁）。教育の提供者も大学だけでなく、専門学校や営利教育企業などが参入して著しく多様化し、効率的で標準化された大学院教育の提供をめざした大学連合組織の形成や大学と企業との連携も進んでいる。

それゆえ実学志向の専門分野の修士課程教育における大学の役割は今後、大きく変わると予想される。問題なのは、多様で移り気な学生の教育要求や短期的な社会的要請への対応にふりまわされて、大学院教育がそれぞれの専門的職業が要求する特定の知識や臨床的技能、価値観、態度などを学生が体系的に学習し、その職業的役割を修得する場から、すぐに役に立つ情報の提供と技能者の訓練を行う場になってしまう恐れがあることだ。それは大学だけでなく、社会にとってもとりかえしのつかない損失である。

4　大学院教育改革の方向

新しい大学院教育のあり方

日本の大学院改革は戦後60年を経てようやく本格化したが、さまざまな問題や課題に直面している。日本とアメリカの1990年代以降の大学院教育の改革動向をたどってみると、日本の大学院教育の将来にとって不可欠な改革課題は次のようにまとめられる。

第1の課題は、日本社会にふさわしい新しい大学院の将来構想（グランドデザイン）を構築し、それにもとづいて実質的な改革を実施することである。現在の「小さな政府」による行政主導の大学院改革では、一方で大学院を含めた高等教育全体に対する公的資金の投入を抑制しながら、大学院における教育と研究を拡充して、日本の経済的生産性を向上させることが強く求められている。このような改革路線は日本だけでなく、どの国でも世界同時進行の形で実施されてきた。

しかし大学院教育の改革にとって最も重要なのは、そうした学外からの要請に応えるとともに、大学がこれまで長い時間をかけて培ってきた教育と研究の様式や精神（エートス）をどのように確保すればよいのか、その具体的な方針や方策を確立することである。とくに大学における学術研究では、さまざまな専門分野の多様性や研究者の自発的な意思にもとづいたボトムアップ型の研究を保証したり、研究者の多様なキャリアパスが生かせる仕組みを、日本社会にふさわしい形で整備することが求められる（石井他、2002年、27-29頁）。

ところが大学院の整備充実のための政策的論議は、90年代初頭まではある程度段階的に進んでいたものの、その後は本質的な議論が後退し、大学関係者の目からみると、大学政策も一貫性を欠いているようにみえる（小林、2004年、68頁）。こうした状況を改善するためには、これまでの改革の特質と成果を幅広い視野から日本社会の文脈に即して系統的に把握し、それをふまえて大学の構成員をはじめ、行政担当者や学外の利害関係者（ステークホルダー）など、多くの人びとが新しい大学院のあり方をめぐる議論に積極的に参加する必要がある。

体系的なカリキュラムの構築

　第2の課題は、大学院のカリキュラムの構造を体系的に整備して、大学院学生の教育を系統的に行うことである。標準的な修士の学位は大学院に2年以上、博士の学位は大学院に5年以上（医・歯・獣医学等は4年以上）在学して、それぞれ30単位以上を修得し、かつ必要な研究指導を受けた上、論文の審査および試験に合格した者に授与される。また標準的な専門職学位は専門職大学院に2年（2年以外の標準修業年限を定めている場合には当該標準修業年限）以上在学して、30単位以上の修得その他の教育課程の履修（法科大学院は93単位以上の修得）により課程を修了した者に授与される。

　ところが実際には、日本の大学院教育は学部教育と比べても非常に不明確であり、課程制大学院の正式のカリキュラムとしては不十分なものにとどまっている。とくに単位を修得するコースワークの教育内容と教育方法は抜本的に改善しなければならない。大学基準協会の調査（1997年）によれば、97年当時、大学院をもつ大学のうち実に82％が大学院を重視してその改善・改革にとりくんでいた。カリキュラムの改革をすでに実施したり、検討中だった研究科は全体の75％、教育理念・目的の改革は74％、教育方法の改革も61％を占めていた。したがって日本の大学院教育は90年代に大きく変わったが、大学院教育の実質化をはかるには、よりいっそうの努力が求められる。

　ただしその際には初等中等教育の「学習指導要領」のように、全国的に標準化した画一的なカリキュラムを作成したり、標準的な教育方法をあえて想定する必要はない。先行するアメリカの動向を「合わせ鏡」にしてみても、専門分野や卒業後の職業分野によって、望ましい大学院学生の社会化の過程をはじめ、カリキュラムの内容や教育方法はかなり異なるから、大学院教育としての共通性を過度に強調するのは望ましいことではない。

　それよりも専門分野の特徴に応じて、大学や大学連合組織はもとより、専門分野の関連学協会や卒業生を受け入れる専門職業団体などが中心になってカリキュラムや教育方法を定期的に検討し、標準的なガイドラインを整備充実していくべきである。そうしたゆるやかに体系化されたモデルは、個々の大学が明確な理念や目的にもとづいた自前の特色ある大学院教育を構想する

際にも大いに役立つと考えられる。

　なお日本の大学院教育では、修士と博士に加えて専門職学位という日本に特有の課程の設置が法令で規定されている。そのためカリキュラムの編成に関する個別の大学の自由度は形式的に制限されているが、実質的にはできる限り自由にカリキュラムを編成することが望まれる。たとえば日本でも、経営学関連の大学院教育は実際には専門職大学院だけで提供されているわけではない。教育学や看護学などの大学院教育も、専門職大学院だけでなく従来の大学院教育の仕組みのなかでも、カリキュラムや教育方法を工夫すればさまざまな社会的要請に対して十分対応できるのである。

教育研究の基礎的条件の整備
　第3の課題は、大学院における教育と研究を支えるインフラ（基礎的条件）を整備することである。日本ではこれまで学部を基礎にして大学組織を編成し、大学院独自の教員組織や施設設備をほとんど充実しないまま大学院を拡充してきた。そのため大学院担当教員の負担増や大学院用の施設設備の不備、研究費の不足などといった教育研究条件の悪化が深刻な解決課題になっている。

　とくに問題なのは、大学院の教育と研究を支える技術職員や事務職員、助手などが削減されてきたことである。その代わりにアメリカの大学を参考にして、教育助手（TA）や研究助手（RA）が導入されたが、日本の大学には十分に定着していない。こうした人的資源としての大学院学生の活用は、正規の大学職員や助手の雇用拡大よりも必要経費がはるかに安く、しかも人的資源の需給状況や大学が確保できる財源の変化に流動的に対応しやすいというメリットがある。大学院学生への財政援助としてもある程度有効な措置かもしれない。

　しかしアメリカでも、大学教員と学生との徒弟関係の弊害や学生の過重な労働負担などの問題が山積し、その改善が求められている。その他に、自律的でしかも効率的な大学院の管理運営の確立をはじめ、学生の卒業後の就業先の拡大や処遇改善への努力など、ソフト面での基礎的な条件整備も重要な課題である。

教育も研究も重視する大学教員

　第4の課題は、大学院教育の改革を、大学教員が研究をしながら教育もいっそう充実させる方向で推進することである。国際比較の観点からみると、どの国の大学教員も優れた研究活動を行うことを期待され、所属大学の教員評価でも研究業績が重視されている。とくに日本では教育よりも研究を重視する大学教員が多いため、大学教員の研究条件を整備するのは大学院教育の改革にとっても非常に重要である。

　しかし今後は学部だけでなく大学院でも、研究に加えて学生の教育がいっそう重要になるので、教育活動を大学教員の専門的な活動として正式に位置づけ、教員評価の項目にも主要な評価指標としてくみこむ必要がある。また大学教員をめざす学生に対しては（他の職業に就く学生にとっても有用だと思われるが）、教育助手の雇用条件を改善したり、大学教授法や教育実習を含めた大学教育に関する履修科目をカリキュラムに加える必要がある。さらに研究面で優秀な大学教員が学生の教育でも優れているとは限らないから、教員研修 (FD) の機会の充実など、教育活動の改善を支援する制度的条件も整備しなければならない。

要請される補習教育の充実

　第5の課題として、大学院における補習教育の問題をとりあげておきたい。日本ではすでに同世代の半分強が大学や短期大学に進学しているため、多くの大学では学部教育への補習教育の導入がはかられている。それは多くの場合、高校教育と大学教育との接続を是正し、学生が大学で無理なく学べるようにするために、高校で履修しなかったり、たとえ履修する機会があっても十分に学べなかった基礎的な教科、つまり英語や数学をはじめ、物理や化学などといった理科系の教科を中心に行われている。

　大学院教育でも学生が増えれば、学生の興味や関心、能力が多様化するので、こうした補習教育の導入は近い将来、多くの大学で必要になる。とくに専門職大学院へ進学する社会人学生に対する学習上の配慮は重要である。というのは彼らのなかには、学部時代の職業教育や専門教育とはちがう専門分

野に進学したり、たとえその専門分野に対する興味や関心があって独学しても、基礎的な学習を系統的にする機会がなかった者が少なくなく、大学院における専門職教育に直ちになじめないケースが出てくると予想されるからである。

　それは今後大幅な増加が予想される留学生も同じであり、彼らが大学院における学習をスムーズにするためにも、補習教育を正式にカリキュラムにくみこむ方向で、大学院教育のカリキュラムのあり方を抜本的に検討すべきだろう。

7章　管理運営の改革

1　管理運営改革の方向

注目されはじめた管理運営の改革

　大学の管理運営とは、大学が教育や研究、社会サービス（社会貢献）などの社会的役割を適切に果たすために、人的物的資源を整備・活用し、その組織を運用していく仕組みとプロセスを意味する言葉である。この管理運営には政策立案や目標設定、権限（オーソリティ）と責任（レスポンシビリティ）の行使の他、経営（マネジメント）、つまりそれらを実施するための仕組みやプロセスも含まれる。

　また大学の管理運営には2つのレベル、つまり(1)大学と学外の利害関係者（ステークホルダー）、とくに政府との関係と、(2)学内における大学管理者とその他の構成員、とくに大学教員との関係が考えられるが、ここでは、主に学内における大学の管理運営の問題に注目してみたい。こうした日本語の大学の「管理運営」に近い意味をもつ英語は「ガバナンス」である。しかし実際には、どちらの言葉もあいまいな意味を含んだまま使われることが多い[1]。

　管理運営という言葉は教育関係の法令や行政の現場では、よく使われている。しかし日本の大学関係者、とりわけ大学教員のなかには今日でも、この言葉を使うことに違和感をもつ者が少なくない。近代以降の歴史をたどってみると、大学の管理運営が学内の自主的な運営を妨げたり、学問の自由や大学の自治を侵害した事例をいくつも見出すことができることも、その理由の1つだろう（黒羽、1993年、16-17頁）。ところが1980年代後半から、社会のグローバル化や「小さな政府」による大学政策の実施、情報技術（IT）革新の進展な

どを背景に、日本を含めた世界の各国で大学改革が進められるようになると、大学の管理運営改革は大学改革の主要な課題としてあらためて注目されるようになった。

とくに「小さな政府」による大学政策では、大学に対する規制を緩和して、大学の自助努力をうながすとともに、大学に投入する公的資金を増やさずに、大学間の競争にもとづいて効率的に資金配分する方針など、市場競争の原理を重視している。そのため各大学は外部資金の確保や大学組織の合理的・効率的運営などにより、大学財政を健全にすることを強く求められるようになった。「大学経営」の時代の到来である。

それゆえ大学の管理運営のあり方は全体として、大学構成員、とくに大学教員の考え方や意思決定を重視する同僚制的管理運営から、大学の経営責任がある理事会の理事や学長とか副学長などの上級大学管理者の権限が強い企業経営的管理運営へ変化することが期待されている。また管理運営の改革では、理想的な大学の理念にもとづいた改革案よりも、民間の企業組織の経営で開発された理論や実践例を参考にした改革が進められている（江原、2005年b、17-18頁）。

日本の大学政策についてみると、大学審議会答申「21世紀の大学像と今後の改革方策について——競争的環境の中で個性が輝く大学——」(1998年)は、こうした改革の方針と具体的な方策を提言した答申である。84年に設置された臨時教育審議会の答申をはじめ、それまでの大学改革論議でも、管理運営の改革はいつも話題になったが、具体的な提言はあまり行われていない。その意味では、この大学審議会の設置以来10年ぶりの包括的な答申は、日本の大学の管理運営のあり方を転換することをめざした画期的なものだといってよいのかもしれない。

この答申では、大学改革の基本理念として、①課題探求能力の育成——教育研究の質の向上——、②教育研究システムの柔構造化——大学の自律性の確保——、③責任ある意思決定と実行——組織運営体制の整備——、④多元的な評価システムの確立——大学の個性化と教育研究の不断の改善——の4つがとりあげられ、それぞれの基本理念に沿って具体的な方策が提言された。

第2の教育研究システムの柔構造化については、大学が教育研究上の要請に応えて自律的、機動的に運営されるために、大学自らが定めた教育研究目標をその主体的な取組によって実現できるよう、各種制度の柔軟化、弾力化、簡素化をはかる具体的な方策が提言されている。また第3の大学運営については、大学の主体性と責任を基本としつつ、大学に対する今日的要請に応えうる、開放的で積極的な新しい自主・自律体制を構築することが重要であることが謳われ、具体的な方策は責任ある運営体制の確立と大学情報の積極的な提供の2つに分けて提言されている。

　このうち責任ある運営体制の確立は、(1)学内の意思決定の機能分担と連携協力の基本的な枠組みの明確化と、(2)社会からの意見聴取と社会に対する責任の2つに分けてまとめられており、管理運営の改革と最も関連する(1)では、①学長を中心とする全学的な運営体制の整備、②全学と学部の各機関の機能、③教員人事に関する意思決定のあり方、④学校法人の理事会と教学組織との関係、⑤大学の事務組織等について、それぞれ具体的な改革の方向や方策が整理されている。

　その後、この答申の基本的な考え方に沿って大学制度の根本的な見直しが行われ、国立大学法人法の公布(2003年)、公立大学法人制度を創設するための地方独立行政法人法の改正(2003年)、学校法人制度を改善するための私立学校法の改正(2004年)など、大学の管理運営改革をめざす行政主導の制度改正があいついで実施された。こうした大学政策の方向づけは中央教育審議会だけでなく、行政改革推進本部の規制改革委員会をひきついで2001年に設置された総合規制改革会議の審議によっても大きく左右されたが、大学の管理運営のあり方は21世紀をむかえて、大きく変わることになったのである。

　本章では、はじめに世界の大学における管理運営改革の動向を簡略に集約することにより、この日本の大学における管理運営改革の方向を国際比較の観点から探る。主に参考にするのは、アングロサクソン文化圏の大学に焦点をあてたマクネイの大学組織モデルである。大学問題の他の課題も同じだが、論者によってあいまいな意味を含む大学の管理運営について実質的な議論や提言をするには、ある程度共通の枠組みや用語を使う必要があるからだ。

続いて、そうした国際的な動向をふまえて、21世紀に入ってからにわかに動き出した日本の大学の管理運営改革の動向を整理する。整理にあたっては、政府と大学との関係をみた後、国立大学を中心に設置者別の動向と課題を集約してみたい。さらに日本の大学が今後解決すべき課題を探るために、アメリカの大学における管理運営改革の動向をたどり、何が問題になっているのかを抽出する。具体的には、1970年代までの伝統的な大学の管理運営の特徴をふまえて、近年の改革動向を権限共有型管理運営の状況や大学教員の団体交渉の展開などを中心に考察し、日本の管理運営改革の課題について、そのポイントをあらためてまとめることにする。

マクネイの大学組織モデル：改革の方向
(1) 大学の4つの組織文化：同僚性・官僚性・法人性・企業性

マクネイの大学組織モデルを参考にすると、欧米、とくにイギリスとアメリカを中心とした世界の大学の管理運営の変化は次のようにまとめられる[2]。このモデルはもともと、イギリスの大学をベースにして、個々の大学内部の組織文化を分析するために開発されたが、それ以外の国ぐにの大学制度全体や特定のタイプの大学にみられる組織文化の分析にも適用することができる（McNay, 1995, pp.105-108, pp.111-112）。

はじめにマクネイの大学組織モデルのポイントを紹介してみよう。大学の組織文化とは、組織としての大学に固有で独自の価値や規範、発想の仕方や行動様式、制度的仕組み、全体的な風土や雰囲気などを総称する言葉である。各大学にとって、その組織文化は大学の歴史や従来の実績などによって形成してきた固有の遺産であり、大学の個性的な発展や革新の基礎になる。

マクネイは、この大学の組織文化を2つの次元、つまり(1)大学全体の政策の定義と、(2)政策の実行に対する統制に注目して、それぞれがゆるやかか厳しいかによって、同僚性（コリージャム）、官僚性（ビューロクラシー）、法人性（コーポレーション）、企業性（エンタープライズ）の4つに分析的に区分する（図7-1、表7-1を参照）。

大学の4つの組織文化のうち、同僚性の組織文化は大学全体の政策の定義

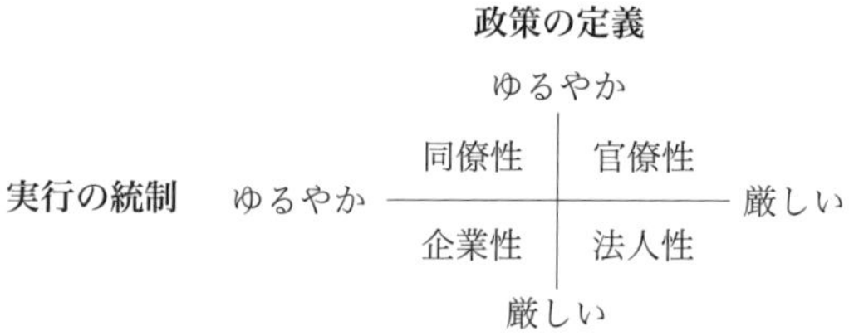

政策の定義

```
                        ゆるやか
                  同僚性 │ 官僚性
実行の統制  ゆるやか ──────┼────── 厳しい
                  企業性 │ 法人性
                        厳しい
```

図7-1　大学組織モデルの分類（McNay, I.）

（出所）McNay, 1995, p.106.

表7-1　大学組織モデルの特徴

構成要素	同僚性	官僚性	法人性	企業性
主要な価値	自由	公正	忠誠	顧客
大学の管理当局の役割	寛容	規制	指示	支持
優勢な組織単位	学科／個人	教授団／委員会	大学／上級大学経営陣	下位組織単位／プロジェクトチーム
意思決定の場	非公式な集団のネットワーク	委員会と実施事務打ち合わせ会	特別調査委員会と上級大学経営陣	プロジェクトチーム
管理運営のスタイル	合意	公式／「合理性」	政治／戦術	委譲された指導権
時間の枠	長期	周期	短期／中期	即時
学外環境の特徴	発展期	安定期	危機状態	混乱状態
変化の性質	本質的な革新	受け身的適応	計画的な転換	戦術的柔軟性
学外の準拠集団	みえない大学（インビジブル・カレッジ）	規制機関	オピニオンリーダーとしての政策立案者	顧客／スポンサー
学内の準拠集団	専門分野	規則	計画	市場競争力／学生
評価の基礎	同僚評価	手続きの監査	達成指標	継続的取引
学生の地位	見習い大学人	統計値	資源の単位	顧客
大学管理者の奉仕対象	大学共同体	委員会	最高経営責任者	学内外の顧客

（出所）McNay, 1995, p.109 の表9.1を修正。

も、政策の実行に対する統制もあいまいでゆるやかな組織文化である。官僚性の組織文化は政策の定義はあいまいでゆるやかだが、その政策の実行に対する統制は厳しくて、手続きにしたがって正確に実行することが要求される組織文化である。

　それに対して法人性の組織文化は両方とも厳しい組織文化である。日本の国立大学は2004年4月から国立大学法人になり、一部の公立大学も2005年4

月から法人化されたので、この法人性の組織文化の特徴を強める方向に改革されたことになる。また企業性の組織文化は法人性の組織文化と同様に、大学全体の政策の目標は明確だが、民間の企業組織によくみられるように、それを実現するための手続きはゆるやかで、実施する時の場面に応じて臨機応変に変わってもよい組織文化である。

これらの4つの組織文化はたいていの大学では共存しているけれども、その比重は大学の歴史と伝統や使命、リーダーシップのスタイル、学外の諸力の影響などのちがいによって異なっている。なお民間の企業組織は企業性の特徴を備えているだけでなく、企業法人として設立されているので、法人性の特徴も備えた組織である。

[**同僚性の組織文化と管理運営**]　同僚性の組織文化は大学全体の方針や政策があいまいでゆるやかなだけでなく、その方針や政策を実行することが厳しく要求されない大学の組織文化である。キーワードは「自由（フリーダム）」であり、学外からの統制（現在では主に政府による統制）に対する大学の制度的な自律性と大学の自治が重視される。具体的な大学のイメージとしては、近代大学のモデルになった研究重視型大学であるドイツのベルリン大学、アメリカの一流の私立教養カレッジ（リベラル・アーツ・カレッジ）や、ハーバード大学やプリンストン大学、カリフォルニア大学バークリー校などの大規模有名銘柄研究大学、教授会を中心とした大学の管理運営を行ってきた日本の大学、とくに国立大学などによくみられる組織文化である。

この組織文化が支配的な大学では、大学の使命である教育や研究、社会サービスに従事する個人（とくに大学教員）や学科の意思決定が重視され、学長や副学長などの上級大学管理者の権限は強くない。大学が右肩上がりで継続的に発展している「発展期」に適した大学の管理運営である。

意思決定の際の判断基準として重視されるのは、学内では、同じ専門分野を専攻する大学教員の考え方や価値観であり、学外では、みえない大学（インビジブル・カレッジ）、つまり専門学会を中心に形成される人的ネットワークの考え方や価値観である。

[**官僚性の組織文化と管理運営**]　官僚性の組織文化が支配的な大学では、

学外の政府や規制機関などの影響を受けやすいため、大学全体の独自の方針や政策は必ずしも明確ではないが、その実行は規則や正当な法の手続き（デュー・プロセス）にしたがって厳しく規制される。この組織文化をあらわすキーワードは「公正（イクイティ）」であり、公正の実現のために、機会の平等や資金配分の処理における一貫性の維持、法令や規則の遵守、作業手順の妥当性などが重視される。どの大学も近代大学であることに変わりはないから、官僚性の要素を備えているが、具体的な大学のイメージとしては、アメリカでは私立大学よりも州政府の統制が強い州立大学によくみられる組織文化である。

　主要な意思決定は主に大学教員によって構成される全学委員会と、その決定案件の実施にともなう大学管理者や大学職員との事務打ち合わせの過程で実質的に行われる。そのため学内外の事情に通じた大学管理者や大学職員の権限が強くなる傾向がある。というのは委員会の長は大学教員であっても、大学管理者や大学職員との事務打ち合わせの過程で話し合うときには、優秀で発言力のある大学管理者や大学職員の発言や方向づけが大学全体の意思決定を大きく左右するからである。

　この官僚性の組織文化が支配的な大学では、意思決定の際に前例とか、過去の方針や政策との一貫性が重視され、新しい状況の変化には受け身的に対応しがちなので、学外の環境が安定している「安定期」に適した大学の管理運営である。

　[**法人性の組織文化と管理運営**]　法人性の組織文化は大学全体の使命や方針、政策が全学的な計画として明確に策定され、その実施が大学構成員に強く要求される大学の組織文化であり、キーワードは組織に対する「忠誠（ロイヤルティ）」である。なお西ヨーロッパやアメリカの大学は基本的に法令により法人格を認められているが、この法人性の組織文化の特徴が注目されるようになったのは1980年代後半以降のことである。具体的な大学のイメージとしては、イギリスの旧ポリテクニク大学、つまり1988年教育改革法により法人化された大学とか、アメリカの公立短期大学（コミュニティ・カレッジ）など、大学の歴史が浅く、大学教員の権限が弱い大学によくみられる組織文化

である。

　主要な意思決定は学長やそれを直接補佐する上級大学管理者によって構成される大学経営陣と、選挙ではなく任命された委員によって構成される特別調査委員会（ワーキング・グループ）によって行われる。また法人性の組織文化が支配的な大学では、大学経営陣に管理運営の専門的な力量が求められるため、大学の幹部職員のなかから、あるいは学外の企業や団体、他大学などから、財政や資金調達、マーケティングなどに精通した大学管理者を登用することもある。

　この法人性の組織文化が支配的な大学では、権限のある少数の人びとによって意思決定やその実施が迅速に進められるので、大学が「危機状態」にあるときに有効な大学の管理運営である。また意思決定の際の評価基準は、全学的な計画で設定された当初の目標の達成度である。ただし大多数の大学構成員は意思決定の際に関与しないから、長期的にみると不満をもつ者や無関心になる者が学内に増える。意思決定の権限が大学組織の上部に集中しているので、公式の意思決定の場の外部で有力者による政治的な同盟や取引が行われやすいという問題もある。

　［**企業性の組織文化と管理運営**］　企業性の組織文化は大学全体の使命や方針、政策は明確だが、それをどのように実現するかは現場の第一線で活動する個人や学科やカレッジ内の小規模グループ、プロジェクトチームなどの下位組織に任されている大学の組織文化である。キーワードは「顧客（クライアント）」であり、主要な意思決定の評価基準は顧客、つまり学生とか、政府や民間の企業などの学外の利害関係者とどの程度継続してつきあってもらえるかであり、顧客との継続的取引の程度によって評価される。

　そのため日本語でいえば「お客様は神様」という考え方が重要になる。具体的な大学のイメージとしては、アメリカのフェニックス大学やインターナショナル・マネジメント・センターなどの営利大学や、日本のデジタルハリウッド大学大学院やLEC東京リーガルマインド大学などの構造改革特区を活用して設立された株式会社立大学にみられる組織文化である。

　この企業性の組織文化が支配的な大学では、学長や副学長などの大学経営

陣の権限は強いが、カレッジや学科内で大学の方針や政策にもとづいて実際に活動する現場の個人や小規模グループ、プロジェクトチームの意思決定も非常に重視される。そのため大学の将来が不透明で、学外の状況変化に柔軟に対処する必要がある「混乱状態」のときに有効な大学の管理運営である。

　たとえば人気商品の品揃えを本部のコンピュータで管理して繁盛しているコンビニエンスストアのように、学生に人気のある多様なカリキュラムを需要に応じてきめ細かく提供すれば、大学は入学生を増やすことができる。しかし大学がコスト・パフォーマンスに敏感になりすぎると、大学教育の質が低下したり、内容がかたよったものになりやすいこと、授業料が出来高払いで支払われるようになると、大学教育の水準が低下したり、教育内容の一貫性や継続性が損なわれる危険性があることなどの問題点が指摘されている。

(2) 大学組織の変化：同僚性・官僚性から法人性・企業性へ

　[イギリスにおける大学組織の変化]　マクネイの大学組織モデルを参考にすると、欧米、とくにイギリスとアメリカを中心とした世界の大学組織は第二次世界大戦後、次のように変化してきた。

　ベルリン大学を出発点とするドイツの研究重視型大学は19世紀後半以降、日本を含めて世界的な規模で伝搬した。第二次世界大戦終結当時、近代大学の標準的なあり方を示していたのは、この大学のドイツ・モデルであり、同僚性の組織文化こそが大学組織の本質的な特徴であるとみなされていた。しかしマクネイによれば、第二次世界大戦後のイギリスにおける大学の組織文化は全体として、同僚性→官僚性→法人性→企業性の方向に変わってきたという。

　そうした変化がとくによくみられるのは、旧ポリテクニク大学である。旧ポリテクニク大学は1988年教育改革法により法人化された大学であり、現在の一元的大学制度のなかでは最も歴史の新しい大学である。この新大学はオックスブリッジ（オックスフォードとケンブリッジ）をはじめとする伝統的大学との間に研究活動や外部資金の獲得の面でかなりの格差があり、教育重視型大学として位置づけられている。

ただしどの大学の組織文化も企業性の色彩を強めているけれども、その比重や変化の方向は大学によって多様である。たとえばケンブリッジ大学やロンドン大学インペリアル・カレッジなどは同僚性から企業性を強める方向へ変化したが、同僚性の組織文化も根強く残っている。また同じ伝統的大学でも、法人性の比重が依然として高い大学もある。したがって全体としてみれば、イギリスの大学組織は同僚性・官僚性から法人性・企業性の方向へ変わってきたとみることができる。

なおマクネイによると、旧社会主義圏の東欧諸国では、大学制度全体が主に官僚性・法人性から同僚性・企業性の方向へ変わりつつあるという。たとえばチェコでは、大学の自治の回復に焦点をあてた1990年高等教育法により、大学評議会や科学評議会、学生評議会などの自治組織の設置とその役割が定められた。1998年高等教育法では私立大学の設置が規定され、2003年には全大学(52校)の半数近い24校の私立大学が設置されている(石倉、2004年、55-57頁)。

またアジア・オセアニア地域では、歴史的文化的伝統や社会構造、教育制度における高等教育の位置などが大きく異なる国ぐにが、社会のグローバル化に対応して、国立大学の法人化(日本、マレーシア)や自治大学化(タイ、インドネシア)、私立大学の拡大(タイ、インドネシア、中国、ベトナム)をはじめ、高等教育の市場化への対応(インドネシア、オーストラリア)、世界水準の大学構築をめざす大学政策(中国、韓国)など、さまざまな改革を進めている(馬越、2004年b、7-10頁)。

［アメリカにおける大学組織の変化］　アメリカにおける大学の組織文化については、バーダールがマクネイのモデルとほぼ同じモデルを設定して、その変遷をごく大まかにまとめている。ただし主に公立大学制度の動向に焦点をあて、その設置者である州政府との関係をみるために設定したモデルなので、特定のタイプの大学にみられる組織文化の分析である(Berdahl, 1999, pp.60-63, pp.68-69)。

バーダールによれば、州政府による公立大学制度の管理運営の様式は、イギリスの旧ポリテクニク大学と同様に、同僚性→官僚性→法人性→企業性の

方向に変わってきた。この変化がとくによくみられるのは公立短期大学、つまり1960年代以降、全米の各州で設置された二年制の教育重視型大学である。

公立大学がごく少数の学生を受け入れ、経費が安く、大学の教育や研究の社会や経済に対する影響もわずかだった初期の頃には、州政府は大学の管理運営にほとんど関与していない。そのため大学はその目標やカリキュラムも、それを実施するための手続きや方策も自主的に決めることができたので、公立大学でも同僚性の組織文化が支配的だった。

しかしその後、学生数の増加と研究活動の進展にともなって州の高等教育予算が増加すると、州政府は規則や正当な法の手続きによる規制を強化したため、公立大学の組織文化は官僚性の色彩を強めることになった。近代以降の大学組織は他の社会組織と同様に、もともと官僚性の要素がなければ機能しないが、その比重が大幅に高まったのである。

さらに高等教育の大衆化が本格化して高等教育予算が急増したり、大学の経済発展に対する重要性が認識されるにつれて、州政府はしだいに大学の実施手続きだけでなく、その目標やカリキュラムに対する権限も強め、大学の管理運営には法人性の要素がいっそう浸透する。それがとくに目立つようになったのは、連邦政府や州政府が「小さな政府」への転換をめざした70年代後半以降のことである。

それに加えて、ソ連や東欧の社会主義政権が崩壊すると、この新保守主義の考え方にもとづく「小さな政府」の大学政策は全米規模で定着し、大学の管理運営でも市場競争の原理や自助努力、自主的な活動をうながすための規制緩和や権限の下位組織への分権化、社会サービスの民営化などが強調されるようになった。しかし重要なのは、それと同時に政府、とくに多くの州政府がアカウンタビリティ（説明責任）や実績による資金配分（パフォーマンス・ファンディング）、つまり州立大学を対象に各大学が過去に達成した実績にもとづいて予算配分を行う施策の実施によって、大学の役割や活動に対する規制をいっそう強化したことである。

そのためアメリカの公立大学制度の管理運営では、企業性の組織文化、つまり公立大学全体の使命や方針、政策は明確だが、それをどのように実現す

るかは個々の大学に任されるという組織文化の色彩が著しく強まり、それにともなって、個々の公立大学の学内にも企業性の組織文化が浸透するようになった。

ただし4千校を超えるアメリカの大学の組織文化は、イギリスの大学と比べてもはるかに多様であり、それぞれの大学で多種多様な大学の管理運営が行われている。たとえば同じ州立大学でも、カリフォルニア大学バークリー校やウィスコンシン大学マジソン校などの大規模有名銘柄研究大学は、実際には同僚性の組織文化が支配的なカレッジやスクールの連合体であり、理事会の理事や上級大学管理者の権限はそれほど強くない。またアメリカの大規模有名銘柄研究大学には歴史と伝統のある私立大学が多く、一流の教養カレッジは事実上すべて私立だが、これらの大学の組織文化にも同僚性の要素は根強く残っている。

したがってイギリスでも、またイギリスよりも大学組織の私的企業化が進んでいるアメリカでも、大学の組織文化は全体として、同僚性・官僚性から法人性・企業性の方向へ大きく変化してきているとみることができる。

(3) マクネイ・モデルのメリットと留意点

マクネイ・モデルは2つの軸を直交させて、同僚性・官僚性・法人性・企業性という大学の組織文化の4つの要素を設定した単純な図式だから（図7-1）、大学組織の特徴を整理して理解するには明快で、しかも応用範囲の広いモデルである。とくに日本の大学改革の論議では、グローバル化や市場化、民営化、法人化、企業化などといった言葉がいろいろな意味を込めて使われてきたので、それぞれの言葉の意味や相互の関連をある程度明確にするのに役立つように思われる。

しかしこのモデルで日本の大学組織の特徴を理解するには、いくつか留意すべき点がある。第1に、どの大学も4つの組織文化をもっていることである。その比重は大学の歴史と伝統や使命、リーダーシップのスタイル、学外の諸力の影響などのちがいによって異なるが、どの大学も大学のドイツ・モデルをベースにした近代大学であることに変わりはないから、同僚性の組織

文化の特徴を当然もっている。また他の近代組織と同様に、大学組織に官僚性の要素がなければ、どの大学も社会制度として機能しないのも事実である。したがって国際比較の観点からみると、世界の大学の組織文化は法人性や企業性の色彩を強めているが、どの大学も4つの組織文化をもっていることに、なによりもまず留意する必要がある。

　第2に、世界の大学の組織文化は第二次世界大戦後、全体として同僚性・官僚性から法人性・企業性の方向へ大きく変化してきていると理解すべきである。マクネイ・モデルによれば、大学組織は基本的に同僚性→官僚性→法人性→企業性の方向に変化する。しかし実際にはイギリスやアメリカでも、変化の方向は大学のタイプや個々の大学によって多様である。また東欧諸国やアジア・オセアニア諸国などのアングロサクソン文化圏以外の国ぐにに目を向ければ、さらに多様な方向への変化がみられるので、大学組織はごく大まかに伝統的な同僚性・官僚性から法人性・企業性の色彩を強める方向に変化してきているとみる方が自然である。

　第3に、4つの組織文化の相対的な位置づけをみると、法人性は伝統的な同僚性から最も遠い位置にあるが、企業性は大学全体の方針や政策を実行する際の統制がゆるやかな点で、同僚性と近い位置にある。つまり法人性も企業性も理事や大学経営陣の権限が強い組織文化だが、企業性では同僚性と同様に、大学全体の方針や政策を実現するための具体的な意思決定や実行は、実際に現場で活躍する個人（とくに大学教員）やグループ、プロジェクトチームなどの下位組織によって行われる。企業性が同僚性とちがうのは、大学全体の方針や政策が明確で、大学構成員はその実現に寄与することを強く要求されていることである。

　それゆえ大学教員を例にすれば、大学の組織文化が企業性の色彩を強めたからといって、大学の管理運営への参加が同僚性と比べて必ずしも減るわけではない。大学全体の最終的な意思決定や達成された成果の評価は理事や大学管理者によって行われるにしても、実際に現場で活躍する大学教員の意思決定の権限や実行の範囲が広がったり強化されることも十分考えられるからである。

ただし企業性の組織文化の比重が高い大学では、全学的な方針や政策は基本的に理事や大学経営陣によって決められ、その他の大学構成員はその実現に寄与することを要求される。そのため同僚性に親近感のある大学教員の立場からみれば、自主的な意思決定や判断が著しく制約されるようにみえるのも事実である。

　それから同僚性の組織文化は大学の革新や発展にとって不可欠な要素であることも、あらためて強調しておきたい。というのは大学がその固有の役割である知識の発見・統合・応用・教育を十分に果たすには、社会における大学の制度的自律性がある程度確保される必要があるからだ。また大学は基本的に専門分野に自律性をもたせる分権的な組織編成によって成り立っているが、大学における革新は多くの場合、学科や学部、研究所、センターなどの下位組織で生まれる「草の根的な」革新であり、それが積み重なって大学組織全体が変わってきたからでもある。したがってどの大学にとっても、自分の大学にふさわしい同僚性の要素を確保した大学の管理運営の仕組みとプロセスを構築することが求められている。

　第4の留意点は、法人性や企業性の組織文化が支配的な大学の管理運営では、大学の経営（マネジメント）、つまり政策立案や目標設定、権限（オーソリティ）と責任（レスポンシビリティ）の行使などを実施するための具体的で実践的な仕組みやプロセスを整備する必要があることである。

　大学の管理運営改革をめざす法令が交付されたからといって、ただちに改革が円滑に行われるわけではない。また大学経営の論議では、大学は民間企業の管理運営組織を参考にした改革を実施する必要があることがよく主張されるが、企業組織の改革で評判になった革新的な組織形態を導入したからといって、その大学の管理運営が効率化するわけでもない。さらにどの国の大学改革をみても、唯一で最適な大学の管理運営のあり方が確立しているわけではないから、各大学はその歴史や制約条件をふまえて独自のあり方を工夫し、状況の変化に応じて漸次的に合理的な大学経営の仕組みやプロセスを構築していくしかないのである。

2 管理運営の改革動向

日本における大学組織の変化：概要

このマクネイの大学組織モデルを参考にすれば、日本における大学組織の変化の方向について、次のような大まかな見取図を描くことができるだろう。

日本の大学における管理運営はこれまで、法的にも実際にも、大学教員によって構成される学部レベルの教授会を中心に行われてきた。とくに国立大学の学内の管理運営では、合意を基本にした自治的な同僚性の色彩が強い管理運営が尊重され、学長や学部長などの大学管理者の権限は限られていた。しかし2004年4月の国立大学法人化などを主要な直接の契機にして、日本の大学組織も同僚性・官僚性から法人性・企業性の方向へ大きく変わろうとしている。

設置者別にみると、国立大学は法的に国立大学法人になったので、その組織文化は法人性の色彩を強める方向に変わろうとしている。たとえばどの大学でも、役員会、経営協議会、教育研究評議会、監事が設置され、学長や副学長などの上級大学管理者の権限が強化された。また各大学は6年間の中期目標・中期計画を策定し、大学独自の大学経営をすることになった。

しかし教育体制が中央集権的な日本では、国立大学間の多様性は今後それほど急速には進展しないと予想される。また日本の国立大学はイギリスやアメリカの大学のように企業性の組織文化を強めるよりも、全体として官僚性と法人性の要素を保持したまま当分の間存続し、その後次第に、企業性の組織文化を強める方向へ動いていくと予想される。なお一部の公立大学も2005年4月から法人化し、その組織文化は大きく変わろうとしている。

私立大学は私立学校法により学校法人が設置する学校で、所轄庁は文部科学省である。学校法人には理事会、評議員会、監事が置かれる。また大学には重要な事項を審議するために教授会が置かれているので、私立大学の組織文化は法的にはすでに法人性の特徴を備えている。ところが90年代初頭に「冬の時代」を迎えるまで、日本の大学には定員を超える多数の大学入学志願者が殺到し、大学経営が比較的安定していたため、ほとんどの大学では大学の

管理運営改革はあまり真剣にとりあげられなかった。

　私立大学の今後の課題は、学校法人の公共性を高めるとともに、主体的で効率的な大学経営を行うために、この法人性の特徴を実質的に備えた管理運営組織を整備し、各大学の理念や方針にふさわしい独自の大学の組織文化を構築することである。とくに重要なのは、法人性の組織文化と今後その比重が高まると予想される企業性の組織文化とのバランスをどのようにとればよいのかということである。というのも今後、多くの私立大学では入学者数が入学定員を下まわると予測されており、健全な大学経営がこれまで以上に強く要請されているからだ。

　私立学校法改正（2004年）を契機に、私立大学は理事会や評議員会、監事を整備し、それらの権限や役割分担を明確にすることによって、学校法人の基本的な管理運営組織を改善したり、学校法人・理事会と教授会との関係をはじめ、大学の管理運営における学長の位置づけや大学職員の役割など、新しい学内外の環境変化に対応した管理運営の改革を進めることを求められている。

大学と「小さな政府」との関係

　日本における大学の管理運営改革の動向と当面の課題を設置者別に整理する前に、大学と政府との関係、とりわけ1980年代後半以降の「小さな政府」との関係をあらためて確認しておこう。

　大学の歴史をさかのぼってみると、近代大学の出発点になったのは（すでにくりかえし指摘してきたように）、1809年に創設されたドイツのベルリン大学である。その当時、ドイツはイギリスやフランスと比べると、近代化の後発国であった。ドイツ政府はその遅れをとりもどすために、大学に多額の公的資金を投入し、国家と産業の発展に役立つ研究の振興をはかった。この学生の教育に加えて専門的な研究を行う研究重視型大学は多大な成功を収めたので、世界の各国に移植された。

　その後、国や時代によって温度差はあるが、各国の政府は大学に対する社会のさまざまな要求を集約し、それらを達成するために大学を計画的に設置

し、多額の財政援助を行うようになる。しかし政府のあり方が1980年代後半以降、政府の権限を拡大して社会問題の解決や公益の実現を推進する「大きな政府」から、減税と国民の自助努力を重視する新保守主義の考え方にもとづいた「小さな政府」に転換すると、政府は大学に投入する公的資金を制限するとともに、大学に対する規制を緩和して、大学が自助努力により大学経営を健全にし、自立的に発展していくことを要請するようになった。

日本における政府と大学との関係は基本的に、中央政府が大学を管理する中央集権的な関係である。東京大学は大学のドイツ・モデルをベースにして、明治維新後の1877年に日本で最初の近代大学として創設された国立大学である。この東京大学はその後政府の手厚い支援のもとに発展し、日本の指導的な大学になった。一方私立大学が設置できるようになったのは、大学令（1918年）が公布されてからである。

第二次世界大戦後、大学のアメリカ・モデルをベースにして実施された大学改革では、文部省（現、文部科学省）の権限を地方公共団体に委譲したり、各大学の自主裁量を高めることが意図されていた。ところが日本がサンフランシスコ講和条約の発効（1952年）を契機に独立すると、文部省（現、文部科学省）は再び大学への関与を強めるようになり、大学設置基準の公布（1956年）をはじめ、中央集権的な大学政策を進めた。

1980年代後半以降の「小さな政府」による大学政策では、大学設置基準等の大綱化や大学制度の弾力化、国立大学の法人化などが実施され、各大学は自助努力による大学経営を要請されるようになった。しかしその一方で、政府はすべての大学に対して、当該大学の職員以外の者による第三者評価を義務づけるなど、その大学政策は厳しい大学設置基準等による「事前規制」から改革の成果も問う「事後チェック」へ大きく変わってきている。

国立大学法人化のインパクト

こうした「小さな政府」の大学政策の影響を最も強く受けたのは、いうまでもなく国立大学である。国立大学の法人化は、政府による国立大学の管理の仕組みを従来の直接管理方式から、目標管理などによる間接管理方式に変

えるものであり、各国立大学は自助努力による主体的で効率的な大学経営を、従来よりも要請されるようになった。

やや乱暴にいえば、国立大学は文部科学省の出先機関であることに変わりはないけれども、政府直轄の単なる「出張所」から「支店」に格上げされて、より重い経営責任を問われるようになったといってよいのかもしれない。各国立大学は独自の中期目標・中期計画を策定するが、最終的に文部科学大臣の承認をえる必要があり、国立大学評価委員会の評価も定期的に受けなければならない。したがって国立大学と文部科学省の関係は、あたかも私立大学と理事会の関係のようであり、文部科学省は従来の直接管理方式はやめたが、全国のすべての国立大学を管理下に収める「影の理事会」の役割を放棄するつもりはまったくないようにみえる。

法人化により、どの国立大学にも学内の管理運営組織として、学長と理事によって構成され、全学的な意思決定権と経営執行権をもつ①役員会、国立大学法人の経営に関する重要事項の審議権をもつ②経営協議会、国立大学の教育研究に関する重要事項の審議権（教学審議権）をもつ③教育研究評議会が設置され、文部科学大臣が任命する④監事も置かれることになった。学長は国立大学法人を代表し、法人の業務を総理するとともに、経営協議会と教育研究評議会の議長として、適切なリーダーシップと優れた経営手腕を発揮することを要請されている。それゆえ学長には強大な権限があり、国立大学の管理運営は学長の力量の善し悪しに大きく左右されることになった（図7-2）。

なお従来どおり、大学には重要な事項を審議するために教授会が置かれている。また教職員の身分の非公務員化にともない、学長と事業場に勤務する教職員の過半数代表者との間で、労働条件などに関する協定書が締結された。

国立大学財務・経営センターは、法人化後ほぼ2年を経過した2006年1月に全国立大学学長を対象とした質問紙調査を実施し、法人化直後の国立大学における管理運営の実態や課題を明らかにしている。主な分析結果は次の通りである（島、2007年、23-24頁；阿曽沼、2007年、149-150頁）。

第1に、学長の目からみると、法人化にともない学内の管理運営組織として設置が義務づけられた役員会、経営協議会、教育研究評議会は、その機能

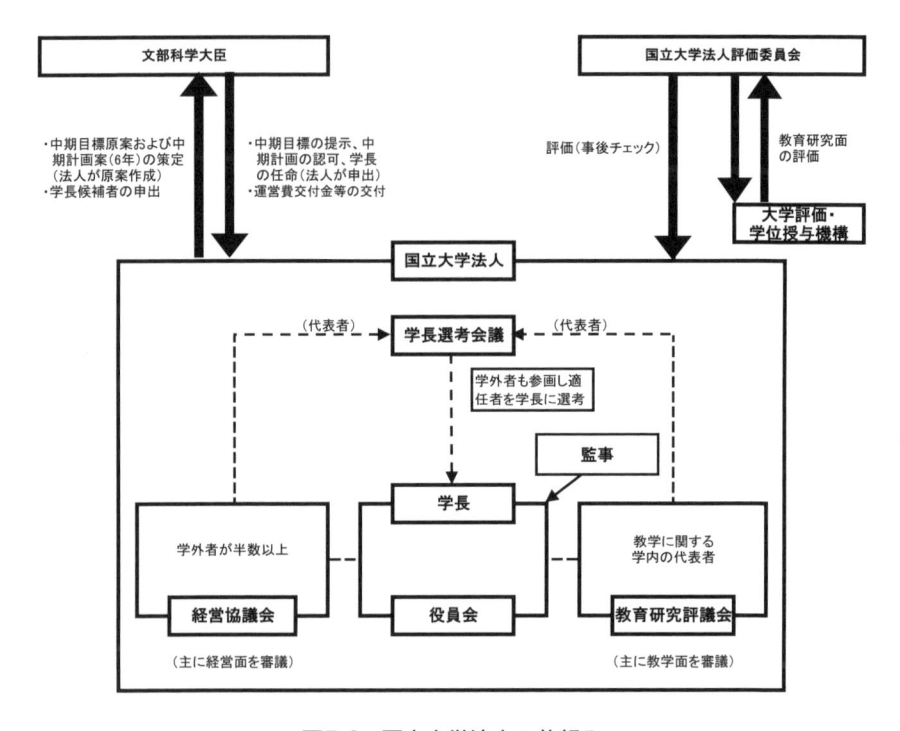

```
                ┌──────────────┐                              ┌────────────────────┐
                │ 文部科学大臣  │                              │ 国立大学法人評価委員会 │
                └──────────────┘                              └────────────────────┘
                   ↑      ↓                                       ↑       ↓
  ・中期目標原案および中    ・中期目標の提示、中           評価(事後チェック)   教育研究面
   期計画案(6年)の策定     期計画の認可、学長                              の評価
   (法人が原案作成)       の任命(法人が申出)                              ┌──────────┐
  ・学長候補者の申出      ・運営費交付金等の交付                          │ 大学評価・ │
                                                                         │ 学位授与機構│
                                                                         └──────────┘
```

```
  ┌─────────────────────────────────────────────────────────┐
  │                     国立大学法人                          │
  │                                                         │
  │        (代表者)    ┌─────────┐    (代表者)              │
  │   ┌─────────────→ │学長選考会議│ ←─────────────┐        │
  │   │               └─────────┘               │         │
  │   │                    ↓  学外者も参画し適     │         │
  │   │                       任者を学長に選考    │         │
  │   │                    ↓                     │         │
  │   │               ┌──────┐    ┌──────┐       │         │
  │   │               │ 学長 │←──│ 監事 │        │         │
  │   │               └──────┘    └──────┘       │         │
  │   │                    ↓                     │         │
  │ 学外者が半数以上                        教学に関する       │
  │                                        学内の代表者      │
  │ ┌────────┐         ┌──────┐         ┌────────────┐   │
  │ │経営協議会│         │役員会│         │教育研究評議会│   │
  │ └────────┘         └──────┘         └────────────┘   │
  │ (主に経営面を審議)                   (主に教学面を審議)   │
  └─────────────────────────────────────────────────────────┘
```

図7-2 国立大学法人の仕組み

(出所)文部科学省、2007年、161頁の図表2-3-5を修正。

をほぼ十分に果たしている。「十分に機能している」と回答した学長の比率に注目すると、役員会69％、経営協議会43％、教育研究評議会58％だから、役員会が相対的に最も機能しているととらえられている。

第2に、設置が義務づけられていない学内組織や役職についてみると、法人化前の部局長会議に相当する組織を設置している大学は、総合大学を中心に78％を占める。なお部局長の選出に従来通り部局の構成員による選挙を用いている大学は68％、学長が指名する大学は10％である。

全学委員会については、半数を超える62％の大学が法人化を契機に委員会数の削減を進めた。全学委員会委員の選任方法として、「部局からの推薦者を委員に任命している」大学は、法人化を契機に96％から77％に減少した。それに対応して「役員会からの推薦者を委員に任命する」大学(44％)や「事

務職員を委員として任命する」大学 (42%) は増加したので、法人化の制度設計に沿った方向に変わってきている。

　学長補佐などの学長や役員を補佐する役職を設置していると回答した大学は86%、企画室などの実務組織を設置している大学は87%である。また法人化後も事務局長を置いている大学は73%を占めている。

　第3に、意思決定における役割変化についてみると、年度計画作成で果たす役割が大きくなったと回答した学長が多いのは学長 (72%)、理事 (72%)、役員会 (61%) であり、反対に少ないのは部局教授会 (12%)、部局長会議 (11%)、全学委員会 (10%) である。同様の傾向は新規概算・特別教育研究経費要求案の作成や学内の予算配分方針の作成でもみられる。したがってトップダウン方式の意思決定は、多くの国立大学で確実に浸透していることがうかがわれる。

　学長に期待される役割として「重視している」という学長自身の回答比率は、リーダー的役割81%、大学の顔的役割62%、行政者的役割52%、調整者的役割46%であり、法人化前には最も重視されていた調整者的役割の比率が最も低いのも、このような大学の管理運営における学長の役割変化と対応しているといってよい。

　こうした変化にともない、全学的な重要事項に関する意思決定について、学長は意思決定の手続きが簡素化された (80%)、意思決定の速度が速くなった (80%)、また合意形成の手続きが簡素化された (66%)、合意形成の速度が速くなった (73%) と回答している。それゆえ意思決定の簡素化や迅速化は進んだと考えられているが、その一方で、合意の水準が強まったと回答した学長は43%にとどまっている。

　第4に、個々の国立大学に対する法人化の効果についてみると、ほとんどの項目で7割強の学長は「大いにプラス」または「ややプラス」と回答している。「大いにプラス」と回答した学長が多いのは大学の個性化42%、大学の自主性・自立性39%、管理運営の合理化・効率化36%、社会貢献活動の拡充34%、大学の競争力向上31%であり、反対に少ないのは学生の意識改革1%、大学の一体感の形成6%、全学的な合意形成9%、財務の健全性15%である。

国立大学全体に対する法人化の効果についても、ほとんどの項目で7割弱の学長は「大いにプラス」または「ややプラス」と回答している。「大いにプラス」と回答した学長が多いのは大学の個性化37％、大学の競争力向上30％、管理運営の合理化・効率化28％、組織の活性化26％であり、反対に少ないのは学生の意識改革1％、大学の一体感の形成6％、全学的な合意形成6％、学生支援の活性化13％、教員の意識改革15％である。

　このように法人化は全体として国立大学に対してプラスの影響を及ぼしていると、少なくとも学長の目からみればとらえられている。しかしそれと同時に、財務の健全性に対するマイナスの影響を指摘する学長が2割弱いたり、全学的合意形成や教育研究活動に対するプラスの評価が相対的に低いことも指摘しておく必要がある。さらに学長の自由回答をみると、4割程度の大学の学長が法人化について、次のようなかなり批判的な意見を寄せている。

　第1は制度的・財政的な制約が大学の自主性・自律性を妨げていること、第2は予算減や人員減が大学の運営や教育研究活動に支障をきたす可能性があること、第3は法人化の実施に際して大学の所在地域や規模、分野にみられる大学間格差とか、大学という組織の固有性に対する配慮が不十分であること、第4は法人化にともなう教職員の過剰業務が教育研究水準を低下させる恐れがあることである。いずれも国立大学と政府との関係に対する大学側からの批判であり、文章化された質問紙調査への回答からはみえにくい大学の管理運営の実態や課題がうかがわれる。

　法人化直後の国立大学における管理運営については、法人化の目玉ともいえる仕組みとして導入された経営協議会や学長選考会議の運営上の問題や課題なども指摘されている。

　経営協議会は法人化の制度設計の段階では、国立大学の経営に外部の視点をとりいれるために設けられた組織である。しかし日本経済新聞社が2004年と2005年の春に実施した国立大学法人の経営協議会外部委員を対象にしたアンケート調査によると、経営協議会のあり方が中途半端なため、その空洞化や形骸化が指摘されている。また学長は学外者と学内者が同数ずつで構成される学長選考会議の選考にもとづいて文部科学大臣が任命することとさ

れているので、学長選考会議は法的には強い権限と責任をもっている。ところが実際には、大半の国立大学は学内の「意向投票」という形で従来の学長選挙の仕組みを残しており、学長選考会議が単なる学内選挙の追認機関から脱皮して実質的な学長選びの場になれるのかどうかが問題になっている（横山、2005年、43頁、45頁）。

　独立行政法人制度を補正して成立した国立大学法人制度は大学の設置形態としても、大学の管理運営の仕組みとしても、さまざまな問題を内包している。しかし国立大学に求められているのは、制度の運用によってそれが大学にふさわしいものになるように工夫することであり、法人化という手段を最大限に活用して、大学改革を自らの手によって進めていくことである（大崎、2009年、4頁）。

　この点については、行政主導の大学改革を集約して推進する立場からも、大学は単に社会が何を要請するのかを問うのではなく、大学の意思として社会の要請をどのように受け止め、いかなる貢献をするのかを、大学の側から社会に提示していく必要があることが指摘されている。それこそが新しい大学の自治の形であり、そのためには新しい自治の担い手としての大学コミュニティの形成が不可欠なのだという。その意味では、各国立大学は独自の教育研究の発展につながる戦略的な大学経営を確立したり、財政基盤を強化する必要がある。学外者の管理運営への参画についても、学外者を学内にとりこむことにより、学外にパートナーを形成し、大学コミュニティの基盤を強化するための措置だと前向きに理解すべきなのである（合田、2003年、13-15頁；清木、2005年、64-65頁）。

公立大学の動向

　国立大学が一斉に法人化され、新たな大学改革にとりくみはじめたことにともない、公立大学もその対応をせまられるようになった。

　公立大学法人とは地方独立行政法人法第68条第1項により、大学の設置および管理を行う地方独立行政法人である。この公立大学法人の組織運営は国立大学法人と比べると、①地方公共団体の判断にもとづく法人化であること

（議会の議決を経て国等が認可）、②法人の長（理事長）が学長になることを原則としつつも、理事長とは別に学長を任命できること、③経営および教学に関する審議機関の具体的な審議事項は定款により定める仕組みをもっていることなど、各地方の状況に応じて裁量をもたせた弾力的な制度になっている（中岡、2007年、16-17頁）。

ところで日本の公立大学は実際にはひとまとめにできないほど多種多様だが、法人化されることになれば、大学の組織文化における官僚性と法人性の比重は、一般的に国立大学よりも高くなるかもしれない。というのも公立大学には設置者が同じ大学の数が少なく、大学の所在地域も府県内や市内などに限られて広くないため、大学の管理運営に対する設置自治体の権限は国立大学よりも強化されやすいからだ。

また公立大学は地域の税金で設置運営されているため、少子高齢化や国・地方公共団体の財政難を背景に、同一設置者内の大学の統合や学部学科の改組再編の促進、教育研究の高度化と経営の合理化・効率化への圧力などがより急速に高まると思われる（鎌田、2007年、62頁）。それゆえそれぞれの公立大学が法人化という手段を最大限に活用し、大学改革を自らの手によって実質的に進めるためには、手持ちの条件をふまえて、大学教員の自治をベースにした法人経営をどのように構築して実施すればよいのかが問われている（矢田、2007年、63-64頁）。

問われる私立大学の管理運営

私立学校法改正（2004年）が主にめざしたのは、①学校法人の基本的な管理運営組織である理事会や監事、評議員会を整備し、それらの権限や役割分担を明確にすることと、②財務情報の公開、つまり学校法人が公共性を有する法人としての説明責任を果たし、関係者の理解と協力をよりえられるようにしていくために、財産目録や貸借対照表、収支決算書、事業報告書などの関係者への閲覧を義務づけることである。このうち改正された学校法人の管理運営組織の特徴は、次のようにまとめることができる（瀧澤、2006年a、22-23頁；瀧澤、2006年b、51-53頁）。

理事会については、この改正により、学校法人に理事をもって組織する理事会を設置することが法定化され、理事会の法令上の位置づけが明確になった。また理事会は学校法人の業務を決し、理事の職務の執行を監督することが明記され、理事会の責任と権限も明確化された。さらに従来は理事の全員が学校法人の代表権をもつものとされていたが、原則として理事長のみが代表権をもち、その業務を総理することになった。理事会における意思決定の公正性と適切性、透明性を確保するために、理事のうち少なくとも1名は学校法人の役員または職員でない外部の者から選任しなければならないこともりこまれている。

　このように理事会は学校法人の業務に関する意思決定を行うとともに、理事の職務の執行を監督する監督権をもつことになった。株式会社における取締役は取締役による合議体である取締役会を構成し、意思決定に参加するだけであり、取締役会で決定されたことを具体的に執行するのは、代表取締役や業務担当取締役、業務執行を委任された取締役などである。この株式会社における取締役会の役割にならって、学校法人における理事会の責任と権限も規定されたのかもしれない。しかしこれまで意思決定と執行があいまいなまま一体化していた学校法人の理事会で、こうした意思決定と執行の分離が今後どの程度実質的に行われるのかは非常に不鮮明な状態にある。

　監事については、その職務として学校法人の業務や財産の状況の監査に加えて、監査報告書を毎会計年度作成し、理事会と評議員会に提出することが新たに義務づけられた。監事の主な役割は学校法人の内部統制だが、その職務の独立性を保つために、監事の選任は評議員会の同意をえて理事長が行うことになった。また監事と理事、評議員、または学校法人の職員との兼職は禁止され、監事のうち少なくとも1名は外部から選任しなければならないことになった。監事は名誉職的に扱われることも多く、勤務形態も非常勤がほとんどだが、その職務を強化するためには、その専任化や支援体制の強化などが求められている。

　評議員会は理事会における業務の決定に対して、学校法人の職員や卒業生をはじめ、学外有識者など幅広い利害関係者の意見を反映させ、公共性を確

保することを期待されている。その役割を強化するために、理事長は事業計画についてあらかじめ評議員会の意見を聞かなければならないこと、毎会計年度終了後2カ月以内に、決算および事業の実績を評議員会に報告し、その意見を求めなければならないことが定められた。

私立大学の改革課題

　こうした私立学校法の改正による理事会や監事、評議員会の整備は私立大学の管理運営の強化をめざすものであった。ところで国立大学の法人化はなによりも効率的な経営体制の構築をめざしていたが、私立大学はそれなりに経営努力を発揮してきたところもあり、経営改善について私立大学全般に通用するような一律の処方箋はない。私立大学では大学の個性や特色、所与の条件をふまえた大学経営のあり方の模索が重要であって、国立大学の動向に引きずられた画一的な議論は無意味である。それよりも私立大学にとっては、学校法人の公共性を高めるために、大学の管理運営を強化することがめざされている（瀧澤、2006年 a、19-21頁；西野、2007年、40-41頁）。

　というのも私立大学では（もちろん国公立大学も基本的には同じだが）、企業の社会的責任（CSR）にならって、学校法人が主体的に意思決定の仕組みや業務執行の手続きを整備したり、監視機能を強化することにより、大学の社会的責任（USR）を果たすのはきわめて重要であるからだ。私益ではなく公共の利益に貢献することをめざす大学にとって、その社会的責任を十全に果たすことは、民間の企業よりもはるかに切実な課題である。危機管理（リスクマネジメント）や法令遵守（コンプライアンス）、内部統制などといった言葉の内実を実現する仕組みを大学の管理運営のなかで具体的に構築することも強く求められている。

　また私立大学の管理運営では、学校法人と教学機関である大学を1つのシステムとしてとらえ、その管理運営を全体として整備することも重要な課題である（藤田、2004年、25-26頁；草原、2006年、39-43頁）。

　日本の私立大学の管理運営ではこれまで、理事会が大学経営を担当し、学長以下の大学管理者や大学教員が教学を担当するという、経営と教学とを相

互に独立した事項としてとらえる見方があった。ところが近年のように「大学経営」の時代になると、理事会の業務に教育や研究に直結した問題も含めて戦略的な大学経営を立案、実施すべきだという考え方が強まってきている。しかし重要なのは、教育や研究に関する問題には教学側、とくに教育や研究を直接担当する大学教員の考え方を尊重して対処する必要があることである。理事会と教学側の双方向的な連携協力関係がなければ、つまりトップダウンだけでは大学は動かないし、ボトムアップだけでも大局からの的確な判断は難しいので、大学の管理運営はうまくいかないからだ。

こうした学校法人と教学機関、とくに学部教授会との連携協力をはかる組織の整備は、どの大学にとっても緊急に解決すべき重要な課題である。具体的にどのような仕組みを構築するのかについて模範解答があるわけではない。しかしたとえば大学教員の人事政策を例にすると、学長や教学担当副学長などの上級大学管理者の役割に注目して、学長を中心とする教学執行部が大学教員の選考や昇進などに積極的に関与できるようにすれば、学部教授会の専横でもなく、理事会側の押しつけでもない仕組みを構築することができるかもしれない。

さらに理事会と教学側との間に信頼関係と相互信頼にもとづく協力関係を確立するためには、法令遵守（コンプライアンス）と正当な手続き（デュー・プロセス）の2つを実質的に定着させて、大学における意思決定過程を透明化する必要がある。それから理事長や学長といった大学の管理運営の最高責任者は「私なき心」をもつように心がけることも強く求められる。別の言葉でいえば（平凡だが）、大学経営陣は大学組織のどの構成員の声にも耳を傾け、耳障りなことでも聞くことのできる広い心をもち、誰に対しても公平に対応することを、これまで以上に求められている。

それでは続いて、日本の大学が今後解決すべき課題や方策を探るために、アメリカの大学における管理運営改革の動向をたどり、何が問題になっているのかを抽出してみよう。具体的には、1970年代までに歴史的に形成されてきたアメリカの大学の管理運営の基本的な特徴をふまえて、近年の改革動向を権限共有型の管理運営のあり方、大学教員の団体交渉の展開などを中心

に考察し、最後に日本の大学における管理運営改革の課題について、そのポイントをあらためてまとめてみたい。

3 アメリカの管理運営改革

大学の管理運営の基本的な特徴
(1) 大学と政府との関係

アメリカにおける大学と政府（中央政府・地方政府）との関係は、日本などの諸外国と比べると政府の権限が弱く、分権化している。アメリカの大学はアメリカ社会と同様に、主に市場競争の原理によって形成され、発展してきた。

連邦政府の教育省は日本の文部科学省に相当するが、その権限は日本と比べてそれほど強くない。それよりもアメリカでは、すべてのレベルの教育は州の責任であり、大学政策でも50州を数える各州の州政府が中心的な役割を果たしてきた。しかも分権化の進んだアメリカでは、各大学の自律性や主体的な意思決定が尊重され、大学改革も多くの場合個別の大学ではじめられるので、そうした下からの動きを調整、集約したり、大学政策として権威づけたり後押しするのが連邦政府や州政府の基本的な役割である。

大学が低成長の段階に移行した1970年代後半以降、とくに80年代から新保守主義の「小さな政府」による大学政策が実施されると、自分の大学にふさわしい学生や大学教員を必要なだけ確保したり、大学教育やキャンパスライフを改善して、社会が求める人材を卒業生として送り出すのは、どの大学にとってもますます重要になった。そのため大学改革も、それぞれの大学の理事や大学管理者が利害関係者（ステークホルダー）、つまり大学改革の直接の利害関係者の要求や要望を考慮しながら推進している（江原、2002年b、9-11頁）。

もっとも「小さな政府」の大学政策では教育を規制する政府の権限は弱まるようにみえるが、アメリカでも実際には政府の権限はかえって強まってきている。たとえば連邦政府の教育長官は2006年に、大学への共通学力試験

の導入を提言し、大学教育にかかる経費とその見返りに学生が何を学んでいるかについて説明責任を果たすことを大学側に求めた。こうした連邦政府が主導する大学教育の内容に対する規制には、大学側からの根強い批判がある。また公的資金への依存度が低い私立大学は政府の方針に追従することに対して慎重で、積極的に対応しているわけではない。しかしその一方で、州立大学、とくに全米州立大学協会（AASCU）や全米州立・国有地付与大学協会（NASULGC）に加盟している州立大学のなかには、大学生活や学費、共通学力試験の成績などの情報をインターネットで公表する政策を進める動きもみられる（江原、2000年、31頁；タイヤー、2007年、59頁）。

(2) 大学の管理運営組織の構造

アメリカの大学における管理運営は基本的に、理事会の理事や大学管理者と大学教員を中心に学内の管理運営組織を通じて行われている。なお大学経営陣は理事会の理事と上級大学管理者である学長と副学長によって構成されることが多い。歴史的にみると、アメリカの大学では、理事や上級大学管理者の権限が法的にも実際にもきわめて強く、そのリーダーシップにより学外の諸力に対して大学の制度的な自律性を確保してきた[3]。

理事会は原則として、学外の素人（レイマン）によって構成されている。公立大学の理事会の理事は州知事によって任命されたり、州民の選挙によって選ばれたり、卒業生などのグループの代表として選ばれたりする。私立大学の理事会の理事は通常、欠員が生じたときに現職の理事によって新しい理事が補充される。理事の任期は3年から12年で、多くの大学では（上限はあるけれども）再任されうる。理事の数は公立大学では約10名、私立大学では約30名である。

この理事会がアメリカの大学では法令上、全学的な意思決定権や経営執行権などの最高権限をもっている。そのなかには大学経営に責任をもつ学長を任命したり、解任したりする権限も含まれる。ただしそうした権限の多くは学長に委任されているので、理事会の権限は実際には形式的なものである。

アメリカの大学の管理運営組織は多様だが、典型的な大学の大学管理者

218

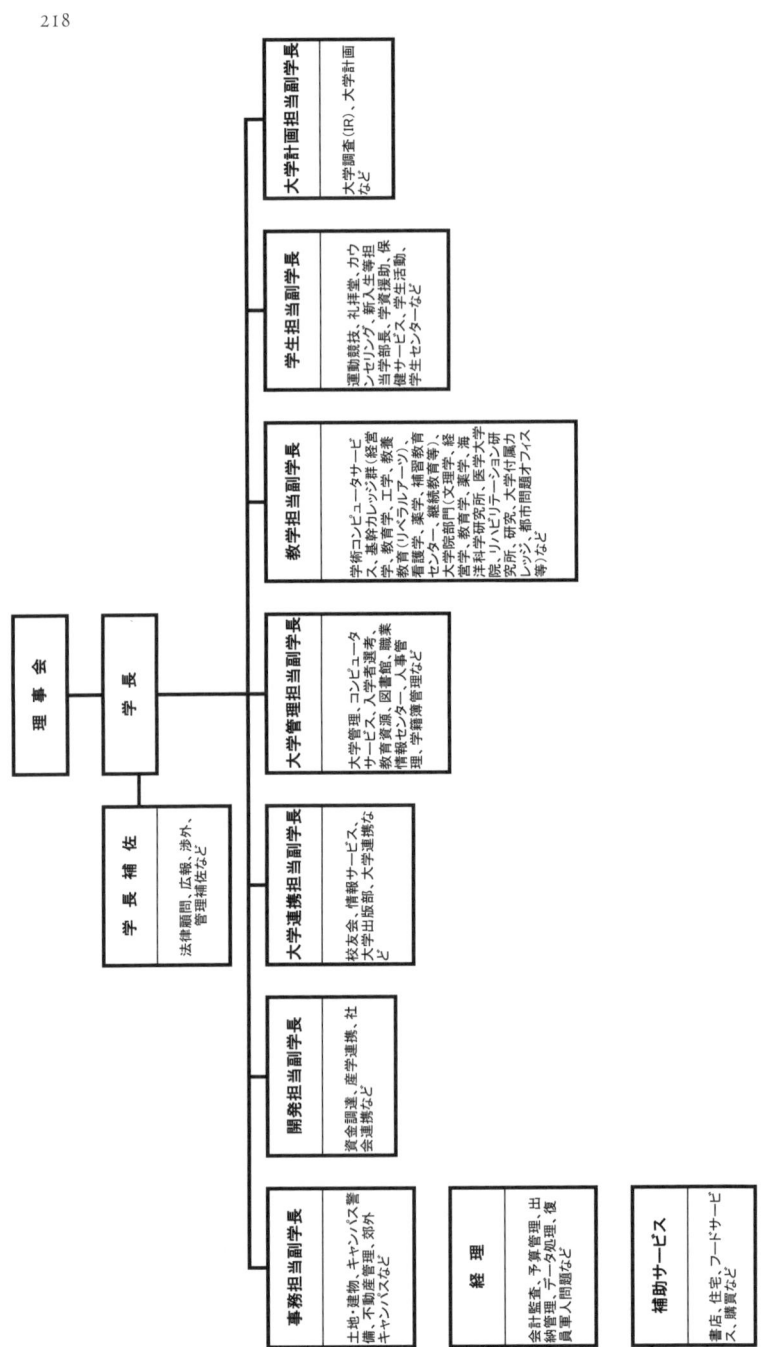

図7-3 アメリカの大学の管理運営組織図

```
理事会
  │
 学長 ──── 学長補佐(法律顧問、広報、渉外、管理補佐など)
  │
  ├── 大学連携担当副学長
  │     校友会、情報サービス、大学出版部、大学連携など
  │
  ├── 大学管理担当副学長
  │     大学管理、コンピュータサービス、大学調査、関連教育資源、図書館、職業情報センター、人事管理、学籍簿管理など
  │
  ├── 教学担当副学長
  │     学術コンピュータサービス、基幹カレッジ群(経営、教育(リベラルアーツ)、看護学、薬学、継続教育センター等)、大学院部門(文理学、経営学、教育学、薬学、海洋科学研究所、医学系大学院(リハビリテーション研究、研究、大学付属カレッジ、都市問題オフィス等)など
  │
  ├── 学生担当副学長
  │     運動競技、礼拝堂、カウンセリング、新入生担当部長、学資援助、保健学、学生サービス、学生センターなど
  │
  ├── 大学計画担当副学長
  │     大学調査(IR)、大学計画など
  │
  ├── 開発担当副学長
  │     資金調達、産学連携、会連携など
  │
  ├── 事務担当副学長
  │     土地・建物、キャンパス警備、不動産管理、郊外キャンパスなど
  │
  ├── 経理
  │     会計監査、予算管理、出納管理、データ処理、復員軍人問題など
  │
  └── 補助サービス
        書店、住宅、フードサービス、購買など
```

(出所) American Council on Education, 2007, p.28 の図4を修正。

は学長（プレジデント）のもとに、数名の副学長（バイス・プレジデント）、20〜30名の管理職員（ディレクター）、各カレッジやスクールの学部長（ディーン）と副学部長（アソシエイト・ディーン）などによって構成されている。学長は大学の最高経営責任者（CEO）であり、理事会が決定した政策や大学運営を遂行する責任を負っている。この学長は理事会によって任命され、学内では学長が副学長や管理職員を任命する。また教学担当副学長（プロボスト）が学部長を任命し、学部長が副学部長を任命する。

このようにアメリカの大学では、理事会の理事や上級大学管理者の権限が強いけれども、大学教員はそのなかで学科（デパートメント）を学内の自律的な存在として確立することにより、大学の管理運営に対する権限や影響力を強めてきた。とくに第二次世界大戦後、高等教育が大衆化した時期には、大学で扱う知識の担い手である大学教員の実質的な権限も強化されて、大学の管理運営の分権化が進んだ（図7-3）。

この分権化の過程は教授団革命（アカデミック・レボリューション）ともいわれる。教授団革命とは大学の構成員のなかで、教育と研究を行う専門職としての大学教員、あるいはその集合体としての教授団が、理事や学長をはじめとする大学管理者に対抗して、大学の管理運営に対する権限や影響力を強化していった過程を意味する言葉である。アメリカでは、この教授団革命は有力な総合大学や一流の私立教養カレッジを中心に1890年から1910年の間に起こったが、それが他大学にも及んで、ピークに達したのは第二次世界大戦後の1960年代後半のことである（リースマン、1986年、333-334頁；江原、1994年 a、188-189頁）。

その結果、アメリカの大学における管理運営のあり方は大学によってちがうけれども、一般的には分離管理型の管理運営、つまり大学教員と大学管理者の権限を問題領域によって分離し、大学教員は教育や研究などの教学に関する事項、大学管理者は予算の決定や大学管理者の選任などの全学的な事項について意思決定の権限をもつ管理運営の仕組みが、アメリカの大学で広く受け入れられるようになった。というのもそれは、一方で大学管理者がそれまで行使してきた権限を認めながら、教学関係の事項については大学教員の

比較的独立した権限を確保できるので、当時のキャンパスの実情を反映した大学教員の参加形態だったからである。

しかし教学関係とその他の問題領域を実施の際に明確に区分できないこと、権限を問題領域によって分離して管理することが全学レベルの合意形成を阻害するように作用しやすいことなど、この方式の問題点が明らかになり、60年代後半から権限共有型の管理運営が新しい参加形態として注目を浴びるようになった。

権限共有型管理運営（シェアード・ガバナンス）とは、大学教員、大学管理者、その他の大学構成員が共同して大学の全学的な意思決定を行う仕組みとプロセスを意味する言葉である[4]。アメリカ大学教授協会（AAUP）が1966年に、アメリカ教育協議会（ACE）、大学理事者協会（AGB）と共同で公表した「大学の管理運営に関する声明」は、大学の管理運営における大学教員の役割として、権限共有型管理運営が望ましいことを高らかに提言した歴史的な文書である。

この共同声明のポイントは、大学の管理運営に対する大学教員の権限や影響力をさらに強化することをめざしていたことである。つまり一方で理事や大学管理者の最終的な意思決定の権限を受け入れるが、大学教員が大学教員自身の身分や教育プログラム、研究といった教学関係の事項について主要な責任をもっていることを正式に認めただけでなく、大学全体の目標設定や計画、予算、大学管理者の選任といった全学的な方針や政策の意思決定にも、大学教員が理事や大学管理者と共同して参加することの重要性を表明したのである。

ところで60年代後半は、アメリカのみならず、ヨーロッパや日本でも学生反乱の嵐が吹き荒れ、高等教育のあり方をめぐって、キャンパスの内外で厳しい対立がみられた時期でもあった。そのため理事や大学管理者と大学教員を中心とする、従来の伝統的な大学の管理運営のあり方も批判の対象になり、大学の主要な構成員としての学生（学部学生と大学院学生）の全学的な意思決定組織への参加が大きな問題になった。

またアメリカでは、大学教員の教員組合による団体交渉が1960年代に入っ

てから大学に導入され、70年代には公立大学を中心に急速に普及した。ブルーカラー職やホワイトカラー職の労働者として働く大学職員も労働組合を組織しており、団体交渉によって賃金やその他の労働条件の改善をはかっている。しかし大学教員の団体交渉は評議会(セネット)や協議会(カウンシル)、全学教員委員会といった大学教員が参加する学内の管理運営組織とは別系統の、もう1つの全学レベルの意思決定組織として大学に導入されたのである。

管理運営組織改革の方向

ところが70年代後半以降、大学をとりまく学外の環境が厳しくなると、大学経営を効率的で効果的なものにするために、大学の管理運営は大学管理者主導で再び中央集権化し、理事や大学管理者の権限強化がはかられるようになった。大学教員の保守化に加え、1980年に連邦最高裁判所のイェシバ事件の判決が出たことも影響して、大学教員の団体交渉は私立大学だけでなく、公立大学でも80年代以降停滞気味である。この判決では、大学教員は多くの管理的な意思決定を行う権限をもっているので大学管理者の一部であり、そのため団体交渉を行うことができないとされたからだ。

大学の組織的な意思決定過程に対する学生の参加要求も、急進的な学生運動が70年代後半に収束すると著しく後退した。広範な社会の関心を集める政治的問題でも発生しない限り、学生の参加要求は再びもりあがらないのかもしれない。しかし最も決定的だったのは、アメリカの大学では大学管理者や大学教員の多くが、大学の管理運営は大学管理者と大学教員を中心に、学内の管理運営組織を通じて行われるべきだと考えていたことである。

大学管理者と大学教員を中心にした権限共有型管理運営も当初に予想したほど普及しなかった。70年代中頃についてみると、大部分の大学、とくにアメリカの大学の約80％を占める公立の二年制大学や四年制大学、大部分の教養カレッジや財源不足の私立大学などでは、従来の分離管理型管理運営が採用されていた。また大学教員の団体交渉は大学管理者との対決的姿勢が強いために、両者が協力して意思決定を行う権限共有型管理運営の発展をうながさなかったし、大学職員や学生といった他の大学の構成員をどのように

全学レベルの組織的な意思決定の仕組みにくみこむのかも問題になった（江原、2005年b、15-16頁）。

権限共有型の大学の管理運営は一般的に、大学教員によっても理事や大学管理者によっても支持されている。しかし大学経営陣の立場からみると、権限共有型管理運営では、大学をとりまく学外環境の急激な変化に適切に対応できないと考えられている。

たとえば大学理事者協会（AGB）は1996年に、一方で権限共有型管理運営をアメリカの大学制度の長所として支持しながら、学長がより効果的で強力なリーダーシップをもつ必要があることを提言した報告書を公表した（AGB, 1996）。大学が公益信託（パブリック・トラスト）、つまり私益ではなく公共の利益のために設定される信託を回復するためには、学長がより多くの意思決定権をもち、迅速に全学的な意思決定をする必要があることを強く要請したのである。

多くの大学では、大学管理者主導で、企業の管理運営をモデルにした戦略的計画や競争的な経営、強力な大学管理者のリーダーシップなどが導入された。大学教員もますます政治的に保守化して、大学の管理運営への強い関与から身を引くようになった（Keller, 2001, pp.310-311）。全体としてみると、アメリカの大学の管理運営組織改革では、権限共有型管理運営をいっそう進めて、大学教員が大学の大部分の問題領域で理事や大学管理者と完全に共同して全学的な意思決定を行う方向をめざすよりも、大学教員と理事や大学管理者の権限を問題領域によって分離する、従来の分離管理型管理運営を改革して、両者の権限の適切なバランスをはかる方向をめざしているといってよい。

続いて、こうした近年の改革動向を、権限共有型管理運営の状況、大学教員の団体交渉の展開などを中心にあらためて集約しながら考察を進めてみよう。

権限共有型管理運営の状況
(1)「2001年大学管理運営調査」の見取図
すでに述べてきたように、アメリカの大学における権限共有型管理運

（シェアード・ガバナンス）とは、主に大学教員と大学管理者が共同して大学の全学的な意思決定を行う仕組みとプロセスを意味する言葉である。大部分の大学には通常、この権限共有型管理運営を行う学内の全学的な管理運営組織として評議会や協議会、全学教員委員会が設けられている。

　その主要メンバーは専任の大学教員であり、小規模大学ではすべての大学教員が参加することが多いけれども、大規模大学ではしばしば学科やカレッジを代表する委員が選任される。場合によっては大学管理者の代表の他に、学生や大学職員、非専任の大学教員などの代表も重要な大学の構成員として参加するが、彼らはどちらかといえば脇役の地位にある。また問題領域別にみると、権限共有型管理運営は教学関係の問題領域では広く行われているが、大学全体の計画や予算の決定、大学管理者の選任といった全学的な事項については、大学管理者が大きな意思決定の権限をもっている（ACE, 2007, p.32）。

　こうした権限共有型管理運営の状況を、コーネル大学高等教育研究センターが2001年に実施した全米規模の「2001年大学管理運営調査」の結果によって確かめると、次のような見取図を描くことができる[5]。

　第1に、権限共有型管理運営の実施状況を確認してみよう。**表7-2**は大学教員の大学の管理運営への参加度を問題領域別にまとめたものである。表中の数値は「大学教員は最終的な意思決定の権限をもっている」または「大学教員は理事や大学管理者と共同で意思決定をする権限をもっている」と回答した評議員の比率（%）を合算した数値なので、大学教員の目からみた全米の四年制大学の管理運営における権限共有型管理運営の実施状況をあらわしている。

　21世紀初頭の2001年の時点では、大学教員の権限は教学関係の事項、つまりカリキュラムの内容の決定（90%）や学位取得要件の設定（88%）、授与する学位の種類（74%）に集中していた。また大学教員自身に関する事項、つまり専任教員の採用（73%）や終身在職権の決定（68%）といった大学教員の地位とか、評議会や全学教員委員会等の委員の選任（79%）や大学の管理運営における大学教員の権限の決定（62%）といった大学教員の組織編成に関する事項でも大学教員の権限は大きい。

表7-2 大学教員の大学の管理運営への参加度：30年間の変化

(％)

	1970年	2001年
大学教員の地位		
1 専任教員の採用	30.6	72.8
2 終身在職権の決定	35.1	68.1
大学教育の運営		
3 カリキュラムの内容の決定	83.3	90.3
4 学位取得要件の設定	83.0	88.2
大学の計画と政策		
5 授与する学位の種類	72.4	73.5
6 学科所属の教授陣の相対的規模	9.0	33.2
7 建物や施設設備の建設計画	7.1	8.1
8 標準的教育負担の設定	24.0	38.6
大学管理者と学科長の選任		
9 学部長の選任	13.3	29.7
10 学科長の選任	21.4	53.2
財政計画と財政政策		
11 大学教員の給与規定の設定	5.1	19.1
12 大学教員の個別給与の決定	6.5	17.5
13 短期予算計画	4.3	16.3
大学教員の組織編成		
14 大学の管理運営における大学教員の権限の決定	44.7	62.1
15 全学委員会や評議会等の委員の選任	59.3	78.7

(出所) Kaplan, 2004, p.200 の表7.20a を修正。
表中の数値は「大学教員は最終的な意思決定の権限をもっている」または「大学教員は理事や大学管理者と共同で意思決定をする権限をもっている」と回答した評議員の比率（％）。

　その反対に、大学教員の権限が小さいのは、大学の建物や施設設備の建設計画（8％）とか、大学教員の給与規定の設定（19％）や大学教員の個別給与の決定（18％）、短期予算計画（16％）といった全学的な財政関係の事項である。大学教員は標準的教育負担の設定（39％）や学科所属の教授陣の相対的規模（33％）、学部長（30％）や学科長（53％）の選任に関する意思決定ではやや大きな権限をもっている。

　こうした傾向には大学のタイプによってそれほど大きなちがいはない。権限共有型管理運営の実施状況で比較的ちがいが目立つのは、たとえば学科長

の選任であり、実施している大学の比率は公立大学 (56%)、大規模私立大学 (53%)、私立教養カレッジ (46%) の順に減少する。また大学教員の給与規定の設定でも、公立大学(24%)、大規模私立大学(17%)、私立教養カレッジ(15%)の順に減少するので、私立大学に比べると公立大学の大学教員はやや大きな意思決定の権限をもっている (Kaplan, 2004, pp.183-185)。

　第2に、1970年以降2001年までの30年間の変化についてみると、最も注目する必要があるのは、大学の管理運営に関するほとんどすべての問題領域の意思決定で大学教員の権限が増加したことである (**表7-2**)。とくに増加したのは専任教員の採用 (31%→73%) や終身在職権の決定 (35%→68%) をはじめ、学科所属の教授陣の相対的規模、学部長や学科長の選任、大学教員の組織編成である。全学的な財政計画と財政政策における大学教員の権限も1970年以降増加したが、5%前後から18%前後に増加した程度なので、この領域における大学教員の権限は現在でもごくわずかにすぎない。

　ところで教学関係の領域、つまり教育課程の内容の決定や学位取得要件の設定、授与する学位の種類といった、従来の伝統的な分離管理型管理運営でも大学教員の意思決定の権限が非常に大きかった問題領域では、この30年間にとくに変化は起きなかった。それから大学教員は大学管理者の権限が従来圧倒的に大きかった問題領域である大学の建物や施設設備の建設計画の意思決定には、現在でも30年前と同様にほとんど関与していないから、分離管理型管理運営の基本的な仕組みは変わっていないといってよいだろう。

(2) 権限共有型管理運営のメリット

　このような結果をみると、アメリカの大学における管理運営では、分離管理型管理運営、つまり大学教員と理事や大学管理者の権限を問題領域によって分離し、大学教員は教育や研究などの教学に関する事項について、また理事や大学管理者は予算の決定や大学管理者の選任などの全学的な事項について意思決定の権限をもつ管理運営の仕組みが定着していることが分かる。ただし1970年以降の30年間の変化で重要なのは、大学の管理運営に関するほとんどすべての問題領域の意思決定で大学教員の権限が増加して、権限共有

型管理運営の考え方や仕組みが(問題領域によって濃淡はあるが)浸透したことである。

そうした浸透の背景には次のような理由が考えられる。第1に、本章の冒頭で紹介したマクネイの大学組織モデルによれば、世界の大学の組織文化は第二次世界大戦後、全体として同僚性・官僚性から法人性・企業性の方向へ大きく変わってきた。アメリカでも(大学のタイプや個々の大学によって実際にはきわめて多様だけれども)、大学の組織文化は法人性・企業性の色彩を強める方向へ動いてきている。

したがって今日の大学の管理運営では、理事や大学管理者によって全学的な方針や政策が基本的に決められ、大学教員をはじめ他の大学構成員はこれまで以上にその実現に寄与することを要求されるようになった。しかし他方で、全学的な方針や政策を実現するための具体的な意思決定や実行は実際に現場で活躍する大学教員や教授陣によって行われるため、彼らの意思決定の権限や実行の範囲は広がったり強化されたりしたところがあるのである。

第2に、大学の管理運営では、意思決定の内容が合理的で適切であるだけでなく、それらの意思決定が正当な手続きで行われたものとして大学構成員に受け入れられると、円滑に実施されやすい。その点では、権限共有型管理運営は同僚性の色彩が強く、理事や大学管理者と大学教員が共同して協議し、両者による正式の合意にもとづいて大学の全学的な意思決定を行う仕組みなので、その意思決定のプロセスは正当なものだとみなされ、両者の利害関係や期待も一致しやすい。そのため多くの大学では、理事や大学管理者の権限強化をはかるとともに、大学教員との協調や信頼関係を想定した権限共有型管理運営の考え方や仕組みがいっそう導入されるようになったと考えられる(Birnbaum, 2004, pp.12-15；バーンバウム、2004年、31頁)。

第3に、大学のようにその使命や目的があいまいな組織の管理運営では、意思決定のスピードアップは必ずしも望ましいことではない。それよりも大学の果たす中核的な価値を尊重しないで、早々と意思決定をする方がはるかに危険なことである。たとえば営利を目的とする民間の企業の場合、目的の達成にとって直接役に立つ合理的で常に前向きの管理運営はたしかに効果が

あるのかもしれない。しかし大学の使命は教養ある人間の育成や学問の自由の確立、公平無私な真理の探究、公正で平等な学習機会の拡充など、どの使命もその具体的な内容は必ずしも明確ではないし、それらを達成する手段もあいまいなため、大学の管理運営ではさまざまな立場から議論を重ね、新しい組織のあり方を漸次的に探求する必要がある。

　その意味では、アメリカの大学が厳しい学外環境や財政状況に対処するために、従来の分離管理型管理運営を改革して、より合理的で効率的な仕組みとプロセスを構想するだけでなく、大学の中核的な価値を軽率で性急な行為によって損なわないために、同僚性の色彩が強い権限共有型管理運営の考え方や仕組みを巧みに活用してきたのは、理事や大学管理者と大学教員の権限の適切なバランスをとる方策として、きわめて実質的で意義のある試みであったといってよい。別の言い方をすれば、大学の管理運営の2つの方式、つまり中世以来の長い伝統をもち、同僚性の色彩が強い大学教員による大学の管理運営と、理事や大学管理者主導による近代的な大学の管理運営とのあいまいな組み合わせは、アメリカの大学にとって必要不可欠な伝統と革新のバランスをもたらす精妙な装置でもあるようだ（Keller, 2001, pp.318-320; Birnbaum, 2004, p.7, p.18）。

　たとえば2000年代末に経済不況が深刻になるにつれて、テネシー大学群や南フロリダ大学、オハイオ大学など、大学経営陣が大学教員との合議を無視して強引に改革を実施する大学の状況がマス・メディアで報道され、大学関係者の注目を浴びた。大学経営陣の立場からみれば、権限共有型管理運営の色彩が強まると、大学は学外環境の急激な変化に素早く対処しにくいため、理事や学長などの大学管理者の権限を強化する方向に動きやすい。しかしそれと同時に、アメリカの大学における学内の管理運営では、個人的な利害関心には敏感でも大学経営には無関心な大学教員や教員評議会の姿勢や行動も問題にされている。そのためアメリカの大学では、大学が危機的状況に直面するたびに、そうした理事や大学管理者の権限と大学教員の権限との適切なバランスをとる仕組みの重要性が、くりかえし問われてきたように思われる（リクルート　カレッジマネジメント編集部、2009年、34頁、36頁）。

日本の大学における学内の管理運営は従来、大学教員によって構成される学部レベルの教授会を中心に行われてきた。とくに国立大学の管理運営では、合意を基本にした自治的な同僚性の管理運営が尊重され、学長や学部長などの大学管理者の権限は限られていた。1980年代後半以降の行政主導の大学改革では、大学をとりまく環境の急激な変化に機動的に対応し、効果的な大学経営を行うために、各大学が学内の管理運営組織を改革し、学長のリーダーシップのもとに、適時適切な意思決定を行い、実行ができる仕組みを確立することが要請されるようになった。大学教員の考え方や意思決定を重視し自治的な同僚性の色彩が強い大学の管理運営を、大学の経営責任がある理事会の理事や学長とか副学長などの上級大学管理者の権限が強い管理運営へ改革することがめざされてきたのである。

こうした理事会の理事や上級大学管理者の権限が強い大学の管理運営の仕組みは、今後も（一般論として）日本の大学における学内の管理運営に浸透して定着することが強く望まれる。しかしそれと同時に、アメリカの権限共有型管理運営の動向をみても分かるように、個人や学科の意思決定を尊重する同僚性の組織文化は、大学の革新や発展にとって不可欠な要素である。というのも大学がその固有の役割である知識の発見・統合・応用・教育を十分に果たすには、社会における大学の制度的自律性がある程度確保される必要があるからだ。また大学は基本的に専門分野に自律性をもたせる分権的な組織編成によって成り立っているが、大学における革新は多くの場合、学科や学部、研究所、センターなどの下位組織で生まれる革新であり、それが積み重なって大学組織全体が変わってきたからである。

大学教員の団体交渉の展開
(1) 大学教員組合の進展

アメリカにおける大学の管理運営を論じる際に、大学教員の団体交渉は不可欠のテーマである。というのは大学教員の団体交渉は、評議会や協議会、全学教員委員会といった学内の管理運営組織とは別系統の、もう1つの大学教員が参加する全学レベルの意思決定組織として位置づけられるからだ。

ところでこの大学教員の団体交渉は従来、専任教員を中心に行われていたが、近年はどの大学でも非専任教員の採用が増えてきたため、そうした新しい状況に対応した団体交渉のあり方が問われている。また大学教員の団体交渉の問題を考察するためには、大学構成員の他の２つのグループ、つまり大学職員と大学院学生の団体交渉についても目配りをする必要がある。
 アメリカにおいて大学教員の教員組合による団体交渉が本格的に導入されたのは、1960年代に入ってからである[6]。その背景の１つは、ケネディ大統領の1962年大統領命令により、制限付きではあるが連邦政府公務員に団結権と団体交渉権が保証されたことである。その結果、連邦立大学の大学教員も他の連邦政府公務員と同様の保証を受けることになり、1968年には連邦商船大学校（U.S.マーチャント・マリン・アカデミー）の大学教員の交渉代表であるアメリカ教員連盟（AFT）と連邦商務省が公立四年制大学で最初の労使協約を締結した。
 州政府も州政府公務員に団体交渉権を保証する法制化を進め、1972年までに37州ではその権利が保証された。ただし多くの場合、大学教員はその対象から除外された。なお最初に公立大学の大学教員の団結権と団体交渉権が保証されたのはニューヨーク市立大学（CUNY）で、1969年のことである。
 私立大学における大学教員の団体交渉に法的保護が与えられたのは、1970年代初頭に全国労働関係委員会（NLRB）が全国労働関係法（NLRA）を私立大学の大学教員にも適用して、被用者の団結権を保証してからである。全国労働関係委員会は私立大学を使用者として扱い、大学教員を専門的被用者としてとらえたのである。
 しかし1980年に連邦最高裁判所のイェシバ事件の判決が出ると、大学教員の団体交渉は停滞した。この判決では、私立大学の専任教員は教育や研究などの教学に関する事項について意思決定の権限をもつ管理的被用者であり、管理職員に該当するため、全国労働関係法の下での団結権と団体交渉権の保護を受けないと判断されたからである（川内、1982年、223-226頁）。その後、ボストン大学をはじめ多くの大学はすでに承認していた大学教員の団体交渉単位（ファカルティ・バーゲニング・ユニット）を取り消すなど、私立大学の大

学教員の組合化は停滞した。

その結果、アメリカの大学における大学教員組合の結成は主に公立大学で進んだ。1990年代中頃についてみると、公立大学の専任教員の38％は大学との交渉代表を選出して組合化した大学に勤務していたが、私立大学の場合、その比率はわずか6％にすぎなかった。大学タイプ別にも大きなちがいがみられた。40％を超える二年制大学の専任教員は（団体交渉の結果労使間で結ばれる）労使協約で保護されていた。研究大学や大学院大学、総合大学でも、20％を超える大学教員は労使協約で保護されていたが、教養カレッジの上位校の大学教員は3％未満にすぎなかった（Ehrenberg et al., 2004, p.211）。

大学教員の組合化はその後も比較的ゆっくりしたペースで進んだ。2005年の時点でみると、31万8504名の大学教員が全国労働関係委員会によって認証された（団体交渉で全被用者を正式に代表する）交渉代表によって代表されていた（Moriarty and Savarese, 2006, pp.vii-x）。団体交渉において教員組合が代表する教員集団の交渉単位は575、組合化して交渉代表を選出した大学は491、組合化したキャンパスは1125を数える。組合化した大学教員の94％は公立大学に所属しており、私立大学の大学教員は6％にすぎない。また45％の大学教員は二年制大学、38％は四年制大学に、17％は二年制大学と四年制大学を併設した公立大学に所属していた。

組合化した大学教員のうち、専任教員はその55％を占めていた。大学タイプ別の専任教員の比率は公立四年制大学（68％）、私立二年制大学（47％）、公立二年制大学（43％）、私立四年制大学（33％）であり、同じ四年制大学でも公立と私立との間には大きなちがいがある。地域別分布をみると、組合化した大学教員は31州とコロンビア特別区にある大学に勤務していたが、カリフォルニア（25％）、ニューヨーク（23％）、ニュージャージー（6％）の3州で全体の54％を占めている。

組合化した大学教員の89％は3つの代表的な教員組合、つまりアメリカ大学教授協会（AAUP）、アメリカ教員連盟（AFT）、全米教育協会（NEA）によって代表されており、11％は全米自動車労組（UAW）などの他の団体によって代表されていた。複数の教員組合に代表される大学教員もいるのでややあい

まいな比率だが、3つの教員組合のなかではアメリカ教員連盟 (51%) が最も多く、それに全米教育協会 (36%) とアメリカ大学教授協会 (13%) が続いている。

なおアメリカ教員連盟と全米教育協会は四年制大学よりも二年制大学の大学教員を代表している。また設置者別にみると公立大学の大学教員がほとんどで、私立大学の大学教員は2～3%にすぎない。それに対してアメリカ大学教授協会は93%が四年制大学の大学教員であり、設置者別ではやはり公立大学の大学教員が大半を占めるが、私立大学の大学教員の比率が15%と高いのも大きな特徴である。

(2) 拡大する大学教員の団体交渉

アメリカの大学における大学教員の団体交渉は今後、さらに拡大すると予想されている (Ehrenberg, 2004, p.278; Ehrenberg et al., 2004, pp.211-212)。というのは設置者別にみると、今後学生数の増加が見込まれるのは公立大学だが、大学教員組合の結成は主に公立大学で進められてきており、大学教員の組合化には私立大学と比べて、大きな障害がないからである。

また多くの大学では経費削減のために、パートタイム教員や終身在職権のない教員を採用するようになり、今後もその増加が見込まれているが、こうした非専任教員は専任教員と比べて労働条件が劣悪なため、組合化しやすい立場にある。現在でも、大学教員の団体交渉が専任教員を中心に行われていることに変わりはない。しかし全米自動車労組は2002年7月に、ニューヨーク大学の4千人を超える非専任教員を代表する権利を獲得して、アメリカの主要な私立大学における史上初の最大の非専任教員のみの教員組合を結成した。さらに (すでに述べたように)、1980年にイェシバ事件の判決が出た後、私立大学の大学教員の組合化は停滞したけれども、この判決は終身在職権コースの大学教員のみを対象にしているので、今後は私立大学でも非専任教員の増加に対応して、大学教員の組合化は進展すると予想されている。

こうした背景に加えて、大学教員の予備軍である大学院学生が組合を結成するようになったことも、大学教員の団体交渉が将来拡大する要因として考

慮する必要がある。それは大学教員の組合化に好意的な新しい大学教員層がこれから増えることを意味するからだ (Ehrenberg, 2004, p.278; Ehrenberg et al., 2004, pp.222-224)。

アメリカの大学では多くの大学院学生が教育助手 (TA) や研究助手 (RA) などの大学職員として大学に雇用されている。大学院学生は大学と長期雇用契約を結んでいるわけではないから、組合を結成しにくい状況に置かれている。しかし規模はそれほど大きくないけれども、公立大学の教育助手を中心に大学院学生の団体交渉が次第に行われるようになってきている。

大学職員として働いている大学院学生の最初の組合は1969年にウィスコンシン大学マジソン校で結成された。その後95年までの25年間に、11の交渉単位が結成された。さらにそれから2005年までの10年間に、組合化された大学院学生数は2倍近く増加した。交渉単位もこの間に16増え、カリフォルニア大学群やカリフォルニア州立大学群、ワシントン大学シアトル校などで組合が結成されたため、交渉単位の平均規模も大きくなった。

2005年の時点で、5万7045名の大学院学生の職員が全国労働関係委員会によって認証された交渉代表によって代表されていた (Moriarty and Savarese, 2006, pp.xi-xii, pp.97-98)。組合化して交渉代表を選出した大学は26大学あるが、そのうち25校は公立大学である。組合化したキャンパスは86を数える。地域別分布をみると、組合化した大学院学生は14州に分布しているけれども、カリフォルニア (33％)、ニューヨーク (11％)、ワシントン (8％) の上位3州で全体の52％を占めている。また組合化した大学院学生の39％は3つの代表的な教員組合、つまりアメリカ大学教授協会 (AAUP)、アメリカ教員連盟 (AFT)、全米教育協会 (NEA) によって代表されているが、大学教員とちがって、49％と最も比率が高いのは全米自動車労組 (UAW) である。

大学院学生の組合化がもたらす経済的効果はそれほど大きなものではない。教育助手や研究助手の給与や学費補助などの雇用条件は組合のある大学の方がない大学よりもやや有利だけれども、あまり大きな差はないのである。また研究大学の大学教員にとって、優秀な大学院学生を確保するのは研究の推進にとって重要だから、大学院学生の雇用条件の改善自体は支持されやす

い。しかしそのために学生経費が大幅に増えることになれば、大学は教育助手のポストを増やすよりも博士課程の規模を縮小して、学部教育課程の大学教育を担当する非専任教員を雇用することになる。

さらに大学院学生の組合の要求に応じて研究助手の雇用条件を改善するために、大学教員がそれまで以上に多くの外部資金を獲得しなければならないとしたら、即戦力の人材をより効果的に確保するために、研究助手よりも学位取得後の若手研究者（ポストドクター）や専任の実験助手を雇用するようになるかもしれない。労使間の対立的な色彩が濃い団体交渉が広がると、大学院教育における大学教員と大学院学生との間の友好的な関係が損なわれるという指摘もある。しかしたとえそれらが事実だとしても、大学院学生の組合化によって、もっぱら大学教員や大学管理者の手に委ねられてきた大学院の管理運営に大学院学生の意思や要求が反映される仕組みが導入されるのは、大学院学生だけでなく、大学教員や大学管理者にとっても非常に意義のあることであるように思われる（Ehrenberg et al., 2004, pp.230-231）。

(3) 大学教員の団体交渉の役割

大学教員の給与に対する大学教員組合の影響力については数多くの研究が行われてきた。そうした分析結果のまとめによれば、組合員であることはその平均給与を非組合員よりもごくわずか上昇させる効果しかないという。調査のなかにはまったく経済的効果がないことを実証した研究もある。これは大学職員の場合と比べて対照的である。大学職員は職員組合を結成して団体交渉を実施できるが、その給与に対する影響力を分析した研究によれば、組合員の平均年収は非組合員と比べて職種を問わず有意に高いという。したがって大学職員にとって、職員組合を組織して団体交渉をするのは年収を上げて経済的条件を改善するのに非常に有効なのである（Ehrenberg et al., 2004, pp.221-222, pp.230-231）。

ところが他方で、大学教員の組合化は権限共有型管理運営の必要性や学問の自由などといった、大学文化のキャンパスへの定着には重要な役割を果たしてきた。たとえばアメリカの公立短期大学（コミュニティ・カレッジ）は制

度的に、大学というよりも中等学校の延長として考えられているところがある。大学教員の組合化は、そうした公立短期大学の大学教員の給与条件を改善するともに、彼らが学問の自由や終身在職権、正当な苦情処理手続きなどの便益を獲得するのに大きな役割を果たしてきた (Boris, 2004, p.45)。

アメリカの大学では80年代以降、大学教員組合は大学の財政状況の悪化にともなう人員削減や給与凍結などから大学教員を守ることができなかったといわれている（アルトバック、1998年、241頁）。また大学教員は専門職志向が強いため、一般の労働者と比べて団体交渉を受け入れにくいところがある。とくに研究面で生産性が高く実力を重視する傾向がある大学教員は、給与や他の雇用条件について大学当局と個人的に交渉することができるため、団体交渉による解決を意図的に選択しない場合も少なくない (Ehrenberg et al., 2004, p.212)。

しかしすでに述べてきたように、アメリカの大学における大学教員の団体交渉は今後、大学職員や大学院学生の団体交渉とともに、さらに拡大すると予想されている。アメリカの大学における全学レベルの管理運営改革では、評議会や協議会、全学教員委員会といった大学教員が参加する学内の管理運営組織に加えて、この大学教員の団体交渉をもう1つの大学教員が参加する全学レベルの意思決定組織としてどのように位置づければよいのかが問われている。

法人性・企業性の特徴をもつ大学の管理運営では大学経営陣の意思決定の権限が強いので、学外の環境変化に迅速に対応した効率的な大学経営を行うことができるかもしれない。しかしこうした中央集権的な大学の管理運営を円滑に行うには、全学レベルの管理運営組織の改革だけでなく、大学の教育研究活動に直接従事する大学教員、とくに大学管理職に就いていない大学教員が自らの意思を反映できる仕組みも整備する必要があるだろう。それは大学教員と並んで重要な大学構成員である大学職員、とくに管理職員以外の一般職員がその意思を反映できる仕組みの構築にもつながる重要な課題である。

日本の大学における管理運営の改革では、2004年の国立大学法人化や私

立学校法改正などを契機に、さまざまな管理運営組織の整備が進められている。大学法人と大学教員や大学職員との団体交渉の仕組みの構築もその1つである。とくに新たに法人化した国立大学や公立大学の場合、主に法令によって決められていた勤務条件が労働基準法のルールに従って、使用者である大学と労働者としての教職員の協議によって決定されるようになったために、労使協議会などの適切な運用をはじめ、新しい状況にふさわしい方策をめざした試行錯誤が行われている。

　私立大学は私立学校法により学校法人が設置する学校だから、大学教員の団体交渉についても豊富な経験とノウハウをもっているはずである。しかしその私立大学でも教職員の就業形態や価値観が近年著しく多様化したために、大学の管理運営において、どのような仕組みや役割をもった労働組合が適切なのか、そのあり方が問われている。教職員の労働条件の改善はもとより重要だが、教学関係の事項をはじめ、大学の管理運営に関する他の事項についても教職員の意向や要求を生かせる、学校法人にふさわしい労働組合を構築することが求められている。

　さらに大学構成員の意思や要求を尊重する観点から大学の管理運営の問題を考えるときには、学生の全学的な意思決定への参加ルートにも目を配る必要がある。アメリカの大学では、大学管理者や大学教員の多くが、大学の管理運営は大学管理者と大学教員を中心に、学内の管理運営組織を通じて行われるべきだと考えている。それゆえこうした管理運営の参加者の拡大は形式的な民主化にすぎないのかもしれない。また学生自身の参加要求もそれほど強くないのかもしれない。

　日本でも大学の組織的な意思決定過程に対する学生の参加要求は著しく低調なようにみえる。しかし日本では今後学生人口が長期にわたって減少するので、どの大学にとっても大学教育やキャンパスの施設設備の改善などといった学生向けの大学改革を効果的なものにするには、利害関係者としての学生の意向や要望を十分に考慮する必要があるだろう。

4　管理運営改革の課題

　この7章では、はじめに世界の大学における管理運営改革の動向を簡略に集約することにより、日本の大学における管理運営改革の方向を国際比較の観点から探ってみた。主に参考にしたのは、アングロサクソン文化圏の大学に焦点をあてたマクネイの大学組織モデルである。次にそうした国際的な動向をふまえて、21世紀に入ってからにわかに動き出した日本の大学の管理運営改革の動向と課題を、国立大学を中心に設置者別に集約した。さらに日本が今後解決すべき課題を探るために、アメリカの大学における管理運営をめぐる近年の改革動向を、権限共有型管理運営の状況や大学教員の団体交渉の展開などを中心に考察した。最後に、これまでの分析結果をふまえて、日本の大学における管理運営改革の課題について、そのポイントをあらためてまとめておこう。

大学の管理運営に不可欠な同僚性の組織文化

　第1に、世界の大学の組織文化は全体として、同僚性・官僚性から法人性・企業性の方向へ大きく変化してきている。しかし同僚性の組織文化、つまり学外の諸力に対する大学の制度的自律性と大学の自治を重視し、個人や学科の意思決定を尊重する同僚性の組織文化は、大学の革新や発展にとって不可欠の要素である。

　というのも大学がその固有の役割である知識の発見・統合・応用・教育を十分に果たすには、社会における大学の制度的自律性がある程度確保される必要があるからだ。知識の発見と統合では、専門分野の研究者や学生が学外や学内の圧力や制限を受けずに自由に活動できなければ、専門分野の発展に役立つ優れた成果を生み出すことはできない。

　知識の応用も大学経営陣の判断とか、政府や企業などの限られた学外の利害関係者の要求に従うだけでは、かたよったものになる恐れがある。知識の教育も学生が将来活躍するのに役立つ知識を中心に行われる必要があるから、その内容をどのようにするのかは、その知識が現在必要なのかどうかだ

けでなく、専門分野と社会のあり方に関する長期的な展望にもとづいて決められるべきである。しかも大学教育では初等中等教育と比べて、より不安定な知識、つまり知識の発見や統合の展開に応じて否定されたり覆される契機を含む知識を扱うところに教育的な価値がある。そしてそれだからこそ、授業における大学教員の教育の自由や学生の学ぶ自由が求められる根拠があると考えられる。

　また大学は基本的に専門分野に自律性をもたせる分権的な組織編成によって成り立っているが、大学における革新は多くの場合、学科や学部、研究所、センターなどの下位組織で生まれる革新であり、それが積み重なって大学組織全体が変わってきた。さらに研究についてみると、たとえば独創的な研究というのは、その生まれた時点では常に少数派であり、実際には単独で発見したり証明するからこそ、独創的な研究として評価される。先端的な研究にとりくんでいる研究者は学内や国内の同業者ではなくて、世界の少数の人びとと競争していることも少なくない。しかも独創的な研究が専門分野の学会で認められるためには、しかるべき研究者の少なくとも1人が認めればよい。その時点の主流派の研究上のマニュアル、つまりパラダイムとはちがうことを発見して、はじめて画期的な研究といわれるし、それは多くの場合、個人やきわめて少数の人びとの研究成果なのである。

　このように同僚性の組織文化は、大学の革新や発展にとって不可欠な要素である。大学の組織文化に占める同僚性の比重や内容は大学によって異なるが、どの大学にとっても、自分の大学にふさわしい同僚性の要素を確保した大学の管理運営の仕組みとプロセスを構築することが求められている。

日本の大学にふさわしい実践的な大学経営組織の整備
　第2に、法人性や企業性の組織文化が支配的な大学の管理運営では、日本の大学にふさわしい大学の経営、つまり政策立案や目標設定、権限と責任の行使などを実施するための具体的で実践的な仕組みやプロセスを整備する必要がある。
　大学経営の論議では、大学は民間企業の管理運営組織を参考にした改革を

実施する必要があるとよく主張される。しかし企業組織の改革で評判になった革新的な組織形態を導入したからといって、その大学の管理運営が効率化するわけではない。またどの国の大学改革をみても、唯一で最適な大学の管理運営のあり方が確立しているわけではないから、各大学はその歴史や制約条件をふまえて独自のあり方を工夫し、状況の変化に応じて漸次的に合理的な大学経営の仕組みやプロセスを構築していくしかないのである。

「大学経営」の時代における大学アドミニストレータの役割

　第3に、本章ではとくに正面からとりあげていないけれども、「大学経営」の時代における大学の管理運営では、優れた大学アドミニストレータの育成が求められる。大学アドミニストレータとは、幅広い見識や専門的知識をもち、学生や企業、政府などといった利害関係者のさまざまなニーズ（要求）や大学をめぐる厳しい環境を十分に理解し、自分の大学の管理運営の長所を生かして、大学の発展にとって何が求められているのかを考えたり、行動できる人材である。

　日本の場合、従来の国立大学や歴史と伝統のある私立大学をはじめ、多くの大学では、学内の管理運営は主に大学教員出身の大学管理者が行ってきた。ところが研究や教育の面で優れている大学教員だからといって、必ずしも管理運営の能力があるわけではない。今後も大学教員は大学アドミニストレータの主要な供給源であり続けると予想されるが、大学の管理運営に対する関心と潜在能力のある大学教員の選出や処遇、研修方法などを確立する必要がある。

　それに加えて今後は、幹部職員や大学スタッフの中核になる正規職員には、日常の大学運営の業務現場で、管理運営の能力を発揮することがますます求められる。また大学職員は大学の管理運営の面でも、大学教員と協働して活躍することが要請されるようになってきている。日本ではこれまで、幹部職員をはじめ、管理運営の力量がある大学職員が組織的に育成されてこなかった。大学教員を対象にした教員研修（FD、ファカルティ・ディベロプメント）に加えて、大学職員を対象にした職員研修（SD、スタッフ・ディベロプメント）が、

近年日本でも注目を集めているのは、こうした背景があるからだ。

大学構成員の意思を反映した管理運営組織の構築

第4に、法人性・企業性的管理運営では大学経営陣の意思決定の権限が強いので、学外の環境変化に対応した効率的な大学経営を行うことができるかもしれない。しかしこうした中央集権的な大学の管理運営を円滑に行うには、大学構成員、とくに大学の教育研究活動に直接従事する大学教員が、自らの意思を反映できる仕組みを整備する必要がある。

また大学職員は大学教員と並んで重要な大学構成員であり、大学の教育研究活動に直接、間接に深く従事しているので、大学職員、とくに管理職員以外の一般職員がその意思を反映できる仕組みを構築するのも重要な課題である。さらに大学構成員の意思や要求を尊重する観点から大学の管理運営の問題を考えるときには、学生の全学的な意思決定への参加ルートにも目を配る必要がある。とくに日本では今後学生人口が長期にわたって減少するが、そうした厳しい経営環境のなかで大学教育やキャンパスの施設設備の改善などといった学生向けの大学改革を効果的なものにするには、利害関係者としての学生の意向や要望を十分に考慮する必要があるだろう。

ただしそれは、大学の管理運営にとって学問の自由や少数意見の重視が重要だからであり、必ずしも大学組織の形式的な民主化や大学構成員の参加自体が重要なのではない(市川、2001年、180頁)。日本の大学の管理運営は今後、これまでよりも中央集権化する必要があるのは間違いないように思われる。しかしそれと同時に、大学教員の教育研究面での主体的裁量を尊重したり、学生と大学職員を含めた大学構成員の意思決定ルートへの公正な参加方式を構築することも非常に重要なのである。

8章　大学評価の効用

1　日本の大学評価制度：概要

大学評価への関心の高まり

　大学評価とは、大学等の高等教育で行われるさまざまな活動の実態を、関連した情報や資料をできるかぎり科学的な手続きで収集・分析して明らかにするとともに、それらの活動の意義や価値、問題点などを判断したり評価したりして、その成果を実践的に活用することを意味する言葉である（江原、1984年、15頁；江原、1997年、7頁）。日本語の「大学評価」に近い意味をもつ英語は「アカデミック・エバリュエーション」だが、「ユニバーシティ・エバリュエーション」も使われることがある（Dill, 2003, pp.29-30）。

　評価そのものは高等教育にとって不可欠な活動であり、学生や大学教員の個人的な評価には長い歴史がある。また大学評価は高等教育研究のテーマの1つとして、日本でも1970年代後半から一握りの研究者を中心に行われてきた（たとえば天城・慶伊、1977年；慶伊、1984年）。しかし大学評価が日本の大学関係者の関心を広く集めるようになったのは、91年の大学設置基準等の大綱化で、大学の自己点検・評価の実施と公表がすべての大学が「努めなければならない」課題として明記されてからである（たとえば大学設置基準第2条）。

　それまで日本の大学は大学設置基準等によって厳しく規制されていたが、このときから規制が緩和され、大学教育のカリキュラム（教育課程）の構成などを自由に決めることができるようになった。ところがそうすると、同じ学位でもその内容や水準にちがいが出てきたり、手を抜くところが出てくる恐れがあるため、各大学にはその教育研究水準の向上をはかり、大学の目的や

社会的使命を達成するために、教育研究活動などの状況について自己点検・評価し、継続的に改善していくことが努力義務として要求されたのである。

　その後、大学審議会答申「21世紀の大学像と今後の改革方策について」(1998年)や中央教育審議会答申「大学の質の保証に係る新たなシステムの構築について」(2002年)などをふまえて、学校教育法が2002年に改正され、大学評価はよりいっそう強力な法的裏づけをもつ制度として日本の高等教育に導入された。大学の自己点検・評価の実施と公表はすでに1998年に義務化されていた。それに加えて、大学や学部等が選任する学外者による外部評価がもりこまれ、第三者評価、つまり当該大学の教職員以外の者による検証も努力義務になったが、この改正にともない、これらの大学評価はより上位の法令である学校教育法で規定されることになった(学校教育法第109条)。

　またすべての大学(短期大学と高等専門学校を含む)は認証評価、つまり文部科学大臣の認証を受けた認証評価機関による評価を受けることも、新たに義務づけられた。それに先だって、国立学校設置法の改正(2000年)により、学位授与機構を改組した大学評価・学位授与機構も、国立大学を主な対象にした評価の情報収集・提供や調査研究を任務とする国立の評価機関として創設されている。さらに2004年に法人化した国立大学の場合、各大学は6年間の中期目標と中期計画を策定するが、その実績を国立大学法人評価委員会に報告して、評価を受けなければならない。しかもこの実績評価にもとづいて、その大学に対する次期の政府の財政支援額を決定することも計画されている。

　このようにみると、「小さな政府」、つまり政府の権限を縮小し、国民の自助努力や市場競争の原理を重視する、現在の日本の政府による行政主導の大学評価政策は、大学設置基準等による厳しい「事前規制」から、改革の成果を問う「事後チェック」も重視する方向へ大きく変わってきた(江原、2005年b、7頁、35頁)。政府が規制を緩和して、大学の自助努力を促し、市場競争の原理を導入すると、政府の権限は弱まるようにみえる。しかし実際には学校教育法にもとづく大学評価制度の導入により、政府の権限はかえって強化されることになったのである。

こうした一連の政策の進展は、それが大学にとって「上からの」外圧であり、しかも大学評価そのものが大学関係者にとって未知の課題でもあったために、大学側に混乱がみられたり、受け身的な対応を示すところも少なくない。形式的な評価が支配的で、市場競争の原理が働きにくい日本では、大学評価もなかなか根づきにくいのかもしれない。しかし大学評価が大学の教育研究水準の向上をはかり、その目的や社会的使命を達成するために重要な役割を果たすのは疑いのないことであり、日本の大学にふさわしい大学評価、とくに大学の自己点検・評価を中核とした大学主導の大学評価を実質的に定着させるのは、日本の大学改革にとって十分意義のあることである。

8章では、このような観点から、日本の大学評価制度の概要をまとめるとともに、大学の自己点検・評価の改革課題と大学主導の大学評価を左右する条件について、近年の日米の先行研究も参照しながら整理することを試みる。

大学評価の分類と構造

日本では現在、どのような種類の大学評価が行われているのか。大学評価では、何を（評価の対象）、どのように（評価の方法）評価するのかという技術的な問題も大切だが、よりいっそう重要なのは、誰が（評価の主体）、何のために（評価の目的）評価するのかである。ここでは、4つの要素のうち後者の2つ、とくに評価の主体に注目して、日本の大学評価の概要を整理してみよう。

評価の主体は、①行政機関（政府、とくに文部科学省や地方公共団体など）、②第三者組織（大学基準協会や大学評価・学位授与機構、日本技術者教育認定機構、その他の大学連合組織など）、③大学（大学や短期大学、高等専門学校などの高等教育機関）、④その他（マス・メディア、民間の評価会社、企業や政党、納税者としての市民、高校関係者、受験産業などの学外の利害関係者、保護者と学生など）の4つに区分する（江原、1997年、12-14頁；舘、2005年、5頁）。

なお④その他に含めた評価主体も広い意味での第三者組織である。各大学にとっては、それらの大学評価の方が学生確保や大学のイメージ形成のために重要かもしれないが、ここでは、公共財としての高等教育を公的な組織と

して評価する組織と区別して、④その他に分類した。またこれらの評価主体は利害関係者（ステークホルダー）、つまり大学が行う教育や研究、社会サービス（社会貢献）といった諸活動に対して利害関係をもつ人びとや組織としても位置づけられる。

　こうした大学評価の分類を採用するのは、各大学が教育研究などの状況について自主的に分析・評価し、その成果を自己革新のために実践的に活用する自己点検・評価を中核にした大学評価制度を定着させることが、日本の大学改革にとって重要だと考えるからである。

　国際比較の観点から大学をとりまく学外の大学評価制度についてみると、日本と同様に、主に政府による設置認可によって大学の質の維持・向上をはかってきた欧州連合（EU）の国ぐにをはじめ、どの国の政府も国民国家の枠組みを前提にして、自国にふさわしい大学評価制度を構築することをめざしている。しかし大学評価の形態としては、多くの政府は直接個々の大学を評価するのではなくて、政府から一定の独立性を保った学外の第三者組織による大学評価を制度として導入し、各大学の自主的な自己点検・評価を促進したり方向づける仕組みを構築しようとしている。それはアメリカで発達してきた仕組み、つまり連邦政府や州政府の権限が相対的に弱く、主に地域別適格認定協会や専門分野別適格認定協会が第三者評価の役割を果たす大学評価制度をモデルにしたものである[1]。

2　評価主体別にみる大学評価の改革動向

強化される行政主導の大学評価

　政府行政当局主導の大学評価として代表的なのは、大学の設置認可にともなう大学評価である。文部科学省は大学設置・学校法人審議会（大学設置分科会）に委嘱して、大学設置基準等を適用した大学の設置評価を行っている。

　大学設置基準は1956年に、大学基準協会の「大学基準」（1947年）に変更を加えて、文部省令として制定された。それまで文部省（現、文部科学省）は大学・学部・学科の設置認可にともなう事前審査の評価基準として、民間団体の大

学基準協会が会員資格審査用に制定した大学基準を使っていたが、独自の基準を制定して大学の設置認可行政の権限を強めたのである。

　戦後大学史のなかで、1956年は一連の戦後大学改革が一段落し、日本独自の展開をはじめた時点である。明治維新以降の戦前期の大学政策では、国家による大学評価が重要な意味をもち、設置認可の基準や条件を定めた「専門学校令」(1903年)や「大学令」(1918年)などが公的な評価基準の役割を果たしていた。とくに私立校の発展は、この評価基準を満たすことにより各種学校から専門学校、大学へと昇格する形で進められたが、大学設置基準の制定は、文部省(現、文部科学省)の方針が再び大学政策への関与を強化する方向へ変わったことを象徴する出来事だった(寺崎、2005年、216-220頁；天野、1984年、37-40頁)。

　その後、高等専門学校設置基準(1961年)や大学院設置基準(1974年)、短期大学設置基準(1975年)なども文部省令として制定された。これらの設置基準を適用した設置評価が大学のあり方に大きな影響を及ぼしてきたのはよく知られている(寺崎、2005年、216-220頁)。大学は設置基準、とりわけ形式的で画一的な数量的基準を満たすために躍起となり、膨大な事務処理に忙殺された。この厳しい「事前規制」は、91年の大学設置基準等の大綱化を契機に大幅に緩和されてきているが、大学の設置認可にともなう設置評価が文部科学省によって行われていることに変わりはない。

　2つ目の政府行政当局主導の大学評価は、法令によって大学評価の実施を各大学に要求したことである。この要求は91年の大学設置基準等の改正で大学の自己点検・評価の実施と公表を努力義務として明記することからはじまったが、その後10年間の間に次第に強化され、2002年の学校教育法の改正により、大学評価はよりいっそう強力な法的裏づけをもつ制度として日本の高等教育に導入された。

　それは各大学に大学評価の実施を要求するものであって、政府行政当局自体が個別の大学を対象とした大学評価を直接実施するわけではない。しかし各大学はその教育研究などの状況について自己点検・評価を行い、その結果を公表するとともに、第三者評価、とりわけ文部科学大臣の認証を受けた認

証評価機関による認証評価を受けることを求められるようになった。そしてその実施状況の設置者別概要は、文部科学省が毎年公表する「大学における教育内容等の改革状況」の調査結果によっても情報公開され、大学評価の促進をうながしている。

　この他に、政府行政当局主導の大学評価としては、国立大学法人評価や競争的な公的資金配分政策などがある。

　はじめに国立大学法人評価についてみると、国立大学はすべての大学を対象とした認証評価とは別に、文部科学省に置かれた国立大学法人評価委員会による評価も受けている。この評価には各事業年度の業務実績に関する年度評価と、6年ごとに行われる中期目標・中期計画の業務実績に関する評価があり、その評価結果は次期の中期目標・中期計画や予算措置に反映される仕組みになっている。なお国立の高等専門学校も文部科学省に置かれた独立行政法人評価委員会による評価を受けており、法人化した公立大学も地方公共団体に置かれた公立大学法人評価委員会による評価を受けている。

　国立大学法人評価は、国立大学が評価結果の情報公開により学外の社会的な評価を受けるとともに、それをふまえて教育研究活動などの自己改善に役立てるという意味では、すべての大学を対象に行われる認証評価と共通するところがある。しかしそれは政府による定期的な「事後チェック」の仕組みの1つであり、しかも中期目標・中期計画の達成状況が次期の予算措置に反映されるので、政府以外の学外の第三者組織が実施し、必ずしも公的資金の配分とは連動しない認証評価とは趣旨が異なる大学評価である。そのためこれらの2つの大学評価の役割や実施方法などを整合的に整備することは、国立大学だけでなく、すべての大学にとって重要な課題である（合田、2004年、8-10頁；舘、2005年、5-6頁）。

　文部科学省は競争的な公的資金配分を行うさまざまなプログラムを実施している。本書の1章でもすでに紹介したことだが、2002年から実施された「21世紀COEプログラム」は、国公私立大学を通じた大学間の競い合いを活発化することにより、日本の大学に世界最高水準の研究教育拠点を学問分野ごとに形成し、国際競争力のある大学づくりを推進することを目的とした事業

である（文部科学省、2007年、166-167頁）。この「世界的研究教育拠点の形成のための重点的支援――21世紀COEプログラム――」という長い正式名称をもつ事業は、投入された公的資金が少ない割には個別大学のレベルにおける大学改革の進展に大きな影響を与えたといわれている。

　その成果をふまえて、「グローバルCOEプログラム」が事実上第2期のCOEプログラムとして2007年から開始された。このプログラムの特徴は選択と集中であり、「21世紀COEプログラム」と比べると、採択件数は半数強に絞り込まれたが、1件あたりの年間配分額は約2倍になった。その結果、これまで研究費の配分で優遇されてきた旧帝国大学系大学への集中がいっそう進むとともに、地方国立大学や私立大学の採択件数は大幅に減少した（杉本・坂本、2007年）。

　教育面では、これも長い正式名称をもつ「特色ある大学教育支援プログラム」が、2003年から5年間実施された。このプログラムは大学教育の質の充実や世界で活躍できる人材の育成をはかるために、大学教育の改善に資する種々の取組のうち、特色ある優れたものを選定、公表することにより、それぞれの大学や短期大学が選定された取組を参考にして、大学教育改革を推進していくことを目的とした事業である。

　この事業（グッド・プラクティス）は2004年から「特色GP」と略称され、ほぼ同様の目的をもった支援プログラムとして、「現代的教育ニーズ」（現代GP）や「専門職大学院形成」、「社会的ニーズに対応した医療人教育」などに特化した事業が矢継ぎ早に実施されるようになった。さらに2008年から、特色GPと現代GPを発展的に統合した「質の高い大学教育推進プログラム」が新しく開始された（文部科学省、2007年、167頁）。

　ところで「小さな政府」の大学政策では、文部科学省自体も予算を獲得するために、こうした競争的な公的資金配分政策を立案、実施する必要にせまられている。また文部科学省は「行政機関が行う政策の評価に関する法律」（2001年）にもとづいて、その政策を自ら評価する政策評価を実施している。大学評価はこのような行政改革に連動して、アカウンタビリティ（説明責任）や情報公開とともに導入されたものである。とくに文部科学省の競争的な公

的資金配分政策の導入の背景には、文部科学省自体の予算が継続的に削減されるため、予算を獲得する努力を大学側にも要求するところがあるようだが、明確な将来展望がないまま、パッチワークのように個別の事業をつぎあわせても、日本の高等教育の発展にとって望ましい成果はえられないだろう。

問われる第三者組織による大学評価の有効性

　第三者組織による大学評価とは、各大学の教職員以外の者による大学評価を総称する言葉である。ただしここでは、政府から一定の独立性を保った学外の公的な組織による大学評価に焦点をあわせる。こうした第三者組織による大学評価は、第二次世界大戦後の大学改革の一環として大学基準協会が1947年に創立されたときに日本の高等教育に導入されたが、2002年の学校教育法改正を契機に、日本の大学関係者の間でにわかに関心を集めるようになった。この改正により、2004年4月から政府行政当局以外の学外の公的な第三者組織による大学評価が導入され、すべての大学は7年以内に一度、専門職大学院は5年以内に一度、認証評価、つまり文部科学大臣の認証を受けた認証評価機関による評価を受けることを義務づけられた。

　認証評価には、①機関別評価、つまり当該大学の教育研究などの総合的な状況についての評価と、②専門職大学院の専門分野別評価、つまり当該専門職大学院のカリキュラム、教育組織その他教育研究活動の状況についての評価の2種類がある。そのうち専門分野別評価については、専門分野ごとに評価機関を認証することが想定されている。したがって専門職大学院を置く大学は、機関別評価の他に、その専門分野別評価を受ける必要がある。また専門分野別評価は当面、専門職大学院から開始されるが、将来的には他の課程でも義務化されると考えられる。

　こうした認証評価を行う認証評価機関は、①認証評価を適確に行うに足る大学評価基準と評価方法を定めていること、②認証評価の公正かつ適確な実施を確保するために必要な体制が整備されていること、③認証評価の結果の公表前に、評価結果に対する大学からの意見の申し立ての機会を付与していること、④認証評価を適確かつ円滑に行うに必要な経理的基礎を有する法

人であることなどの条件を備えている必要がある（学校教育法110条）。

　2008年現在、機関別評価を行う認証評価機関として文部科学省から認証された機関は、大学の評価を行う日本高等教育評価機構、大学・短期大学の評価を行う大学基準協会、大学・短期大学・高等専門学校の評価を行う大学評価・学位授与機構、短期大学の評価を行う短期大学基準協会である。また専門職大学院のうち法科大学院の専門分野別評価を行う認証評価機関として日弁連法務研究財団、大学評価・学位授与機構、大学基準協会が認証されている。その他に経営分野では大学基準協会とABEST 21、会計分野では国際会計教育協会、助産分野では日本助産評価機構が、それぞれ専門分野別評価を行う認証評価機関として認証されている（リクルート　カレッジマネジメント編集部、2008年、6頁）。

　第三者組織としての認証評価機関による大学評価には、いくつかの問題点や課題が指摘されている[2]。

　第1に、認証評価がめざす大学評価の目的があいまいなことである。改正された学校教育法には認証評価の目的が明記されていない。とくに問題なのは、大学評価制度における大学の設置認可と認証評価の関係が不明確なことである。行政主導の大学評価政策が、大学設置基準等による厳しい「事前規制」から、改革の成果を問う「事後チェック」も重視する方向へ転換することをめざしているとすれば、認証評価はそれぞれの認証評価機関が定めた大学評価基準にもとづく評価であり、しかもそれは、すでに設置認可された大学が設置基準を満たしているかどうかをあらためて評価するものではない。政府行政当局以外の学外の公的な第三者組織による大学評価は、大学連合組織や大学関係者などの主体性にもとづいた自主的な評価であることに意義があるからである。

　したがって認証評価は適格認定、つまり設置認可された大学がその教育研究などの水準を自主的に向上させ、日本の大学として、あるいは国際的通用力のある大学としてふさわしい状況にあるかどうかを評価する大学評価として、大学評価制度のなかに明確に位置づけられる必要がある。

　大学基準協会はこうした観点から、大学がその質を自ら保証することがで

きる内部質保証システムを構築することを強く求めるとともに、認証評価の本来の役割は、大学が構築し実行している内部質保証システムが十分機能しているかどうかを第三者組織としてチェックすることであると明言している（大学基準協会、2009年、1頁）。

　第2に、認証評価には現行の法令上、機関別評価と専門職大学院の専門分野別評価があるが、後者の専門分野別評価については、多種多様な専門分野に応じて、評価対象の専門分野を大幅に拡張するとともに、専門職大学院だけでなく、大学院の修士課程や博士課程、さらに学士課程や短期大学士課程など、他の課程を対象にした専門分野別評価を整備する必要がある。また認証評価を実際に運用する過程で、機関別評価と専門分野別評価をどのように整合的に実施すればよいのか、その基本的な方策を確定していくことも今後の重要な課題である。

　第3に、認証評価は複数の認証評価機関による多元的な評価を特色としており、それ自体は望ましいにしても、大学評価基準や評価方法をある程度標準化することが求められる。それは機関別評価と専門分野別評価のどちらについてもいえることである。とくに複数の認証評価機関が同種の対象を評価する場合には、少なくとも、それぞれの認証評価機関が設定する大学評価基準の最低水準をゆるやかな形で標準化する必要がある。そうしなければ評価結果はもとより、大学評価制度自体の信頼性や有効性が国内外で著しく損なわれる恐れがあるからだ。

　大学評価基準や評価方法の標準化については、認証評価機関ではない第三者組織による大学評価との調整も必要である。たとえば日本技術者教育認定機構（JABEE）は技術系学協会と連携しながら技術者教育プログラムの審査・認定を行う非政府団体であり、学士レベルの技術者教育の質的同質性を国境を超えて相互承認するワシントン協定に加盟している。また高等教育品質保証機関国際ネットワーク（INQAAHE）などが試みる各国の質保証機関の相互認証システムへの対応も求められるだろう。

　第4に、このような方向で第三者組織による大学評価を整備拡充するためには、多大な物的・人的資源が必要であることも指摘されている。適切な財

政基盤と人員体制が整備されなければ、認証評価機関は公的な第三者組織としての自律性を確保できない。また質と量の両面で必要十分な評価者を早急に育成することも要請される。さらに日本の大学にふさわしい第三者組織による有効な大学評価の構築は、それぞれの認証評価機関の特色と長所を生かしながら、時間をかけて行う作業であることを、多くの大学関係者が共通に理解するようになることも重要である。

大学主導の大学評価の定着

大学主導の大学評価の中核に位置するのは、各大学が行う大学の自己点検・評価である。学校教育法の第109条によれば、大学は、その教育研究水準の向上に資するため、当該大学の教育研究、組織運営、施設設備といった教育研究などの状況について自ら点検と評価を行い、その結果を公表するものとされている。この大学の自己点検・評価の実施と公表は91年の大学設置基準等の大綱化にともない、大学の設置認可による「事前規制」の緩和とひきかえに努力義務となり、さらに98年には義務化された。

その後の実施状況をみると、たしかにどの大学も教育研究などの状況について、なんらかの自己点検・評価を行い、その結果を報告書やインターネットなどのメディアを通じて公表するようになった。しかし点検・評価の実施手続きや結果の活用をはじめ、大学の自己点検・評価の明確な仕組みが確立されたとは必ずしもいえない。たとえば自己点検・評価は大学で行われる教育研究などの実態を明らかにするとともに、それらの意義や価値、問題点などを判断したり評価して、その成果を自己革新のために活用することを目的にしているが、現状把握のために自己点検は試みたものの自己評価までには及ばなかった場合が少なくない。

PDCA (Plan-Do-Check-Action) のマネジメントサイクルの考え方に即していえば、大学の自己点検・評価は①計画、②実施、③点検・評価、④改善の4段階のうち、3つ目の点検・評価の段階にあたる。大学の教育研究などの管理運営では、最後の改善を次のステップの計画に結びつけて、大学の質を継続的に向上させる仕組みを構築することが求められることになる。しかし現

状では、どの段階も試行錯誤の状態にあり、サイクル自体が定着していないことを考えると、自己点検・評価の仕組みの改革と定着を手がかりにして大学の教育研究水準の向上をはかるのは、どの大学にとっても重要な解決すべき課題である[3]。

　それでは、こうした大学主導の大学評価を実質的に定着させるにはどうすればよいのか。続いてそのための具体的な方策を探るために、2つのアプローチを試みてみよう。1つは日本の大学にふさわしい大学の自己点検・評価の仕組みを構築するために、その改革課題を近年の日米の先行研究も参照しながら整理することである。もう1つは改革の先行モデルの1つであるアメリカの大学主導の大学評価では、何が問題になっているのかを、大学の自己点検・評価をとりまく学外の環境、とくに適格認定協会の役割変化や実績による資金配分（パフォーマンス・ファンディング）政策の動向、それから評価手法の問題に焦点を絞ってまとめてみることである。

3　大学の自己点検・評価の改革課題

大学構成員による大学評価の意義や効用の共有

　大学主導の大学評価が実質的に定着するためには、まず第1に、大学の自己点検・評価を含めた大学評価の意義や効用を、大学管理者や大学教員、大学職員、学生などの大学構成員が広く共有することである。

　評価の主体に注目すると、日本の大学評価制度は各大学が行う大学の自己点検・評価を、学外の第三者組織による大学評価や政府機関による大学評価、その他のマス・メディアや企業や高校関係者などの利害関係者による大学評価がとりまく構造になっている。各大学は政府による大学設置基準等を適用した設置評価により設置認可された後、自主的に教育研究などの状況について点検・評価し、その結果を公表するとともに、政府から一定の独立性を保った第三者組織による認証評価を定期的に受けることを義務づけられている。

　それ以外に、国立大学は中期目標・中期計画の業務実績に関する国立大学

法人評価も受ける。またどの大学も、政府の競争的な公的資金をはじめ、企業や同窓会組織などから外部資金を獲得しようとすれば、その都度、独自の評価基準によって評価されることになる。学生確保や大学のイメージ形成のためには、マス・メディアやさまざまな利害関係者による大学評価への対応も非常に重要である。

大学の自己点検・評価は、こうした大学評価制度のなかで中核に位置づけられる。というのは大学評価の目的はなによりもまず、大学の現状を改善したり改革して、その質の向上をはかること、つまり大学の機能である教育と研究、さらに社会サービスをより優れたものにすることにあるからだ。どのような組織や制度についてもいえることだが、その機能を十分に発揮させるには、自己点検・評価を常に行い、その成果を自己革新のために活用する必要がある。

とりわけ大学は学問の自由の理念にもとづく自治的な教育研究機関だとみなされているので、大学評価、とくに大学の自己点検・評価は重要である。自治は自主的な軌道修正の仕組みを内蔵した組織や制度に対して社会が認めるものであり、それによってはじめて、大学は外部からの干渉や介入に対して自律性を確保できると考えられるからである。

今後は大学の自助努力がますます求められ、大学教育の質や大学の個性をめぐって、大学間の競争が厳しくなると予想される。そうした新しい時代の流れに対応するためにも、過去に対する反省と現状の点検・評価は不可欠である。どの大学もそれぞれ固有の理念や目的をもっており、私立だけでなく国公立も含めて、どの大学にもユニークな建学の精神や独自の使命があるはずである。そうした基本的な理念や目的をふまえて、実現可能な未来をみずから描けなければ、その大学に対する将来のイメージはきわめて暗いものになってしまうにちがいない。

さらに全学的な大学評価活動自体が大学の実状を大学構成員に知らせるよい機会であることも指摘しておきたい。高等教育の大衆化は日本でも実に多種多様なキャンパスを生み出したが、その実態は他大学だけでなく自分の所属する大学についてすら、恐ろしいほど知られていない。公的な大学情報や

友人や知人を通してえられるインフォーマルな情報は、事実の半面しか伝えないことが多い。大学構成員はその大学環境に精通し、自分の位置や役割を正確に知らなければ、そのもてる力量を十分に発揮することはできない。

こうした大学評価の意義や必要性を全学の大学構成員が共有するためには、いくつもの障害を乗り越えなければならない。たとえば学問の自由の理念が一方で学部や学科、専攻、講座のエゴを助長し、その既得権の擁護のために大学の自己点検・評価や自己改革が進めにくいのは事実である。学内の評価の主体として大学管理者や大学教員の他に、大学職員や学生を含めるのかどうかも大きな問題である。しかしそうした障害を1つずつ除きながら、自主的な改革を進めることによってのみ、それぞれの大学は独自の方向性を見出すことができるのではないか（江原、1994年b、232-234頁）。

多様な大学評価と連動した大学の自己点検・評価の構築

第2に、大学の自己点検・評価を学外から要請されるさまざまな大学評価と連動させ、その準備を進めることも兼ねた評価活動として位置づけ、自分の大学にふさわしい仕組みを整備する必要がある。

各大学は今後、学外の第三者組織や政府機関による大学評価、マス・メディアや企業、高校関係者、保護者といった利害関係者による大学評価など、多種多様な大学評価に対処することを求められている。これらの大学評価はいずれも多大なエネルギーを要する作業だから、その都度個別に対処すれば、大学にとって過重な負担になったり、準備作業が重複しやすいため、大学評価疲れの状況をもたらすことになる。

そうした状況を避けるためには、大学の自己点検・評価にとって不可欠な評価項目を大学の置かれた状況に応じて確定するとともに、さまざまな大学評価で使われている評価項目を比較検討して、どの大学評価にも共通に含まれ、しかも自分の大学の改革にとって意味のある重要な少数の評価項目を抽出し、それらを中核にした汎用性の高い大学の自己点検・評価の仕組みを構築する必要がある。

その際のポイントは、大学評価に使えそうな種々雑多な評価項目や評価指

標を満載したデータベースを構築するのではなく、あくまでも大学の自己改革のために活用できる評価項目や評価指標を厳選し、日常の教育研究などの活動を分かりやすく、目にみえる形で評価する作業を積み上げていくことである。というのは、こうした大学独自の自己点検・評価活動は学外のさまざまな大学評価への準備として役立つだけでなく、政府の競争的な公的資金をはじめ、企業や同窓会組織などから外部資金を獲得する際にも、それまでの実績を示す客観的な成果として活用できるからである。

学内の実施体制の整備

　第3の課題は、大学の自己点検・評価の実質的な実施体制を学内で整備することである。

　ほとんどの大学は大学の自己点検・評価を実施する学内の全学的な組織として、自己点検・評価委員会や自己評価委員会、あるいは教員研修（FD）も含めた自己点検・評価・FD委員会などといった委員会を設置している。複数の学部をもつ大学では、学部や研究所などの部局レベルの委員会を設置しているところも少なくない。大学教育の改善や支援を主な目的とした大学教育センターを設置する大学も徐々に増えており、学生による授業評価をはじめ、大学教育の評価を中心とした大学評価を実施している。

　それに加えて、多様な評価活動を効率的に遂行する全学的な組織として、評価情報分析室（名古屋大学）や経営情報分析室（愛媛大学）、大学評価情報室（九州大学）を設置した大学もある。これらの3大学に共通する活動は①評価活動への支援、②データ管理、③データ分析、④学内向けレポート作成の4つであり、その背景には、大学の経営情報システムの構築、大学評価への対応、大学評価で必要とされる根拠資料の効率的な学内収集体制の構築の必要性があるという（小湊・中井、2006年、242-244頁、250頁）。

　しかしこうした組織も、大学の自己点検・評価を実質的に実施できるように整備されなければ、大学改革のために新たに設置された他の多くの組織と同様に、形だけの組織作りに終わってしまう恐れがある。関口は、実質的な自己評価体制を構築する際のポイントとして①評価対象となる活動全般を見

渡せるリーダーを確保すること、②評価チームは小規模を基本とし、しっかりした支援体制を作ること、③評価作業のための人材育成の見地も忘れないこと、④メンバーには事務職員も必ず加えることの4点を指摘している(関口、2004年、42-43頁)。

これらのポイントは(著者も述べているように)、経験的にえられたものであり、実施にあたっては、それぞれの大学の事情や制約条件に即した応用や工夫が必要になるが、実質的な実施体制を整備する際の留意点を簡潔に示しているといってよいだろう。

教育を重視した評価項目の体系化
　第4に、大学の自己点検・評価は各大学の教育研究水準の向上に資するために行われるが、当面は、大学教育を改善し、教育の質を保証するために、教育評価に焦点をあわせて評価項目を体系化すべきである。

大学評価にはさまざまな評価項目がある。たとえば大学基準協会や大学評価・学位授与機構などの認証評価機関が行う機関別評価の評価項目をみると、大学の理念・目的や教育研究組織、教育内容・方法から、施設設備や管理運営、財務まで多岐にわたっている。しかし大学評価が各大学の理念や目的に即して行われることも反映して、評価項目は教育評価を中心に構成されている。専門分野別評価では、教育評価はよりいっそう重視されている。

大学評価では教育評価と並んで、研究評価も重要な評価項目である。しかし教育が所属大学の学生を直接の対象にしたローカルな活動であるのに対して、大部分の研究は学内で行われるにしても、その評価は基本的に学外や海外の研究者集団によって行われるため、研究はどちらかといえば、大学の枠を超えて評価されるという意味でコスモポリタンな活動である。したがって大学の自己点検・評価では、研究評価は施設設備や管理運営などの評価と同様に、大学教育の改善や質の保証と関連した活動を対象とした評価項目群の1つとして位置づけられる。

こうした教育評価の重視は、認証評価機関の主要な先行モデルである、アメリカの地域別適格認定協会や専門分野別適格認定協会が設定した評価項目

の構成にもよくあらわれている。とくに1980年代以降、アカウンタビリティの考え方が浸透すると、適格認定では入学者の特徴や既存の資源、教育研究組織、施設設備などのインプット面よりも、学生が在学中に獲得した学習成果（ラーニング・アウトカムズ）が重視されるようになった（ルイス、2007年、46-48頁）。また産業界や州政府などの学外の声にも応えるために、適格認定協会は大学に対して大学教育の質を継続的に改善することを要求するようになった（Rice, 2006, p.17；バーク、2003年、93頁）。大学評価は大学の機能である教育と研究、さらに社会サービスをより優れたものにするために行われるが、どの大学にとっても最も重要なのは大学教育を改善し、教育の質を保証することだからである。

日本の大学は今後、教育重視型大学と研究重視型大学の2つのタイプに大きく分化するが、実際にはどちらのタイプの大学にも、多種多様な特色のある大学教育を提供するところが増えると予想される。とくに教育重視型大学のなかには、大学の規模が比較的小さく、社会的な知名度もそれほど高くないかもしれないが、大学の長所や持ち味を生かして、その大学に最もふさわしい適所をえようとする「隙間（ニッチ）」志向の大学が数多く生まれると考えられる（江原、2006年b、115頁、121-122頁）。

大学の自己点検・評価は、そうした各大学の理念や目的に沿って大学教育を改善し、教育の質を保証するために、教育評価に焦点をあわせ、その関連で他の大学の諸活動を体系的に点検・評価できるように評価項目を整備すべきである。

学生の学習成果を中心にした評価指標の設定

第5に、こうした教育評価に焦点をあわせた大学の自己点検・評価では、評価の主な対象を専門分野や専攻、あるいはコースや課程が提供する教育プログラムにし、その成果を評価する際には、学生の学習成果、つまり学生が在学中に獲得した知識や技能、価値観、態度などを評価する指標を中心に評価指標を設定する必要がある。

これまでの日本における大学教育の評価では、主に教育機関全体と個別の

授業を評価単位とした教育評価が行われてきた。しかし評価結果を大学教育の改善に生かすためには、機関別評価だけではあまり役に立ちそうにない。個別の授業の評価結果も、履修の責任を全面的に学生にまかせることが難しい現状を考慮すると、個々の授業が効果的になったからといって、その大学の大学教育の質が全体として向上するわけではない。評価結果をさらなる改善に結びつけて、大学教育の質を継続的に向上させる仕組みを構築するには、専門分野や専攻、あるいはコースや課程における教育活動を単位にした大学教育の評価がきわめて重要なのである（串本、2006年、265頁、274頁）。

またそうした教育プログラムの評価では、学生の学習成果の評価を中心に評価指標を設定する必要がある。教育と学習はいずれも「教えること」と「学ぶこと」の2つの意味を兼ね備えた言葉だが、教育学では、教育は学習が成立するように支援する「学習への援助」として位置づけられている。つまり学習そのものはあくまでも学習者自身によって行われるが、教育はそうした学習への動機づけをしたり、学習意欲を喚起したり、学習する機会を準備することにより、学習者の学習過程を適時に、的確に支援することを意味する言葉である（山崎、2007年、20-21頁）。

このような観点からみると、各大学はその理念や目的に沿った大学教育の目的を、すべての学生が達成すべき学習成果として公的に明示し、彼らがそれらの成果を実現するのを支援するために、適切なカリキュラムを編成したり、教育方法や教育研究組織、その他の施設設備などを整備する立場にある。そして学生の学習成果と学生の学習に対する大学側の援助を定期的に点検・評価し、その結果を次の大学教育の改善に結びつける仕組みの構築は、どの大学にとっても不可欠なのである（川嶋、2005年、259-261頁；Jones, 2001, pp.15-16）。

ところで学生の学習成果の分類や具体的な評価指標は、大学の事情に応じていろいろ想定することができる。ここではごく試論的な試みを、1つの参考例として簡略に紹介してみよう[4]。

アスチンは大学教育の一般的な目的を考慮して、学生の学習成果を①学習成果のタイプ（認知的・情緒的）、②評価指標のタイプ（心理的・行動的）、③学

習成果の時間軸（短期的・長期的）の3つの分類軸を用いて、8つに分類している（Astin, 1991, pp.42-46）。

まずはじめに、学習成果のタイプと評価指標のタイプをくみあわせると、学生の学習成果は分析的に4つに分けることができる（**表8-1**）。認知的・心理的な学習成果は知識や技能（スキル）、批判的思考能力、問題解決能力などによって、認知的・行動的な学習成果はキャリア発達や学歴、職業達成などによって構成される。また情緒的・心理的な学習成果は価値観や態度、自己像、大学生活の満足度などによって、情緒的・行動的な学習成果はリーダーシップや市民性（シチズンシップ）、趣味などによって構成される。

この4類型をさらに、3つ目の分類軸、つまり学習成果を大学在学中あるいは大学卒業直後の短期的な成果と、大学卒業後数年を経た後の長期的な成果の2つに分けてみると（**表8-2**）、たとえば認知的・心理的な学習成果は在学中の学業成績や医学校進学試験（MCAT）の成績、入社試験の成績などの短期的な成果と、卒業後就業した職業が要求する各種の資格試験の成績や昇進試験の成績などの長期的な成果に分類される。また情緒的・心理的な学習成果についてみると、同じ満足度でも、個別の授業や大学生活などに対する満足度は短期的な成果であり、職業や職場生活などに対する満足度は長期的な成果ということになる。

表8-1　学生の学習成果の分類

		学習成果のタイプ	
		認知的	情緒的
評価指標のタイプ	心理的	科目に関連した知識	価値観
		学業成績	態度
		批判的思考能力	自己像
		基本的学習技能	関心
		特殊な才能	信念
		学業達成	大学生活の満足度
	行動的	学歴	リーダーシップ
		職業達成	市民性
		受賞または表彰	対人関係
			趣味

（出所）Astin, 1991, p.45 の表3.1を修正。

表8-2　短期的学習成果と長期的学習成果：例示

学習成果のタイプ	評価指標のタイプ	短期的学習成果（在学中）	長期的学習成果（大学卒業後）
認知的	心理的	在学中の学業成績 入社試験の成績 医学校進学試験（MCAT）の成績	資格試験の成績 昇進試験の成績 医師資格試験の成績
認知的	行動的	大学卒業	顕著な職業上の表彰所得
情緒的	心理的	個別授業の満足度 大学生活の満足度	職業の満足度 職場生活の満足度
情緒的	行動的	学生自治会への参加	政治活動（地方または全国）への参加

（出所）Astin, 1991, p.46 の表3.2を修正。

　大学教育の目的や学生の学習成果には、それぞれの大学の事情によって独自のものがあるし、多様であることが望ましい。具体的な評価指標も、一方で個別の大学を超えた全国レベルの、ある程度標準化された客観的な試験などの開発も望まれるが、他方で各大学がその大学教育の改善にとって最も適切な評価指標を、大学での実践をふまえて独自に開発することも重要な課題である。またアスチンは学生の学習成果を主に個人単位でとらえているが、大学教育の改善にとっては、専門分野や専攻、コースや課程、学部などの組織単位でみた学習成果の評価指標を工夫することが求められる。さらにこうした学習成果をカリキュラムや教育方法、施設設備などといった学生の学習に対する大学側の援助体制と関連させて評価するとしたら、よりいっそう多くのエネルギーが必要になるだろう。

学部の自己点検・評価を積み上げて構築する全学の大学評価

　第6に、大学評価では全学レベルの大学評価が基本だが、実質的な大学評価を定着させるためには、なによりもまず大学の自己点検・評価において、学部や研究科を基本的な組織単位にした評価を実施したり評価結果を集約し、それを積み上げて全学的な評価結果をまとめる方式が実施しやすいように思われる。これはとくに複数の学部や研究科をもつ中・大規模大学にあてはまることである。

日本の大学は伝統的に、類似した専門分野をまとめて設置した学部を基礎に編成されており、大学の管理運営も大学教員によって構成される学部レベルの教授会を中心に行われてきた。現在の行政主導の大学改革では、各大学は国公私立を問わず、学長を中心とする全学的な管理運営の仕組みを確立することを求められているけれども、この伝統的な仕組みは依然として根強く残っている（江原、2005年b、34頁）。

　教育評価では評価の組織単位を専門分野や専攻、あるいはコースや課程が提供する教育プログラムにするのが望ましいが、大学教育のカリキュラムの構造や内容といったものも実際には、主に学部や研究科レベルで調整されたり編成されてきた。なかには学部教育の教養教育のように、全学的な観点から編成されるものもある。しかしその場合も、各学部が共通して学生に履修を求める科目を中心に科目編成を集約した上で、全学的な統一性と学部レベルの独自性をはかる方式が実施しやすいように思われる。

　また実際には同じ学部内の大学教育も多様だが、学部レベルで評価指標や評価基準をある程度標準化できなければ、学部や全学的な大学教育の目的をふまえた教育評価を実施したり、その結果を次の大学教育の改善に結びつけることはできないだろう。さらに学外の大学評価、たとえば認証評価で今後機関別評価と専門分野別評価をともに受けることになるとすれば、学部レベルの自己点検・評価を積み上げて全学的な大学評価を構築する方が、大学評価の整合性や体系性、要素間の相互連関性などの見通しもはるかに立てやすいように思われる。

　なおこうした評価活動にとって重要なのは、大学職員や学生に評価活動への積極的な参画を求めることである。たとえば教育評価についてみると、大学教員は大学教育を直接担当しており、カリキュラムの編成や新しい教育プログラムの開発や改善などに対する権限と責務があるから、その評価活動でも中心的な役割を果たすのは当然のことである。

　しかし大学教育を円滑に進めるには、教学関係をはじめ、図書館や学生部などさまざまな部門の大学職員の実質的な支援が不可欠である。大学職員は大学教育の実施状況を大学教員以上に熟知していることも少なくないから、

彼らの評価活動への責任ある参画を積極的に進める必要がある。大学の自己点検・評価に役立つ資料やデータを系統的に収集したり分析する際にも、大学職員の協力と関与は不可欠である（関口、2004年、45-46頁、54-55頁）。

学生による授業評価により、学生はすでに公的な教育評価活動に部分的に参画している。個別の授業に関するインフォーマルな情報がクラスやサークルなどの人的ネットワークを通じてキャンパス内に浸透しているのは、どの大学にもみられることである。しかし学生が大学が提供する大学教育の最も身近で、しかも直接の利害関係者であることや、教育評価の中核は学生の学習成果の観点からみた教育プログラムの評価であることなどを考えると、学生の評価活動への参加は非常に重要である。

ただし大学の自己点検・評価を実施する組織の規模は、全学レベルでも10名未満の比較的小規模な方が運営しやすいことが経験にもとづいて提言されている。そのためどの大学も、評価活動への大学職員や学生の積極的な参画のあり方を大学の事情に応じて工夫したり、その活動を支えるために補助職員や臨時委員の柔軟な補充、学内の関連組織の協力などにより支援体制を充実して、大学評価を実質的なものにすることを求められている（ケルズ、1998年、82-83頁；関口、2004年、44-45頁）。

4 大学主導の大学評価を左右する条件：アメリカの経験

次にこうした大学の自己点検・評価を中核にした大学主導の大学評価を左右する条件について、主に改革の先行モデルの1つであるアメリカにおける経験を参考にしながら考察してみよう。

日本の大学評価制度は、各大学が行う大学の自己点検・評価を、学外の第三者組織による大学評価や政府機関による大学評価、その他のマス・メディアや企業や高校関係者などの利害関係者による大学評価がとりまく構造になっている。これらの学外の大学評価のうち、ここでとくにとりあげるのは、政府から一定の独立性を保った第三者組織による大学評価を行う適格認定協会（アクレディティング・アソシエーション）の動向と、政府機関が大学評

価の結果にもとづいて行う予算配分政策の課題である。また大学評価の定着にとって不可欠な評価手法の課題についてもとりあげてみたい。

大学との協働をめざす適格認定協会

　アメリカで日本の大学基準協会や大学評価・学位授与機構などの認証評価機関に相当する役割を果たしているのは適格認定協会である。というよりも日本の認証評価機関は、アメリカの適格認定協会を主要なモデルとして導入されたといった方が正確であり、その動向をたどってみることは日本の大学評価のあり方を検討する上で非常に重要である[5]。

　適格認定（アクレディテーション）とは、高等教育において質の保証と改善のために大学や教育プログラムを精査する際に用いられる、学外の第三者による質の評価の過程（プロセス）を意味する言葉である。この適格認定を実施する適格認定協会には大きく分けると、地域別適格認定協会と専門分野別適格認定協会の2種類がある。

　地域別適格認定協会は全米で6つあり、大学全体を評価の対象とする機関別評価を行う。大学が適格認定をえたい場合は通常、その所在地域を管轄する地域別適格認定協会に申請するので、協会同士は基本的に競合関係にはない。それに対して専門分野別適格認定協会は、全米レベルで医学や法学、工学、経営学、教員養成などの専門分野別に教育プログラムや学内組織（ユニット）を評価の対象とする専門分野別評価を行う。専門分野別適格認定はほとんどの場合、すでに地域別適格認定協会から認定を受けた大学を対象にするが、なかには独立した専門大学院や専門学校を適格認定するところもある。また地域別適格認定協会とちがって、同じ専門分野に複数の協会があり、申請校をめぐって競合する場合もある。

　適格認定協会は任意団体だが、連邦政府の援助や社会的信用を獲得するために、そのほとんどは連邦教育省または高等教育適格認定協議会（CHEA）による認証を受けている。連邦教育省による認証は連邦政府が給付する学生奨学金の受給資格と結びついている。高等教育法により、連邦教育省による認証を受けた適格認定協会から認定された大学に在籍していなければ、学生は

連邦政府の奨学金の受給資格がないからである。

　高等教育適格認定協議会は適格認定協会の頂点に位置し、その代弁者の役割を果たす全米レベルの任意団体であり、認証を行う唯一の非政府組織でもある。高等教育適格認定協議会はすべての地域別適格認定協会をはじめ、60の適格認定協会を認証しているが、こうした認証によって、適格認定活動の社会的意義を高めたり、適格認定協会やその認定を受ける大学や教育プログラムの正統性を確保することをはかっている。

　この適格認定協会の適格認定では従来、入学者の特徴や既存の資源、教育研究組織、施設設備などのインプット条件が重視されていた。しかし1980年代以降、アカウンタビリティの考え方が浸透すると、そうしたインプット面よりも、教育機関としての大学や教育プログラムの有効性や、学生が在学中に獲得した学習成果が重視されるようになる。とくに学生の学習成果を適切な根拠となる資料にもとづいて提示しなければ、教育機関としての大学や教育プログラムの有効性も証明されないことが広く認識され、適格認定協会は学生の学習成果に関する基準を評価項目に加えるようになった。

　ところで大学教育の成果に焦点をあてた評価の導入にともない、適格認定協会はその社会的な役割を変え、大学と協働して大学教育の改善にとりくむ姿勢を強めてきている。適格認定協会はそれまで、認定した大学名を公表することにより質の保証とアカウンタビリティに対処してきた。ところが近年、大学教育の成果、とくに学生の学習成果を証明する責任は大学だけでなく協会側にもあることが認識され、両者が協力して大学の自己点検・評価活動の仕組みを改善し、その客観性や透明性を高めるとともに、評価結果を大学教育の質の改善に活用することをめざすようになったのである（前田、2001年、96頁；福留、2005年、165頁、177頁）。

　日本の認証評価の問題点の1つは、その目的があいまいなことである。しかし日本の認証評価を適格認定、つまり設置認可された大学がその教育研究などの水準を自主的に向上させ、日本の大学として、あるいは国際的通用力のある大学としてふさわしい状況にあるかどうかを評価する大学評価として定着させる必要があるとしたら、こうした各大学との協働を重視するアメリ

カの適格認定協会の役割変化は、貴重な示唆を与えてくれるように思われる。というのは、学外の公的な第三者組織による大学評価は、大学連合組織や大学関係者などの主体性にもとづいた自主的な評価であることに意義があり、認証評価機関と大学との連携強化が強く求められているからである。

実績による資金配分政策の限界

アメリカでは80年代以降、州政府がアカウンタビリティの考え方を強化し、大学に対して州の財政援助にみあった成果を強く求めるようになった。実績による資金配分（パフォーマンス・ファンディング）はその一環として、州政府の多くが90年代に入ってから、大学教育の質の維持・向上をはかるために導入した政策である。これは州立大学を対象に各大学が過去に達成した実績にもとづいて予算配分を行う施策で、個別大学の実績評価と予算配分を連動させた大学政策である。実績評価の主な対象は学部教育の教育活動であり、その達成を測る評価指標として学生の卒業率や転学率、大学教員の授業負担、学生の満足度などが使われる。また実施中の州では、高等教育予算総額の約1～6％がこの実績にもとづいて資金配分されている（Burke, 2002, p.459；江原、2002年b、14頁）。

日本についてみると、実績による資金配分は政府機関による大学評価のうち、文部科学省に置かれた国立大学法人評価委員会による評価において、その導入が計画されている。この国立大学法人評価では、中期目標・中期計画の業務実績に関する評価があり、その評価結果は次期の中期目標・中期計画や予算措置に反映される。また中期目標・中期計画の各事業年度の業績実績調査では、学内の予算配分でも実績による資金配分の仕組みを導入することが奨励されている。さらにそれと連動して公立大学や私立大学でも、実績による学内の資金配分政策を導入する動きがみられるので、先行するアメリカの動向をたどってみることは、日本の大学評価への導入をめぐる議論の素材として有益だろう。

アメリカの州政府の大学政策では従来、州政府が州立大学に配分する予算は基本的に各大学の在籍学生数によって決められ、課程や授業科目の新設や

廃止も大学からの申請を尊重して行われていた。州政府の予算の大部分は現在でも在籍学生数を基礎にして配分されるから、実績による資金配分を実施しても、実際には大学間でそれほど大きな格差が生まれるわけではない。しかしたとえその比率は低くても、州政府が各大学への予算配分をその大学の大学教育の改善度に応じて決めるようになったのは、きわめて大きな変化だといってよい。というのも、この施策の導入により大学教育に対する学外の州政府の影響力が強まり、大学独自の自律的な改革をそれまでよりも強く規制するようになったからである（江原、2005年 b、19-20頁）。

この実績による資金配分政策を支持する州議会や企業などの立場からみれば、その長所は大学教育の結果や成果を重視していること、政策目標を確定し優先順位をつけられること、アカウンタビリティの要請に対処できること、大学教育を改善する潜在力があること、大学に自由裁量できる資金を与えられることなどである。

しかしそれと同時に、当事者である大学管理者や大学教員を中心に批判も少なくない。彼らの目からみると、そうした政策は大学の制度的自律性や大学の自治に対する不当な干渉であり、実績評価のための調査の実施や書類作成などといった繁雑な作業が増える割には、大学教育は目にみえる形で改善されない。実績による資金配分政策が学部教育の改善に役に立ったことを示す体系的な研究もほとんどないという。また実施上の問題点として、この政策の実施について学内で合意を形成することが難しいこと、複雑な大学教育や学生の学習の質を適切に測定する評価指標が未開発なこと、州議会や企業、学生や保護者の意向を反映しやすい顧客中心のアカウンタビリティだけでは大学教育の質を確保できないことなども指摘されている[6]。

バークは州政府の州立大学への財政援助に対するアカウンタビリティの方法を、①実績の報告（パフォーマンス・レポーティング）、②実績による予算形成（パフォーマンス・バジェッティング）、③実績による資金配分（パフォーマンス・ファンディング）の3つに区分して、アメリカではどの方法が実績を基盤にしたアカウンタビリティとして相対的に望ましく、しかも定着しやすいのかを全米の動向にもとづいて分析している（バーク、2003年、96-101頁、104-107頁）。

実績の報告は各大学に特定の評価指標（インジケータ）、たとえば入学者に占める州内の高校卒業者の割合や、入学者の転学率や卒業率、学位取得率、卒業者の就職率や職業資格試験の合格率などを使用して、大学や大学教育の成果を公表することを義務づける方法である。多くの州では大学間比較のために共通の指標を設定しているが、州内の大学の多様性を考慮して大学がその理念や目的に応じた指標を選択できるようにしているところもある。この報告は資金配分と直接関連させて成果を公表するわけではないけれども、資金配分政策を実施する際に役に立つ情報を含んでいる。

　実績による予算形成と実績による資金配分は、どちらも達成された成果にもとづいて資金配分を行うが、実績による予算形成は州知事や州議会、あるいは州高等教育調整委員会が各大学への資金配分を決定する際に、その実績を1つの要素として考慮する方法である。それに対して実績による資金配分は特定の評価指標で示された実績に直接関連させて、各大学に資金配分を行う方法であり、大学があらかじめ設定された目標や評価指標の改善度を達成すれば、それに応じて追加的な資金を受けとれる仕組みになっている。したがって実績による予算形成では、資金配分額は予算策定に関与する人びとの判断によって左右されるが、実績による資金配分では、各大学に配分される予算配分額はあらかじめ設定された手続きにしたがって決定される。

　この3つの方法の普及状況をみると（2001年）、実績の報告は40州（80%）が実施中で最も多く、次いで実績による予算形成27州（54%）、実績による資金配分19州（38%）の順であった。なお3つの方法ごとに、そのピーク年の普及状況を確認すれば（2003年）、実績による予算形成は28州（2000年）、実績による資金配分は19州（2001年）、実績の報告は46州（2003年）である（吉田、2007年、98-99頁）。

　3つの方法のうち、実績の報告は最も早く導入され、その後実績による予算形成や資金配分が普及するにつれて減速したが、21世紀初頭に再び実施する州が大幅に増えた。それに対して実績による予算形成や資金配分は、州政府の財政が厳しくなると実施しにくい政策なので、21世紀に入ると実施する州は次第に減少した。とくに実績による資金配分は、達成された成果に

応じて追加的な資金を大学に提供するため、いっそう実施しにくくなる。大学管理者や大学教員の抵抗が大きく、導入の賛否をめぐって議論が多いのも実績による資金配分の特徴である。

バークはこうした動向をふまえて、アメリカでは州政府の規制が最も弱い実績の報告が実績を基盤にしたアカウンタビリティとして望ましく、しかも定着しやすい方法であることを指摘している。また効果的な実績の報告の特徴を次のようにまとめている。

効果的な実績の報告は①その実施や評価指標の設定の際に、トップダウンではなく州高等教育調整委員会や大学管理者と事前に協議する、②共通の評価指標の数は10以上25以下が適切であり、それに加えて各大学がその理念や目的に応じた固有の指標を2〜3選択できるようにする、③州政府の大学政策の目的や優先分野、政策課題を反映した少数の中核になる評価指標を、州全体や大学のタイプ（二年制大学や四年制大学など）、大学群、個別の大学といった各レベルで共通に設定する、④大学間の競争よりも各大学の組織的な改善を促すために、単年度の実績だけでなく、実績の経年変化に焦点をあてた評価指標を設定する、⑤大学の実績の産出に直接かかわっている学内の学部や学科にも、その実績の報告を求める、⑥州議会や州政府をはじめ、州高等教育調整委員会や大学の管理当局はそれぞれの立場から実績の報告を活用して、達成された成果の改善に努めるようにする、⑦州政府の大学政策と評価指標を定期的に見直してその整合性を高めるといった特徴を備えている。

さらに実績の報告を定着させるためには、⑧実績の報告の結果を地域別適格認定協会の評価にくみこんで、適格認定の信頼性を高めるとともに、実績の報告の意義を学内の学部や学科レベルで周知させたり、⑨学部教育の学習成果を評価するために、州や大学の当事者が受け入れやすく、比較可能な少数の有効で信頼性のある（できれば定量的な）評価指標を開発する必要があることも指摘されている。

実績の報告は実績を基盤にした3つのアカウンタビリティの方法のなかでは州政府の規制が最も弱いが、それにもかかわらず大学管理者や大学教員にとって、その実施は必ずしも好ましいことではない。また州議会や州政府の

立場からみれば、各大学に実績の公表を求めるだけだから、大学教育の質の維持・向上をはかる政策としては影響力が乏しいと考えられている。しかしアメリカの大学が、州政府から財政援助を受ける公的機関のなかで例外的に実績を基盤にしたアカウンタビリティを免れることができないのも事実である。バークはそうした学外の厳しい環境をふまえて、大学関係者は学内外で通用する大学教育の評価手法を開発し、実績の報告をさらに改善することを提唱しているように思われる（バーク、2003年、108頁）。

　日本の大学関係者にとって、実績を基盤にしたアカウンタビリティの実施はもとより、アカウンタビリティの考え方自体も経験の蓄積が乏しい領域である。バークの分類にならえば、すべての大学を対象とした認証評価は、その結果が公表されるから実績の報告に近い大学評価である。文部科学省が実施した21世紀COEプログラムや特色GPなどの競争的な公的資金配分政策は、実績による予算形成を加味した政策だといってよいかもしれない。国立大学法人評価は、その評価結果が次期の中期目標・中期計画の予算措置に反映されるので、実績による資金配分政策をめざしているようにみえる。

　しかしアメリカの動向をたどってみると、実績による資金配分政策にはさまざまな問題や課題があり、けっして円滑に進められてきたわけではない。日本の「小さな政府」が同じ政策の実施をめざすとしたら、アメリカの経験を「合わせ鏡」にしながら、慎重に試行することが強く望まれる。また大学によっては、実績による学内の資金配分政策を導入する動きもみられるが、仮にそうした政策が実施されるにしても、それぞれの大学にふさわしい方法が定着するのは当分先のことのように思われる。

適切な評価手法の開発

　大学主導の大学評価の定着を左右する3つ目の条件として、科学的な吟味に耐えられるような大学評価の原理や手法はまだ確立されていないことをあらためて指摘しておきたい。

　大学評価の評価項目のなかで、研究評価は評価手法が比較的確立しているといわれる。しかし研究活動の評価には、自然科学系でも人文社会科学系で

も課題が山積している。たとえば研究評価、とくに個別の研究の評価には同僚評価（ピア・レビュー）、つまり専門分野の専門家による専門性の判断を反映させるべきだが、審査員が変われば結果も大きく変わることがあり、必ずしも信頼性は高くない。ピア・レビューにおける評価基準も一様ではなく、とくに人文社会科学系の組織単位の研究評価では、専門分野によるちがいだけでなく、実際には評価対象の組織に所属する研究者の年齢や経験の有無、組織の規模や国際性の度合いなどに応じて、多様な評価が求められる。

評価結果を研究費配分政策と結びつける場合には、さらに研究活動に直接携わっていない議会や行政当局、大学などの意向も評価結果を左右する。ピア・レビューは先進的な研究課題や学際領域などの研究評価として必ずしも適切に機能しないとか、評価基準から研究成果の実用性が除外されやすいことも問題になっており、より信頼性を高めるために、客観的で数値化できる評価手法の開発や専門外の評価者の参加なども求められるようになってきている（慶伊・本田、2000年、67-69頁；大場、2000年、93-94頁）。

このように研究評価の評価手法にもさまざまな解決すべき課題がある。しかしそれに比べると、教育評価の評価手法の開発はいっそう発展途上の段階にあり、大学評価研究が盛んなアメリカでも事情は変わらない。たとえば実務的な視点からまとめた先行研究の研究レビューを参考にすると、大学教員の教育活動に関する評価の仕組みを構築する際には、①大学の大学教員に対する期待と大学教員自身の教育活動に対する期待、②評価に使われる資料の種類と評価者、③評価資料の使用目的の3つを明確にする必要があることが指摘されている。そのうち②の評価に使われる資料の種類と評価者については、次のような見取図を描くことができる（Paulsen, 2002, p.5, pp.8-13）。

大学教員の教育評価に使われる資料の種類と評価者は多様にすべきだが、アメリカでは一般的に、学生や同僚教員、大学教員本人を評価者にした資料が使われている。そのうち最も広く使われ、しかも評価手法として適切かどうかの研究も行われてきたのは、日本でも広く普及しているアンケート調査形式の定量的な学生による授業評価である。

この学生による授業評価の信頼性や妥当性は、ほぼ検証されているといっ

てよい。学生による授業評価と大学教員本人による授業評価との相関はあまり高くない (0.29) けれども、同僚教員 (0.55) や大学管理者 (0.39)、卒業生 (0.69)、学外の専門評価者 (0.50) による評価との相関は比較的高い。記述式やグループ・インタビューなどの質的な学生による授業評価との相関が高いことも確かめられている。大学教員のなかにはその意義や適切さに懸念を示す者もいるが、学生による授業評価の研究に関する知識や関心がある者ほど、その使用に好意的なのも重要なことである。

ただし学生による授業評価には、えられた情報に偏り（バイアス）があるのも事実である。たとえば学生の意欲についてみると、学生は必修科目よりも選択科目の方を高く評価し、よい成績がとれそうな科目をより高く評価する傾向がある。科目についてみると、学部教育よりも大学院教育の科目を高く評価し、低学年よりも高学年の科目を高く評価する。科目の専門分野では自然科学、社会科学、人文科学の順に学生の評価は高くなる。

そのため評価結果が大学教員の教育者としての有効性よりも、そうした別の要因によって左右されていると大学教員や大学管理者が判断する場合には、評価の公平性を確保するために、比較集団を設定するなどの統計的な統制（コントロール）を講じる必要がある。また学生は大学教員が目の前にいたり、その評価が教員人事のために行われることを知っていたり、無記名の評価ではない場合には高く評価する傾向がある。これらの問題は実施の手続きを標準化して、評価の目的を明確にしたり、無記名の評価であることや大学教員に調査中は教室から離れることを周知することなどによって防ぐことができる。

同僚教員による授業評価は科目の教育内容や目標、授業の構成や教材などといった大学教育自体の評価に威力を発揮する。たとえば教育方法や成績評価方法は学生も評価できるが、教育内容の専門知識に関する大学教員の習熟度やカリキュラムの開発、科目の設計などは、同僚教員によるピア・レビューでしか、大学教育の改善にとって意味のある評価結果をえることはできないからである。

ただしこの同僚教員による授業評価の手法は、学生による授業評価ほど確

立していない。その信頼性や妥当性を向上させるためには、学部や学科が組織的に評価手法の改善にとりくみ、適切な同僚観察者の選出方法や訓練の手続き、観察のためのガイドラインや基準、観察者の人数とか教室訪問の頻度や期間などの具体的な評価作業の形式や方法、評価結果の公表方法などを確立する必要がある。また同僚教員による授業評価の評価、つまり観察者と評価結果の信頼性や妥当性を評価するために使う資料を組織的に収集して分析し、次の改善のための方策を探ることも求められる。

　大学教員本人の自己評価あるいは自己報告として近年注目を集めているのは、ティーチング・ポートフォリオ（大学教員による教育業績記録ファイル）である。これは大学教員が自分の教育や教育改善に費やす努力と実績を示す実践サンプル（証拠）と、それに対する教員本人の検討（解釈）を加えたファイルであり、授業の自己改善を主な目的にしているが、教育評価や教員評価の資料として使われる場合もある（杉本、2003年、80-82頁、89頁）。

　このティーチング・ポートフォリオを教育評価として活用する場合には、同僚によるティーチング・ポートフォリオの評価が行われる。その実施に際しては、①教育活動のさまざまな面をとらえた実践サンプルや関連情報を、ポートフォリオに含めること、②評価者が評価者としての訓練を受けたり、評価の方法や基準について議論する機会を整備すること、③評価者の人数は3名から6名までの小規模にすべきであり、現在評価を受けていない大学教員のなかから、所属部門長による無作為の任命や選挙によって選出することが望ましいこと、さらに④ポートフォリオには、教員本人が希望に応じて自主的に含めることができる資料として、自分の教育方法に関する内省的コメント、3年間の学生による授業評価の概要とすべての担当授業科目のシラバス、革新的な教材、自主的な教育改善活動の証拠などを含めることなどが指摘されている。

　ところでアメリカの教育評価の評価手法は、これまで紹介してきたように、個々の大学教員が行う授業の評価を中心に進められてきた。しかし大学教育の改善にとっては、コースや課程、学部などの組織レベルでとらえた大学教育を改善して教育の質を保証する仕組みの構築も重要であり、そのための適

切な教育評価の原理や手法の開発が強く求められていることを、あらためて指摘しておきたい (Braskamp and Ory, 1994, pp.12-13)。

　アメリカの適格認定協会の評価では、教育機関全体と専門分野別教育プログラムの評価が基本である。州政府も個々の授業の登録学生数などをチェックするが、基本的には教育プログラム評価を行っている。また各大学では学部や学科（カレッジやデパートメント）の教育プログラム評価を行っているが、ここで強調したいのは、評価の基本的な単位をそうした組織レベルの教育プログラムにして、その教育成果を学生の学習成果を中心に評価する教育評価の原理や、より洗練された信頼性と妥当性の高い評価手法の開発が求められていることである。それはとくに個人レベルの評価の導入に消極的で慎重な日本の大学関係者にとっても実現しやすい、大学教育の改善策の1つであるように思われる。

　いずれにしても一般的に公認しうるような大学評価の理論や方法が開発されるのは、当分先のことになるだろう。したがって自分の大学にふさわしい大学の自己点検・評価を構築し、着実に実施していくことこそが大学の将来にとって建設的なものになる。評価の厳密性や正確性にこだわるよりも、評価という契機を通して、大学の教育研究活動や社会サービス活動が今よりも活発になり、着実に改善されていくことの方がはるかに重要なのである。

大学評価の改革の方向

　日本の大学改革にとって、日本の大学にふさわしい大学主導の大学評価を実質的に定着させることはきわめて重要な課題である。そのために本章では、主に日米比較の視点から、日本の大学評価制度の概要をまとめるとともに、大学の自己点検・評価の改革課題と大学主導の大学評価を左右する条件について整理した。これまでの分析の結果と具体的な提言を、あらためて簡略に要約しておこう。

　大学の自己点検・評価を中核とした大学主導の大学評価が実質的に定着するためには、次の点に留意する必要がある。

　まず第1に重要なのは、大学の自己点検・評価を含めた大学評価の意義や

効用を、大学管理者や大学教員、大学職員、学生などの大学構成員が広く共有することである。第2に、各大学は大学の自己点検・評価を学外から要請されるさまざまな大学評価と連動させ、その準備を進めることも兼ねた評価活動として位置づけ、自分の大学にふさわしい大学の自己点検・評価の実質的な実施体制を学内で整備する必要がある。

　第3に、大学の自己点検・評価では当面、教育評価に焦点をあわせて、評価の主な対象を専門分野や専攻、あるいはコースや課程が提供する教育プログラムとし、その成果を評価する際には、学生の学習成果、つまり学生が在学中に獲得した知識や技能、価値観、態度などを中心に評価指標を設定する必要がある。

　第4に、大学評価では全学レベルの大学評価が基本だが、実質的な大学評価を定着させるためには、なによりもまず大学の自己点検・評価において、学部や研究科を基本的な組織単位にした評価を実施したり評価結果を集約し、それを積み上げて全学的な評価結果をまとめる方式が実施しやすいように思われる。これはとくに複数の学部や研究科をもつ中・大規模大学にあてはまることである。

　ところでこうした大学主導の大学評価の定着は、各大学の自助努力だけでなく、学外の条件によっても左右される。主に改革の先行モデルの1つであるアメリカにおける経験を参考にすると、大学基準協会や大学評価・学位授与機構などの認証評価機関は、認証評価の目的が適格認定であることを明示し、大学と協働して大学教育の改善にとりくむ方向をめざすべきである。そのために必要な財政基盤と人員体制の整備も、加盟大学と協働して解決することが望まれる。というのは、学外の公的な第三者組織による大学評価は、大学のみならず社会にとっても、大学連合組織や大学関係者などの主体性にもとづいた自主的な評価であることに意義があるからである。

　その意味では、実績による公的資金や学内予算の配分は、アメリカの経験を「合わせ鏡」にしながら、慎重に試行することが強く望まれる。そうしなければ、大学が長い年月をかけて培ってきた社会的な使命、つまり基本的な人権の尊重や公正で平等な学習機会の拡充、人類の知的遺産の継承、公平無

私な真理の探究などを大きく損なう恐れがあるからだ。

　日本の大学関係者にとって、大学評価の意義や効用をはじめ、実績を基盤にしたアカウンタビリティの実施や適切な評価手法の開発など、経験の乏しい領域は少なくない。しかし今求められているのは、なによりもまず自分の大学にふさわしい自己点検・評価の仕組みを構築し、着実に実施していくことであるように思われる。

終章　日本型大学改革のゆくえ

日本型大学改革の推進

　この本では、現在進められている日本の大学改革の動向を、90年代以降を中心に、主にアメリカと比較しながら国際比較の観点からたどってみた。終章では、これまでの分析をふまえて、日本の大学改革のゆくえについて展望してみたい。

　第1に、日本は（というよりも実際にはどの国にも共通したことだが）、自分の国に最もふさわしい大学改革を推進する必要がある。

　日本は第二次世界大戦後、アメリカの大学制度を「先行モデル」にして大学改革を行い、その後高等教育の大衆化が急速に進んだ国である。アメリカは世界に先駆けて高等教育の大衆化を達成し、科学研究の面でも優れた業績をあげてきた国であり、現在でも、日本を含めた世界各国で実施されている大学改革に「大学のアメリカ・モデル」として大きな影響を及ぼしている。

　日本の大学改革では、それに加えて最近、イギリスをはじめとする西欧諸国や欧州連合（EU）などでの大学改革を参考にするようになった。発展途上諸国の大学改革にも日本が学ぶべき実践例は少なくない。世界同時進行の大学改革がめざす世界共通の目標や方向を明らかにし、その実現をはかるのも日本の大学にとって重要な課題である。

　しかしどの国の大学改革も実際には、その国の政治経済体制や歴史的文化的伝統、高等教育の発展段階などのちがいにより異なっている。ある国で成功した改革だからといって、そのまま日本に導入しても、けっして成功するわけではない。その意味では、諸外国の改革を参考にするのは望ましいこと

だが、日本は日本に最もふさわしい独自の大学改革を実施する必要がある。
　ところが第二次世界大戦後の日本の大学改革についてみると、日本の大学は高等教育が大衆化したときに、それにふさわしい日本型の大学改革を十分には行ってこなかったように思われる。それだけでなく、現在の日本における大学改革で問題なのは、すでに高等教育の大衆化を達成して大幅な学生増加が見込めない段階で、しかも少子化が急速に進行しているため学生の確保が困難な時期に、さまざまな大学改革を実施しなければならないことである。
　大学全体の規模が右肩上がりで拡大するときに大学改革を実施するのはそれほど難しいことではない。それに比べると、学生の確保が困難な時期に大学教育の質を維持・向上したり、新しい時代にふさわしい大学改革を実施するのは簡単なことではなく、多くの努力と工夫が必要である。

不可欠な大学の制度的自律性
　第2に、大学がその固有の役割である知識の発見・統合・応用・教育を主体的に果たすには、社会における大学の制度的自律性がある程度確保される必要がある。
　現在の「小さな政府」が実施している大学政策では、政府は一方で大学に対する規制を緩和して、大学の自由裁量を拡大させるとともに、他方で事後チェックや学外者による第三者評価などを導入して、大学に対する規制や統制を強化するようになった。しかし知識の発見と統合では、専門分野の研究者や学生が学内外の圧力や制限を受けずに自由に活動できなければ、専門分野の発展に役立つ優れた成果を生み出すことはできない。
　知識の応用も政府や企業などの限られた利害関係者（ステークホルダー）の要求に従うだけでは、かたよったものになる恐れがある。知識の教育も学生が将来社会で活躍するのに役立つ知識を中心に行う必要があるので、その内容をどのようにするのかは、その知識が現在必要なのかどうかだけでなく、専門分野と社会のあり方に関する長期的な展望にもとづいて決められるべきである。
　その意味では、政府の規制や統制の強化は適切な範囲内で行われる必要が

ある。たとえば日本でも、アメリカで行われている実績による資金配分（パフォーマンス・ファンディング）のように、個別大学の実績評価と予算配分を連動させた大学政策の導入が国立大学を中心にはかられているが、その実施の際には、大学の制度的自律性を確保するために、日本の社会と大学に最もふさわしい精妙な仕掛けと工夫をこらした仕組みの構築が求められる。

明確な将来構想をふまえた大学政策の実施

第3に、政府の大学政策のポイントは、日本社会にふさわしい明確な将来構想（グランドデザイン）をふまえた大学政策を立案し、着実に実施していくことである。

日本の行政主導の大学改革では、1980年代後半以降、とりわけ90年代に入ってからさまざまな改革が進められてきたが、実際には目前の制度改革にふりまわされてきたようにみえる。「小さな政府」の大学政策では、文部科学省自体も予算を獲得するために、市場競争の原理にもとづいた公的資金の重点投資政策を矢継ぎ早に立案したり実施したりする必要にせまられている。

しかし明確な将来展望がないまま、パッチワークのように個別の事業をつぎあわせても、日本の高等教育の発展にとって望ましい成果はえられないだろう。いま日本で求められているのは、これまでの大学改革を幅広い視野から日本社会の文脈に即して系統的に把握して、その特徴と課題を明らかにするとともに、それをふまえて多くの人びとが議論に参加することにより、21世紀日本の高等教育の将来構想を構築し、それにもとづいて改革の具体的な方針や方策を確立することである。

ところで大学と政府との関係についてみると、大学は初等中等学校や保健医療機関、刑務所などと同様に、公共的なサービスを提供し、政府の公的資金の支援を受ける機関として近代社会にくみこまれて発展してきた。日本の政府のあり方が今後どのような方向に進むのかは、必ずしも明確ではない。公共の利益に貢献することをめざす大学にとっては、「小さな政府」よりも「大きな政府」の方が望ましいにちがいない。ただし今後、たとえこれまでよりもより「大きな政府」が実現しても、その政策のなかで大学の優先順位が初

等中等学校や保健医療機関などの充実、あるいは雇用問題や年金問題などの改善よりも高くなるかどうかは別の問題である。

また大学と政府との関係について考える際に重要なのは、たとえ「小さな政府」の大学政策が今後さらに進展しても、政府が大学への関与を放棄することはないし、大学も公的資金が投入されなければ存続したり発展することができないことである。その意味では、大学はもともと経済的に自立した民間企業とは異なる社会的役割と組織的特性をもっている。

「小さな政府」の大学政策は大学に投入する公的資金を削減しながら、大学の管理運営の効率化をはかるとともに、国家単位で経済的な国際競争力の強化を促進するために、大学が制度全体として2つの社会的役割、つまり①先端的な科学技術の研究開発と、そのための先端的な人材の育成と人的資源の全般的な底上げを含めた②高学歴人材の育成を行うことを強く要請している。その主要な方策として、日本やアメリカをはじめ多くの国ぐにの政府が実施してきたのは、公的資金の投入を大学や大学のタイプによってメリハリをつけて実施し、しかもその投資効果を事後にチェックすることである。

しかしそれと同時に、大学はこれまで政府の公的な支援に支えられて、教養ある人間の育成や学問の自由の確立、人類の知的遺産の継承、公平無私な真理の探究、公正で平等な学習機会の拡充などといった、社会にとって重要な役割を長い年月をかけて培ってきた。このような大学の社会的役割をさらに豊かなものにするには、そのインフラ（基礎的条件）を公的資金によりいっそう整備しなければならない。政府にいま問われているのは、そうした観点から21世紀日本にふさわしい高等教育の将来構想を構築し、それにもとづいた大学政策を立案し、着実に実施していくことである。

大学主導の大学改革の推進

第4に、現在の大学改革では、政府の大学政策も重要だが、それと同時に、個別の大学における自発的、主体的な大学改革が強く要請されている。各大学はその理念や改革の基礎になる手持ちの資源や条件をふまえて、自らにふさわしい改革を独自に進めなければならない。

各大学は外部資金の確保や大学組織の合理的・効率的運営などの自助努力により、大学経営を健全にすることを求められている。また大学の管理運営では大学構成員、とくに大学教員の考え方や意思決定を重視する同僚制的管理運営から、大学の経営責任がある理事会の理事や学長とか副学長などの上級大学管理者の権限が強い企業経営的管理運営へ変革をとげることを期待されている。大学経営陣の権限を強化するとともに、その責任の範囲を明確にした仕組みを構築すれば、学外の環境変化に対応した大学の舵取りを、迅速に行うことができると考えられるからである。

　ところで個別の大学において実質的な大学改革を定着させるためには、全学レベルの将来構想の構築もきわめて重要だが、なによりもまず学部や研究科を基本的な組織単位にした改革を実施し、それを積み上げて全学的な大学改革としてまとめる方式が実施しやすいように思われる。というのも大学は基本的に専門分野に自律性をもたせる分権的な組織編成によって成り立っているが、大学における革新は多くの場合、学科や学部、研究所、センターなどの下位組織で生まれる「草の根的な」革新であり、それが積み重なって大学組織全体が変わってきたからだ。これはとくに複数の学部や研究科をもつ中・大規模大学にあてはまることである。

　それから中央集権的な大学の管理運営を円滑に行うには、大学構成員、とくに大学の教育研究活動に直接従事する大学教員が自らの意思を反映できる仕組みを整備する必要がある。また大学職員は大学教員と並んで重要な大学構成員であり、大学の教育研究活動に直接・間接に深く従事しているので、大学職員、とりわけ管理職員以外の一般職員がその意思を反映できる適切な仕組みを構築するのも重要な課題である。

　それに加えて学生の全学的な意思決定への参加ルートにも目を配る必要がある。とくに日本では今後学生人口が長期にわたって減少するが、そうした厳しい経営環境のなかで大学教育やキャンパスの学習環境の改善などといった学生向けの大学改革を効果的なものにするには、利害関係者としての学生の意向や要望をいっそう考慮することが要請される。

　さらにこうした大学主導の大学改革の定着は、各大学の自助努力だけでな

く、学外の条件によっても大きく左右されることを強調しておきたい。大学と大学連合組織との連携を例にしてみよう。日本には、大学タイプ別の大学連合組織として国立大学協会や公立大学協会、日本私立大学連盟、日本私立大学協会、全国公立短期大学協会、日本私立短期大学協会などがある。その他にも、大学基準協会や大学評価・学位授与機構、短期大学基準協会などの適格認定協会や、大学コンソーシアム京都のような地域をベースにした大学連合組織などもあるが、こうした大学連合組織はこれまで以上に大学との連携を深め、長期的な観点から日本の大学教育の質の維持・向上に積極的に寄与することをはじめ、大学の改善にとりくむ方向をめざすべきである。

【注】

1 章

1 大学審議会の設置や役割などについては、黒羽、1993年、199-209頁；舘、1995年、10-13頁；文部省、1996年、2-11頁などを参照。
2 文部科学省が実施する「大学における教育内容等の改革状況について」の調査結果は、主に文部省高等教育局大学課大学改革推進室、2002年；文部科学省高等教育局大学振興課、2008年などを参照。
3 転換期の大学改革をうながす社会的背景の詳細については、Inayatullah and Gidley, 2000, pp.1-15；江原、2002年 a、2-10頁などを参照。
4 社会のグローバル化の定義については、江淵、2000年、21-48頁；阿部、2000年、144-148頁；Blight, et al., 2000; Clayton, 2004 などを参照。
5 「小さな政府」のイデオロギーを説明する用語として、新保守主義に代えて新自由主義を使用する英語文献もあるが、実質的な内容に大きなちがいはない。いずれも従来の保守主義や自由主義とはちがうことを強調するために、「新」をつけて使われている。しかし資本主義のあり方ではなく、アングロサクソン文化圏における政府のあり方の転換を中心に論じる場合には、たとえばアメリカの共和党やイギリスの保守党などが政権を主に担当してきたことなどを考慮すると、新保守主義の方が用語として「小さな政府」の実態をより反映していると考えられる。
6 「小さな政府」の大学政策が教育の充実による国家の経済的生産性の維持・向上をめざしていることについては、Slaughter and Leslie, 1997, pp.40-48; Geiger, 1999, p.65；パイザート・フラムハイン、1997年、129頁などを参照。
7 「カーネギー大学教授職国際調査」と「カーネギー大学教授職国際調査・日本版」の概要については、2章の注1を参照。

2 章

1 「カーネギー大学教授職国際調査」はカーネギー教育振興財団が1992年から93年にかけて、世界の13カ国1地域の公立と私立の四年制大学に勤務する大学教員を調査対象に実施した国際調査である。そのうち、ここではアメリカと日本のデータを用いて日米の比較分析を試みる。この調査の有効回答者数は全体で1万9486名、そのうちアメリカ3453名、日本1872名、回収率はそれぞれ40.6％、46.5％、47.2％である。なお調査対象となった日本の公立大学は国立大学のみで、都道府県立や市立の公立大学は調査対象になっていない。この調査の概要については、有本・江原、1996年、28-32頁を参照。

「カーネギー大学教授職国際調査・日本版」(2007年) は広島大学高等教育研究開発センター（研究代表者　有本章）が15年間の変化をみるために、1992-93年の調査と基本的に同一の調査票を使用し、調査対象校も同一にして実施した調査であり、有効回答数は1100名、回収率は24.5%である。この調査の概要については、有本、2008年、33-36頁を参照。

2　アメリカの大学については、さまざまな分類が試みられている。それらのうちカーネギー教育振興財団の『カーネギーの大学分類』1994年版を参考にすれば、カーネギーの大学分類の「研究大学」と「大学院大学」を「研究大学」として、またその他の四年制大学、つまり「総合大学 (修士大学)」と「教養カレッジ (学士大学)」を「一般大学」としてまとめることができる (CFAT, 1994, p.x;江原、2005年 a、149-151頁)。なおカーネギーの大学分類の「研究大学」と「大学院大学」はどちらも、博士課程の大学院をもつ大学群によって構成されているが、研究機能や大学の総合性の点からみると、「研究大学」は「大学院大学」よりも優位な位置を占めている。『カーネギーの大学分類』1994年版によれば、3595校の高等教育機関のうち、「研究大学」は125校、「大学院大学」は111校あり、総在籍学生数1526万人のうち、その17.5%は「研究大学」に、8.6%は「大学院大学」に在籍していた (CFAT, 1994, p.x, pp.xix-xxi)。

日本の大学をこのカーネギーの大学分類とまったく同じ基準で、「研究大学」と「一般大学」に分類することはできない。しかしその基準を参考にして、日本の四年制大学を分類すると (1990年度)、「研究大学」(約30校) に含まれる大学は旧帝大系国立大学の他、東京工業大学や一橋大学、神戸大学、筑波大学、広島大学、お茶の水女子大学などの国立大学、大阪市立大学や東京都立大学 (現、首都大学東京) などの公立大学、東京六私学と関西四私学の大部分などの私立大学である。また「一般大学」(475校) はそれ以外の四年制大学によって構成されている。なお「カーネギー大学教授職国際調査」を実施する際に、公立大学を除いた全大学から無作為抽出法により選定された日本の調査対象校は「研究大学」4校、「一般大学」15校である。

3 章

1　分析結果の詳細は江原、2009年、21-43頁を参照。なお15年間にわたる日本の大学の変化をみるために再分析したのは、「カーネギー大学教授職国際調査」と「カーネギー大学教授職国際調査・日本版」(2007年) である。また同じデータを再分析した文献として有本、2008年；大膳、2009年などがある。

4 章

1　アメリカの大学院の改革動向については、奥川・江原、1994年、256-257頁；Nerad et al., 1997, pp.38-39; Gumport, 1999, p.417 などを参照。

2　アメリカの大学教育、とくに学部教育における一般教育の導入過程については、

注　283

ロスブラット、1999年、95-98頁、191-193頁；トロウ、1980年、26-30頁；Miller, 1999, pp.122-123 などを参照。
3　戦後日本の学部教育が基本的には大学のアメリカ・モデルをベースにして再構築されたことについては、海後・寺崎、1969年、4-6頁、482-484頁、543-544頁；大崎、1999年、195-198頁などを参照。
4　外国人の目からみた日本の高等教育の欠陥や問題点については、たとえばOECD教育調査団、1972年、6-10頁、60-61頁など；ヴォーゲル、1979年、193頁；天城勲、1987年、232-250頁などを参照。
5　たとえば清水、1968年；梅根、1974年；横浜国立大学現代教育研究所、1975年；天城・慶伊、1977年；大沢他、1982年；黒羽、1993年；細井、1994年などを参照。

5 章

1　アメリカにおける90年代以降の学部教育改革や一般教育改革の動向については、たとえば Ratcliff, et al., 2001; AAC&U, 2005; Hart Research Associates, 2009a; Hart Research Associates, 2009b; 杉谷、2000年；川嶋、2003年；清水、2003年；深野、2008年などを参照。
2　学部教育カリキュラムに関する全国規模の先行研究については、たとえば青木・示村、1996年；有本、2001年；杉谷、2002年；有本、2003年などを参照。

6 章

1　なおこの本ではとくに詳しくは参照しないが、90年代後半には国立大学協会も国立大学のすべての大学教員を対象に、大学院の現状と課題に関する包括的な質問紙調査を実施している（国立大学協会・大学院問題特別委員会、1996年）。
2　アメリカの大学院教育改革の動向と課題については、Gumport, 1999; Calhoun, 2000, pp.69-71; Lapidus, 2001；ガムポート、1998年；クラーク、2002年、141-185頁などを参照。
3　杉谷、2000年、201-203頁；BCEURU, 1998, pp.14-36；江原、2006年 a、68頁などを参照。

7 章

1　大学の管理運営という言葉の定義や考察の範囲については、バーンバウム、1992年、17頁；両角、2001年、159頁；杉本、2007年、155-157頁；大場、2007年、173頁；Mitchell, 1982, p.731; Keller, 2001, p.304; Kaplan, 2004, pp.165-166 などを参照。
2　マクネイの大学組織モデルについては、McNay, 1995, pp.105-108; McNay, 1999, pp.44-54; McNay, 2003, pp.20-21; Taylor, 1998, pp.76-77 などを参照。
3　アメリカの大学における管理運営の概要については、バーンバウム、2004年、

28-31頁、33-37頁；江原、2005年 b、12-16頁；Keller, 2001, pp.308-311; Ehrenberg, 2004, pp.1-4: ACE, 2007, pp.11-13, pp.27-32 などを参照。

4 　権限共有型管理運営の定義や概要については、Keller, 2001, pp.308-309; Birnbaum, 2004, pp.5-6: Talburt, 2005, pp.460-461；バーンバウム、2004年、31頁などを参照。

5 　この「2001年大学管理運営調査」では、1321校の四年制大学の学長を対象に調査票を郵送して903校から回答をえた（有効回収率68.4％）。学長には信頼できる大学管理者の代表と、大学教員から選任される評議員の代表に調査票を渡して、関連した調査項目に回答してもらうことを依頼し、さらにアメリカ大学教授協会（AAUP）の支部がある大学に対しては、支部長にも調査票を渡して、回答してもらうことを依頼している。

　調査対象校は設置者やカーネギーの大学分類、地域分布などを考慮して選定されており、進学適性検査（SAT）得点が全米の平均よりもやや高いことを除けば、かたよりはほとんどみられなかったという。またこの調査では、30年間にわたる権限共有型管理運営の変化を確かめるために、評議員の代表を対象に、アメリカ大学教授協会が実施した「1970年大学管理運営調査」と同じ15項目の質問項目を用いて、大学教員の大学の管理運営への参加度を聞いているが、1970年調査と2001年調査の双方に回答した大学の評議員の回答と2001年調査の評議員全体の回答との間には大きなズレはなかった。

　調査票は2部構成で、第1部は大学の管理運営の仕組みと理事会に関する質問項目によって構成されており、大学管理者の代表によって記入された。第2部は権限共有型管理運営の実施に関する質問項目によって構成されており、大学管理者の代表と大学教員から選任される評議員の代表によって回答された。903校は少なくともどちらか一方の代表の回答を提出したが、圧倒的多数の大学は評議員と大学管理者の代表の双方によって回答された。

　なおこの調査では、全学的な大学の管理運営への大学教員の参加状況を5つの選択肢、つまり①決定（ディターミネーション）、②共同（ジョイント・アクション）、③諮問（コンサルテーション）、④討議（ディスカッション）、⑤なしに区分して尋ねている。もう少し詳しくいえば（Kaplan, 2004, pp.293-294）、①決定は、評議員のような大学教員の正式な代表や学科等を単位とする教授陣が政策決定やその実施に関して最終的な権限や実務的な権限をもっている場合、②共同は、政策決定やその実施に関して理事や大学管理者と大学教員の双方による正式な合意が要求される場合である。③諮問（協議）は、大学教員が全学的な意思決定の実施に先立って、その判断を明確に表明する正式な手続きや慣行がある場合、④討議（審議）は、個々の大学教員や教授陣は意見を非公式にしか表明できなかったり、任命された委員会などで公式に表明する場合である。⑤なしは、全学的な大学の管理運営における大学教員の意思決定への参加がない場合である。具体的には、所属大学の長期的な予

算計画がない場合とか、州法によって特定の項目、たとえば州立大学への入学要件が定められている場合には、大学教員はその項目に関する意思決定に参加しないことになる。

　これらの5つの選択肢のうち最初の2つ、つまり①大学教員による最終的な意思決定と②理事や大学管理者と大学教員との共同による意思決定の2つは、大学教員が権限共有型管理運営をしていることをあらわしており、大学の管理運営における大学教員の役割が非常に大きいことを示している。したがってこれらの2つの回答をあわせた比率をみることによって、権限共有型管理運営の実施状況を確かめることができる (Kaplan, 2004, p.183)。

6　大学教員の団体交渉の概要や現状などについては、主に Ehrenberg et al., 2004, pp.210-211; Boris, 2004, pp.41-43; Moriarty and Savarese, 2006, pp.vii-x；川内・辻、1978年、116-119頁；江原、1994年 a、191-194頁、219-229頁などを参照。

8　章

1　アメリカの適格認定協会をはじめ、各国の大学評価制度の概要については、米澤他、2000年、174-178頁；日永、2000年、158-160頁；早田、2003年、124頁；吉川、2004年、50-51頁；馬越、2004年 b、9-10頁；ルイス、2007年、41-44頁などを参照。
2　認証評価機関による大学評価の問題点や課題については、早田、2003年、124頁；合田、2004年、8-9頁；舘、2005年、8-9頁、14-15頁、16-17頁；工藤、2005年、83頁；リクルート カレッジマネジメント編集部、2008年、5-7頁；大学基準協会、2009年、1頁などを参照。
3　大学主導の大学評価の改革課題については、関口、2004年、10-11頁；寺崎、2005年、224-225頁；米澤、2006年、320頁などを参照。
4　アスチンの学習成果の分類については、Astin, 1991, pp.42-51 の他、作田、2004年、14-15頁；山田、2005年、58-59頁なども参照。
5　適格認定の定義や適格認定協会の概要などについては、Bloland, 2001, pp.x-xi；前田、2002年、106-108頁、110-113頁；前田、2003年、8-9頁；福留、2005年、162-163頁、182頁；福留、2009年、145-147頁などを参照。
6　実績による資金配分政策の問題点については、山崎、2004年、31頁、44頁；Burke, 2002, pp.460-461; Dill, 2003, pp.34-35 などを参照。

【参考文献】

青木宗也・示村悦二郎編『大学改革を探る―大学改革に関する全国調査の結果から』（JUAA選書第5巻）大学基準協会、1996年。
アジア学生文化協会編『外国人留学生のための大学院入学案内〈2007-2008年度版〉』同文館出版、2006年。
阿曽沼明裕「70年代以降の学術政策の展開―学術審議会を中心に」喜多村和之編『高等教育政策の形成と評価に関する総合的研究』（平成8〜10年度文部省科学研究費補助金研究成果報告書）国立教育研究所・教育政策研究部、1999年、97-113頁。
―――「法人化に対する評価」国立大学財務・経営センター編『国立大学法人の財務・経営の実態に関する総合的研究』国立大学財務・経営センター、2007年、139-154頁。
阿部美哉「国際化・グローバル化」『高等教育研究紀要』第18号（高等教育ユニバーサル化の衝撃〔Ⅱ〕）高等教育研究所、2000年、144-152頁。
天城勲編著『相互にみた日米教育の課題―日米教育協力研究報告書―』第一法規、1987年。
天城勲・慶伊富長編『大学設置基準の研究』東京大学出版会、1977年。
天野郁夫「日本における大学評価」慶伊富長編『大学評価の研究』東京大学出版会、1984年、30-54頁。
―――『日本の教育システム―構造と変動』東京大学出版会、1996年。
―――『大学―挑戦の時代』東京大学出版会、1999年。
―――「専門職業教育と大学院政策」『大学財務経営研究』第1号、国立大学財務・経営センター、2004年、3-49頁。
荒井克弘・羽田貴史「大学におけるリメディアル教育」荒井克弘編『大学のリメディアル教育』（高等教育研究叢書42）広島大学大学教育研究センター、1996年、1-7頁。
有本章編『大学設置基準の大綱化に伴う学士課程カリキュラムの変容と効果に関する総合的研究』（平成10〜12年度文部省科学研究費補助金研究成果報告書）、2001年。
―――『大学のカリキュラム改革』玉川大学出版部、2003年。
有本章編著『変貌する日本の大学教授職』玉川大学出版部、2008年。
有本章・江原武一編著『大学教授職の国際比較』玉川大学出版部、1996年。
P.G.アルトバック「問題と可能性―アメリカの教授職」P.G.アルトバック・R.O.バーダール・P.J.ガムポート編、高橋靖直訳『アメリカ社会と高等教育』玉川大学出版部、

1998年、224-252頁。
井門富二夫「教養教育の場としての大学―グローバリゼーション時代のカリキュラム」有本章編『学部教育の改革』(高等教育研究叢書60) 広島大学大学教育研究センター、2000年、19-46頁。
石井紫郎・田村和子他「座談会 学術研究の現状と課題」『文部科学時報』第1513号、2002年、18-31頁。
石倉瑞恵「チェコの高等教育改革と私立大学の誕生」『IDE (現代の高等教育)』(世界の大学改革はいま (欧米編)) No.458、2004年3月号、民主教育協会、2004年、55-59頁。
市川惇信「産学連携と交流の課題―知拡競争の時代に問われる大学人の見識」『IDE (現代の高等教育)』(産学の連携と交流) No.428、2001年5月号、民主教育協会、2000年、5-11頁。
市川昭午『臨教審以後の教育政策』教育開発研究所、1995年。
―――『未来形の大学』玉川大学出版部、2001年。
岩山太次郎・示村悦二郎編著『大学院改革を探る』(JUAA選書第10巻) 大学基準協会、1999年。
E.ヴォーゲル、広中和歌子・木本彰子訳『ジャパン アズ ナンバーワン―アメリカへの教訓』TBSブリタニカ、1979年。
馬越徹「韓国の大学院」江原武一・馬越徹編著『大学院の改革』(講座「21世紀の大学・高等教育を考える」第4巻) 東信堂、2004年a、243-260頁。
馬越徹編『アジア・オセアニアの高等教育』玉川大学出版部、2004年b。
梅根悟編『日本の教育改革を求めて』勁草書房、1974年。
江原武一「アメリカにおける大学評価」慶伊富長編『大学評価の研究』東京大学出版会、1984年、15-29頁。
―――『現代アメリカの大学―ポスト大衆化をめざして』玉川大学出版部、1994年a。
―――『大学のアメリカ・モデル―アメリカの経験と日本』玉川大学出版部、1994年b。
―――「教育と研究のジレンマ」有本章・江原武一編著『大学教授職の国際比較』玉川大学出版部、1996年、147-165頁。
―――「アメリカ合衆国の大学評価」桑原敏明編『大学評価に関する総合的比較研究』(平成6～8年度文部省科研費研究成果報告書) 筑波大学教育学系、1997年、7-18頁。
―――「大学で何ができるか：アメリカとの比較」『大学進学研究』第23巻第108号、13-17頁、1998年。
―――「アメリカの経験―ユニバーサル化への道」『高等教育研究』第2集、85-104頁、1999年a。

―――――「大学院教育の改革と今後の方向」岩山太次郎・志村悦二郎編著『大学院改革を探る』(JUAA選書第10巻) 大学基準協会、1999年b、59-73頁。
―――――「高等教育における『知』の再構築の動向―アメリカの大学を中心に」『京都大学大学院教育学研究科紀要』第46号、2000年、26-41頁。
―――――「転換期の大学改革―グローバル化と大学のアメリカ・モデル」『京都大学大学院教育学研究科紀要』第48号、2002年a、1-22頁。
―――――「アメリカの大学政策」『大学評価研究』第2号、2002年b、9-17頁。
―――――「アメリカの大学」有本章・羽田貴史・山野井敦徳編著『高等教育論―大学の基礎を学ぶ』(MINERVA教職講座⑯) ミネルヴァ書房、2005年a、148-158頁。
―――――「大学の管理運営改革の世界的動向」江原武一・杉本均編著『大学の管理運営改革―日本の行方と諸外国の動向』東信堂、2005年b、3-45頁。
―――――「アメリカの学部教育の現状」『立命館高等教育研究』第6号、2006年a、59-70頁。
―――――「高等教育におけるグローバル化と市場化―アメリカを中心として」『比較教育学研究』第32号、2006年b、111-124頁。
―――――「転換期における日本の大学改革―動向と課題」『立命館百年史紀要』第17号、2009年、1-47頁。
江淵一公編著『トランスカルチュラリズムの研究』明石書店、2000年。
OECD教育調査団編著、深代惇郎訳『日本の教育政策』朝日新聞社、1972年。
大崎仁『大学改革 1945～1999』有斐閣、1999年。
―――――「大学院教育」『高等教育研究紀要』第18号、2000年、73-81頁。
―――――「国立大学法人制度の再検証」『IDE (現代の高等教育)』(国立大学法人―二期目への展望) No.511、2009年6月号、IDE大学協会、2009年、4-9頁。
大沢勝他編『大学教育の改革1』(講座・日本の大学改革2) 青木書店、1982年。
大場淳「人文社会科学の研究環境とその評価」『高等教育研究』第3集、2000年、81-105頁。
―――――「大学経営：マネジメント」広島大学高等教育研究開発センター編『21世紀型高等教育システム構築と質的保証― COE最終報告書』(第1部(下)) 広島大学高等教育研究開発センター、2007年、167-175頁。
奥川義尚・江原武一「研究大学の学問的生産性の評価と規定条件」有本章編『「学問中心地」の研究―世界と日本にみる学問的生産性とその条件』東信堂、1994年、242-266頁。
海後宗臣・寺崎昌男『大学教育』(戦後日本の教育改革9) 東京大学出版会、1969年。
学術審議会「科学技術創造立国を目指す我が国の学術研究の総合的推進について―『知的存在感のある国』を目指して」学術審議会、1999年。
鎌田積「公立大学の動向―データを中心に」『IDE (現代の高等教育)』(大学と自治体) No.488、2007年2-3月号、IDE大学協会、2007年、55-62頁。

P.J. ガムポート「大学院教育―変化する環境と変化する状況」P.G. アルトバック・R.O. バーダール・P.J. ガムポート編、高橋靖直訳『アメリカ社会と高等教育』玉川大学出版部、1998年、299-330頁。
―――「大学院教育と研究の至上命令―アメリカの場合」B.R. クラーク編著、潮木守一監訳『大学院教育の研究』東信堂、1999年、356-405頁。
加茂英司『社会人大学サクセスガイド【第2版】』中央経済社、1997年。
苅部直『移りゆく「教養」』(日本の〈現代〉5) NTT 出版、2007年。
川内劦「アメリカにおける私大教員の団体交渉権について―NLRB v. Yeshiva Univ. 事件連邦最高裁判決を中心に」『大学論集』第11集、広島大学大学教育研究センター、1982年、221-235頁。
川内劦・辻秀典「70年代アメリカにおける大学教員組合化の進展とその原因」『大学論集』第6集、広島大学大学教育研究センター、1978年、99-134頁。
川嶋太津夫「アメリカの学士課程カリキュラム改革の動向」有本章編『大学のカリキュラム改革』玉川大学出版部、2003年、218-235頁。
―――「国立大学の法人化と教育評価―教育の『品質』の保証と改善の観点から」早田幸政編『国立大学法人化の衝撃と私大の挑戦』エイデル研究所、2005年、254-269頁。
草原克豪「法人組織と教学組織の調和―学長のリーダーシップが鍵」『IDE (現代の高等教育)』(問われる私大のガバナンス) No. 481、2006年6月号、IDE 大学協会、2006年、38-43頁。
工藤美知尋編『学ぶ社会人がめざす大学院ガイド〈2008年版〉』三修社、2007年。
串本剛「大学教育におけるプログラム評価の現状と課題―教育効果を根拠とした形成的評価の確立を目指して」『大学論集』第37集、広島大学高等教育研究開発センター、2006年、263-276頁。
工藤潤「評価者トレーニングについて―米国ニューイングランド地区基準協会評価者研修ワークショップに参加して」『大学評価研究』第4号、2005年、79-83頁。
B.R. クラーク、有本章監訳『大学院教育の国際比較』玉川大学出版部、2002年。
黒羽亮一『戦後大学政策の展開』玉川大学出版部、1993年。
慶伊富長編『大学評価の研究』東京大学出版会、1984年。
慶伊富長・本多卓也「自然科学系の研究―その現状と大学評価―」『高等教育研究』第3集、2000年、63-79頁。
経済学教育学会編『大学の授業をつくる―発想と技法』青木書店、1998年。
経済経営系コア・カリキュラム研究開発会議編『経済経営系のコア・カリキュラムの研究開発』経済経営系コア・カリキュラム研究開発会議、2000年。
H.R. ケルズ、喜多村和之・舘昭・坂本辰朗訳『大学評価の理論と実際―自己点検・評価ハンドブック』東信堂、1998年

権瞳「アメリカ合衆国の導入教育プログラムについて―サウス・キャロナイナ州立大学における取り組みを事例として」山田礼子編『大学における導入教育の実際』(平成9～10年度私立大学等経常費補助金特別補助「特色ある教育・研究」研究成果報告書) プール学院大学導入教育研究会、1999年、45-64頁。

合田隆史「国立大学法人の課題」『IDE (現代の高等教育)』(国立大学法人の課題) No.452、2003年8-9月号、民主教育協会、2003年、12-17頁。

―――「認証評価の仕組み」『IDE (現代の高等教育)』(大学の評価と質の保証) No.464、2004年10月号、民主教育協会、2004年、5-10頁。

国立大学協会・大学院問題特別委員会『国立大学大学院の現状と課題』国立大学協会、1996年。

小林信一「学術政策の転換と大学の高度化」佐伯胖他編『変貌する高等教育』(現代の教育 第10巻) 岩波書店、1998年、221-241頁。

―――「大学院重点化政策の功罪」江原武一・馬越徹編著『大学院の改革』(講座「21世紀の大学・高等教育を考える」第4巻) 東信堂、2004年、51-78頁。

小松隆二・西田一郎・高橋輝義「日本の大学は財政基盤を建て直せるか」『リクルートカレッジマネジメント』102号、2000年、4-13頁。

小湊卓夫・中井俊樹「国立大学法人におけるインスティチューショナル・リサーチ組織の特質と課題」大学の諸活動に関する測定指標調査研究会編『大学の諸活動に関する測定指標の調査研究』大学評価・学位授与機構、2006年、235-253頁。

C.J.サイクス、長沢光男訳『大学教授調書―手抜きが横行する大学教育』化学同人、1993年。

作田良三「大学生のアウトカムの分類論とインストラメント」山崎博敏編『大学における教育研究活動のパフォーマンス・インジケータの開発』(平成13～15年度科学研究費補助金研究成果報告書) 広島大学大学院教育学研究科、2004年、12-23頁。

L.サロー、土屋尚彦訳『大接戦―日米欧どこが勝つか』(講談社文庫 P540) 講談社、1993年。

島一則「国立大学法人の組織運営」国立大学財務・経営センター編『国立大学法人の財務・経営の実態に関する総合的研究』国立大学財務・経営センター、2007年、3-24頁。

清水一彦「日本の大学評価」桑原敏明編『大学評価に関する総合的比較研究』(平成6～8年度文部省科学研究費補助金研究成果報告書) 筑波大学教育学系、1997年、73-83頁。

―――「学部教育改革の日米比較―わが国の問題点と課題」絹川正吉・舘昭編著『学士課程教育の改革』(講座「21世紀の大学・高等教育を考える」第3巻) 東信堂、2003年、219-247頁。

清水潔「専門職大学院の課題」『IDE（現代の高等教育）』(専門職大学院の現状と展望) No.493、2007年8-9月号、IDE大学協会、4-9頁、2007年。

清水義弘編著『日本の高等教育』(教育学叢書7) 第一法規、1968年。

杉谷祐美子「学士課程教育に対するニーズと近年の教育改革」現代アメリカ教育研究会編『学習者のニーズに対応するアメリカの挑戦』教育開発研究所、2000年、195-218頁。

─────「文学部のカリキュラムの幅広さ─自然科学系分野の履修を含めて」国立教育政策研究所・高等教育研究部編『これからの研究開発と人材養成等の諸政策の連携・統合に関する調査研究』(平成13年度年次報告 (最終報告)) 国立教育政策研究所・高等教育研究部、2002年、71-86頁。

杉本和弘「ガバナンス」広島大学高等教育研究開発センター編『21世紀型高等教育システム構築と質的保証─COE最終報告書』(第1部 (下)) 広島大学高等教育研究開発センター、2007年、155-166頁。

杉本潔・坂本輝昭「大学院予算 狭く厚く─グローバルCOEプログラム 審査公表」『朝日新聞』2007年7月2日。

杉本均「アメリカの大学におけるティーチング・ポートフォリオ活用の動向」大南正瑛・清水一彦・早田幸政編著『大学評価文献選集』エイデル研究所、2003年、80-91頁。

清木孝悦「国立大学法人制度の意義と今後の課題」『IDE（現代の高等教育）』(国立大学法人化の一年) No.475、2005年11月号、民主教育協会、2005年、60-65頁。

生和秀敏・於保幸正「新たな教養教育の創出をめざして」京都大学学生部教務課編『新たな教養教育の創出をめざして─大学における教養教育の現状と将来』教養教育カリキュラム研究開発協力者会議、2000年、218-225頁。

関口正司『教育改善のための大学評価マニュアル─中期計画実施時の自己評価に役立つ25のポイント』九州大学出版会、2004年。

大学基準協会企画、早田幸政訳『アメリカ北中部地区基準協会の大学・カレッジ評価ハンドブック』紀伊國屋書店、1995年。

大学基準協会『大学評価の新たな地平を切り拓く (提言)』大学基準協会、2000年。

─────「内部質保証システムの構築に向けて─自己点検・評価を改善・改革につなげるために」(案)(平成20 (2008) 年度文部科学省大学評価研究委託事業) 大学基準協会、2009年。

大学審議会「21世紀の大学像と今後の改革方策について─競争的環境の中で個性が輝く大学」大学審議会、1998年。

大学評価・学位授与機構『国立大学における教養教育の取組の現状─実状調査報告書』大学評価・学位授与機構、2001年。

─────『平成13年度着手の大学評価の評価結果について』大学評価・学位授与機構、2003年。

大学未来問題研究会『大予測 10年後の大学』東洋経済新報社、2001年。
大膳司「臨時教育審議会以降の大学教員の構造と機能の変容―教育・研究活動を中心として」『高等教育研究』第12集、2009年、71-94頁。
タイヤー，ベッグ「大学にも学力テストの波」『ニューズウィーク 日本版』2007年12月12日号、阪急コミュニケーションズ、2007年、59頁。
滝紀子「補習教育の外部委託を受けて」『IDE（現代の高等教育）』（一年次教育）No. 429、2001年6月号、民主教育協会、2001年、47-52頁。
瀧澤博三「私立大学ガバナンスの現状」『IDE（現代の高等教育）』（問われる私大のガバナンス）No. 481、2006年6月号、IDE大学協会、2006年a、18-24頁。
―――「近年の大学の管理運営と『ガバナンス論』」『大学創造』第18号、高等教育研究会、2006年b、48-55頁。
舘昭「転換する大学政策」舘昭編『転換する大学政策』（シリーズ「現代の高等教育」1）玉川大学出版部、1995年、9-29頁。
―――「国際的通用力を持つ大学評価システムの構築―『認証評価』制度の意義と課題」『大学評価・学位研究』第3号、5-19頁、2005年。
中央教育審議会「大学の質の保証に係る新たなシステムの構築について」中央教育審議会、2002年。
―――「新時代の大学院教育―国際的に魅力ある大学院教育の構築に向けて」中央教育審議会、2005年。
―――「学士課程教育の構築に向けて」中央教育審議会、2008年。
土持ゲーリー法一『新制大学の誕生―戦後私立大学政策の展開』玉川大学出版部、1996年。
寺崎昌男「日本における大学評価―批判的展望」秦由美子編著『新時代を切り拓く大学評価―日本とイギリス』東信堂、2005年、213-231頁。
戸瀬信之・西村和雄『大学生の学力を診断する』（岩波新書（新赤版）756）岩波書店、2001年。
M. トロウ「アメリカ中等教育の構造変動」J. カラベル・A.H. ハルゼー編、潮木守一・天野郁夫・藤田英典編訳『教育と社会変動 下』東京大学出版会、1980年、19-42頁。
中岡司「公立大学改革」『IDE（現代の高等教育）』（大学と自治体）No. 488、2007年2-3月号、IDE大学協会、2007年、14-18頁。
西野芳夫「学校法人のガバナンスと理事会の役割」『大学時報』（特集 大学のガバナンス―危機管理の側面から）No. 312、日本私立大学連盟、2007年、38-43頁。
日本私立大学連盟学生部第一分科会編『ユニバーサル化時代の私立大学―そのクライアントの期待と要望』開成出版、2000年。
野家啓一『クーン―パラダイム』(現代思想の冒険者たち第24巻) 講談社、1998年。
H. パイザート・G. フラムハイン、小松親次郎・長島啓記他訳『ドイツの高等教育シス

テム』玉川大学出版部、1997年。
J.C. バーク、林隆之訳「公立高等教育の新たな説明責任―規制志向から結果志向への転換」『大学評価』第3号、2003年、91-112頁。
早田幸政「認証評価制度のインパクト―アメリカの『教育長官認証』の紹介を兼ねて」『高等教育研究』第6集、105-129頁、2003年。
R. バーンバウム、高橋靖直訳『大学経営とリーダーシップ』玉川大学出版部、1992年。
R. バーンバウム、伊藤さと美他訳「ガバナンスとマネジメント―アメリカの経験と日本の高等教育への示唆」広島大学高等教育研究開発センター編『大学運営の構造改革―第31回 (2003年度) 研究員集会の記録』(高等教育研究叢書80) 広島大学高等教育研究開発センター、2004年、26-45頁。
R.L. ピーターズ、木村玉己訳『アメリカ大学院留学―学位取得への必携ガイダンス』アルク、1996年。
Between 編集部「日本の大学に見る教養教育改革の動き」『Between』229号 (2009年春号)、㈱進研アド、2009年、8-11頁。
日永龍彦「大学評価」日本教育経営学会編『大学・高等教育の経営戦略』(シリーズ 教育の経営3巻) 玉川大学出版部、2000年、157-173頁。
深野政之「ハーバードのカリキュラム改革―5年間の軌跡」『大学教育学会誌』第30巻第1号、2008年、96-102頁。
福留東土「米国アクレディテーションにおけるアウトカム評価の動向」広島大学高等教育研究開発センター編『高等教育の質保証に関する国際比較研究』(COE研究シリーズ16) 広島大学高等教育研究開発センター、2005年、161-188頁。
―――「米国高等教育におけるラーニングアウトカムに関する動向」『比較教育学研究』第38号、2009年、145-158頁。
藤田幸男「学校法人制度のあり方―管理運営を中心として」『IDE (現代の高等教育)』(私立大学10年後への戦略) No. 459、2004年4-5月号、民主教育協会、2004年、21-26頁。
D.W. ブレネマン、宮田敏近訳『リベラルアーツ・カレッジ―繁栄か、生き残りか、危機か』玉川大学出版部、1996年。
細井克彦『設置基準改訂と大学改革』つむぎ出版、1994年。
細井克彦・林昭・千賀康利・佐藤春吉編『大学評価と大学創造―大学自治論の再構築に向けて』東信堂、1999年。
前田早苗「いまアクレディテーションになにが求められているのか」『季刊教育法』No. 129、2001年、92-97頁。
―――「アクレディテーションにみる高等教育の質保証」永井憲一編『日本の学術行政と大学』東京教学社、2002年、104-119頁。
―――『アメリカの大学基準成立史研究―「アクレディテーション」の原点と展開』

東信堂、2003年。
松浦良充「リベラル・エデュケイションと『一般教育』―アメリカ大学・高等教育史の事例から」『教育学研究』第66巻第4号、1999年、417-426頁。
宮本雄一郎『学ぶ社会人がめざす大学院・大学・短期大学通信教育ガイド〈2003年版〉』三修社、2002年。
村上陽一郎『あらためて教養とは』(新潮文庫む-15-1) 新潮社、2008年。
両角亜希子「大学の組織・経営―アメリカにおける研究動向」『高等教育研究』第4集、2001年、157-175頁。
文部科学省編『文部科学白書（平成18年度）』国立印刷局、2007年。
文部科学省高等教育局大学課大学改革推進室「大学における教育内容等の改革状況について」文部科学省高等教育局大学課大学改革推進室、2002年。
文部科学省高等教育局大学振興課「大学におけるカリキュラム等の改革状況について」文部省高等教育局大学振興課、2008年。
文部省編『我が国の文教政策（平成7年度）』大蔵省印刷局、1996年。
八尾坂修「二一世紀に向けた大学院改革の特質と方向」日本教育経営学会編『大学・高等教育の経営戦略』(シリーズ 教育の経営3巻) 玉川大学出版部、2000年、69-89頁。
矢田俊文「大学が地域を変える 北九州市立大学の法人化と改革④大学法人経営」『リクルート カレッジマネジメント』145号、2007年、62-65頁。
山崎高哉「教育と学習」江原武一・山崎高哉編著『基礎教育学』放送大学教育振興会、2007年、11-22頁。
山崎博敏『大学における教育研究活動のパフォーマンス・インジケータの開発』(平成13～15年度科学研究費補助金研究成果報告書) 広島大学大学院教育学研究科、2004年。
山田礼子『プロフェッショナルスクール―アメリカの専門職養成』玉川大学出版部、1998年。
―――「調査結果の概要」山田礼子編『大学における導入教育の実際』(平成9～10年度私立大学等経常費補助金特別補助「特色ある教育・研究」研究成果報告書) プール学院大学導入教育研究会、1999年、1-10頁。
―――「アメリカの一年次教育の構造―2002年度四年制大学調査から」(日本高等教育学会第6回大会（神戸大学）配付資料)、2003年。
―――『一年次（導入）教育の日米比較』東信堂、2005年。
山本眞一「米国における研究体制の改革」有本章編『ポスト大衆化段階の大学組織改革の国際比較研究』(高等教育研究叢書54) 広島大学大学教育研究センター、1999年、45-58頁。
横浜国立大学現代教育研究所編『増補 中教審と教育改革』三一書房、1975年。

横山晋一郎「国立大学法人に対する三つの質問」『IDE（現代の高等教育）』（国立大学法人化の一年）No. 475、2005年11月号、民主教育協会、2005年、41-45頁。

吉川祐美子「大学の質保証―ヨーロッパの動向」『IDE（現代の高等教育）』（大学の評価と質の保証）No. 464、2004年10月号、民主教育協会、2004年、49-53頁。

吉田文「アメリカの大学・高校の接続―リメディアル教育と一般教育」『高等教育研究』第2集、1999年、223-245頁。

―――『アメリカ高等教育におけるeラーニング―日本への教訓』東京電機大学出版局、2003年a。

―――「カリフォルニア大学バークレイ校のカリキュラム編成―BAとBSの違いにみる教養教育の意味」有本章編『大学のカリキュラム改革』玉川大学出版部、2003年b、282-295頁。

吉田香奈「アメリカの大学における評価と資源配分」広島大学高等教育研究開発センター編『大学改革における評価制度の研究』（COE研究シリーズ28）広島大学高等教育研究開発センター、2007年、91-118頁。

義本博司「大学院教育振興計画の現状」『IDE（現代の高等教育）』（模索する大学院）No. 512、2009年7月号、IDE大学協会、51-56頁、2009年。

米澤彰純「高等教育の評価に関する研究の回顧と展望」『大学論集』第36集、広島大学高等教育研究開発センター、2006年、315-329頁。

米澤彰純・村澤昌崇・作田良三「日本の大学評価システムの構造と機能―自己点検・評価が生み出したもの」『高等教育研究』第3集、2000年、173-193頁。

リクルート カレッジマネジメント編集部「特集 5年目を迎えた認証評価」『リクルート カレッジマネジメント』150号、2008年、4-7頁。

―――「不況が大学自治に落とす影―アメリカ高等教育事情」『リクルート カレッジマネジメント』156号、2009年、34-36頁。

D. リースマン、喜多村和之・江原武一・福島咲子・塩崎千枝子・玉岡賀津雄訳『リースマン 高等教育論―学生消費者主義時代の教育』玉川大学出版部、1986年。

R. ルイス、伊藤さと美他訳「高等教育における質保証の本質とその発展―変わりゆくもの、変わらないもの」広島大学高等教育研究開発センター編『21世紀型高等教育システム構築と質的保証―第34回（2006年度）研究員集会の記録』（高等教育研究叢書93）、広島大学高等教育研究開発センター、2007年、37-54頁。

N. レマン、久野温穏訳『ビッグ・テスト―アメリカの大学入試制度』早川書房、2001年。

F. ルドルフ、阿部美哉・阿部温子訳『アメリカ大学史』玉川大学出版部、2003年。

S. ロスブラット、吉田文・杉谷祐美子訳『教養教育の系譜―アメリカ高等教育にみる専門主義との葛藤』玉川大学出版部、1999年。

American Council on Education (ACE). *A Brief Guide to U.S. Higher Education.*

Washington, DC: ACE, 2007.

The Association of American Colleges and Universities(AAC & U). *Liberal Education Outcomes: A Preliminary Report on Student Achievement in College.* Washington, DC: AAC&U, 2005.

Association of Governing Boards of Universities and Colleges (AGB). *Renewing the Academic Presidency: Stronger Leadership for Tougher Times.* Report of the Commission on the Academic Presidency. Washington, DC: AGB, 1996.

Astin, A.W. *Assessment for Excellence: The Philosophy and Practice of Assessment and Evaluation in Higher Education.* New York: Macmillan Publishing Company, 1991.

Berdahl, R. "Universities and Governments in the 21st Century." In Braun, D. and Merrien, F. (eds.). *Towards a New Model of Governance for Universities?: A Comparative View.* London: Jessica Kingsley Publishers, 1999, pp.59-77.

Birnbaum, R. "The End of Shared Governance: Looking Ahead or Looking Back." *New Directions for Higher Education,* No.127, 2004, pp.5-22.

Blight, D., Davis, D., and Olsen, A. "The Globalization of Higher Education." In Scott, P. (ed.). *Higher Education Re-formed.* London: Falmer Press, 2000, pp.95-113.

Bloland, H.G. *Creating the Council for Higher Education Accreditation (CHEA).* Phoenix: The Oryx Press, 2001.

Boris, R.J. "Collective Bargaining and Community Colleges." *New Directions for Community Colleges,* No.125, 2004, pp.41-49.

Boyer, E.L. and Levine, A. *A Quest for Common Learning: The Aims of General Education.* Princeton: The Carnegie Foundation for the Advancement of Teaching, 1981.

The Boyer Commission on Educating Undergraduates in the Research University (BCEURU). *Reinventing Undergraduate Education: A Blueprint for America's Research Universities.* Princeton: The Carnegie Foundation for the Advancement of Teaching, 1998.

Braskamp, L.A. and Ory, J.C. *Assessing Faculty Work: Enhancing Individual and Institutional Performance.* San Francisco: Jossey-Bass, 1994.

Burke, J.C. "Performance Funding." In Forest, J.JF. and Kinser, K. (eds.). *Higher Education in the United States: An Encyclopedia.* Volume II. Santa Barbara: ABC-CLIO, 2002, pp.459-461.

Calhoun, C. "The Specificity of American Higher Education." In Kalleberg, R. et al. (eds.). *Comparative Perspectives on Universities.* Stamford, CT: JAI Press Inc., 2000, pp.47-81.

Cardenas, K.H. "Technology in Higher Education: Issues for the New Millennium." In Losco, J. and Fife, B.L. (eds.). *Higher Education in Transition: The Challenges of the*

New Millennium. Westport, CT: Bergin & Garvey, 2000, pp.189-211.

The Carnegie Foundation for the Advancement of Teaching (CFAT). *A Carnegie Classification of Institutions of Higher Education*. 1994 Edition. Princeton: CFAT, 1994.

Clayton, T. "'Competing Conceptions of Globalization' Revisited: Relocating the Tension between World-Systems Analysis and Globalization Analysis." *Comparative Education Review*, Vol.48, No.3, August 2004, pp.274-294.

Dill, D.D. "The Regulation of Academic Quality: An Assessment of University Evaluation Systems with Emphasis on the United States." In National Institute for Educational Policy Research of Japan (ed.). *University Evaluation for the Future: International Trends in Higher Education Reform*. Tokyo: National Institute for Educational Policy Research of Japan, 2003, pp.27-37.

Ehrenberg, R.G. (ed.). *Governing Academia*. Ithaca: Cornell University Press, 2004.

Ehrenberg, R.G., Klaff, D.B., Kezsbom, A.T., and Nagowski, M.P. "Collective Bargaining in American Higher Eduction." In Ehrenberg, R.G. (ed.). *Governing Academia*. Ithaca: Cornell University Press, 2004, pp.209-232.

Gaff, J.G. *General Education Today: A Critical Analysis of Controversies, Practices, and Reforms*. San Francisco: Jossey-Bass, 1983.

Geiger, R. "The Ten Generations of American Higher Education." In Altbach, P.G., Berdahl, R.O., and Gumport, P.J. (eds.). *American Higher Education in the Twenty-first Century: Social, Political, and Economic Challenges*. Baltimore: The Johns Hopkins University Press, 1999, pp.38-69.

Gumport, P.J. "Graduate Education and Research: Interdependence and Strain." In Altbach, P.G., Berdahl, R.O., and Gumport, P.J. (eds.). *American Higher Education in the Twenty-first Century: Social, Political, and Economic Challenges*. Baltimore: The Johns Hopkins University Press, 1999, pp.396-426.

Hart Research Associates. *Learning and Assessment: Trends in Undergraduate Education: A Survey among Members of the Association of American Colleges and Universities*. Washington, DC: Hart Research Associates, 2009a.

Hart Research Associates. *Trends and Emerging Practices in General Eduction: Based on a Survey among Members of the Association of American Colleges and Universities*. Washington, DC: Hart Research Associates, 2009b.

Inayatullah, S. and Gidley, J. "Introduction: Forces Shaping University Futures." In Inayatullah, S. and Gidley, J.(eds.). *The University in Transformation: Global Perspectives on the Futures of the University*. Westport, CT: Bergin & Garvey, 2000, pp.1-15.

Jones, E.A. "Working in Partnership with Faculty to Transform Undergraduate Curricula." *New Directions for Institutional Research,* No.110, Summer 2001, pp.15-27.

Kaplan, G.E. "How Academic Ships Actually Navigate." In Ehrenberg, R.G. (ed.). *Governing Academia.* Ithaca: Cornell University Press, 2004, pp.165-208.

Keller, G. "Governance: The Remarkable Ambiguity." In Altbach, P.G., Gumport, P.J., and Johnstone, D.B. (eds.). *In Defense of American Higher Education.* Baltimore: The Johns Hopkins University Press, 2001, pp.304-322.

LaPidus, J.B. "Graduate Education and Research." In Altbach, P.G., Gumport, P.J., and Johnstone, D.B. (eds.). *In Defense of American Higher Education*. Baltimore: The Johns Hopkins University Press, 2001, pp.249-276.

Levine, A. "How the Academic Profession is Changing." *Daedalus*, Vol.126, No. 4, 1997, pp.1-20.

Lovell, C.D. "Past and Future Pressures and Issues of Higher Education: State Perspectives." In Losco, J. and Fife, B.L. (eds.). *Higher Education in Transition: The Challenges of the New Millennium.* Westport, CT: Bergin & Garvey, 2000, pp.109-131.

McNay, I. "From the Collegial Academy to Corporate Enterprise: The Changing Cultures of Universities." In Schuller, T. (ed.). *The Changing University?* Buckingham: The Society for Research into Higher Education and Open University Press, 1995, pp.105-115.

McNay, I. "Changing Cultures in UK Higher Education: The State as Corporate Market Bureaucracy and the Emergent Academic Enterprise." In Braun, D. and Merrien, F. (eds.). *Towards a New Model of Governance for Universities?: A Comparative View.* London: Jessica Kingsley Publishers, 1999, pp.34-58.

McNay, I. "The E-factors and Organization Cultures in British Universities." In Williams, G. (ed.). *The Enterprising University: Reform, Excellence and Equity.* Buckingham: The Society for Research into Higher Education and Open University Press, 2003, pp.20-28.

Miller, R.I. *Major American Higher Education Issues and Challenges in the 21st Century.* London: Jessica Kingsley Publishers, 1999.

Mitchell, D.E. "Governance of Schools." In Mitzel,H.E. (ed.). *Encyclopedia of Educational Research.* Fifth Edition. New York: The Free Press, 1982, pp.730-738.

Moriarty, J. and Savarese, M. *Directory of Faculty Contracts and Bargaining Agents in Institutions of Higher Education.* New York: The National Center for the Study of Collective Bargaining in Higher Education and the Professions (NCSCBHEP), Hunter College of the City University of New York, 2006.

National Center for Education Statistics (NCES). *Digest of Education Statistics 2006*. Washington, DC: U.S. Government Printing Office, 2006.

Nerad, M., June, R., and Miller, D.S. (eds.). *Graduate Education in the United States*. New York: Garland Publishing, Inc., 1997.

Paulsen, M.B. "Evaluating Teaching Perforamance." *New Directions for Institutional Research*, No.114, Summer 2002, pp.5-18.

Ratcliff, J.L., Johnson, D.K., La Nasa, S.M., and Gaff, J.G. *The Status of General Education in the Year 2000: Summary of A National Survey*. Washington, DC: The Association of American Colleges and Universities, 2001.

Rice, R.E. "Enhancing the Quality of Teaching and Learning: The U.S. Experience." *New Directions for Higher Education*, No.133, 2006, pp.13-22.

Slaughter, S. and Leslie, L.L. *Academic Capitalism: Politics, Policies, and the Entrepreneurial University*. Baltimore: The Johns Hopkins University Press, 1997.

Talburt, S. "Ideas of a University, Faculty Governance, and Governmentality." In Smart, J.C. (ed.). *Higher Education: Handbook of Theory and Research*. Vol. XX. New York: Springer, 2005, pp.459-505.

Taylor, P.G. *Making Sense of Academic Life: Academics, Universities and Change*. Buckingham: Open University Press, 1998.

Weidman, J.C., Twale, D.J., and Stein, E.L. *Socialization of Graduate and Professional Students in Higher Education: A Perilous Passage?* ASHE-ERIC Higher Education Report. Vol.28, No.3. San Francisco: Jossey-Bass, 2001.

索引

〔あ行〕

アカウンタビリティ（説明責任） 36, 64, 83, 200, 246, 256, 263-265, 268
アスチン，A.W. 257, 259
新しい学生 42, 90
新しい大学院学生 168
アメリカ化 9
アメリカ教育協議会（ACE） 11, 220
アメリカ教員連盟（AFT） 229, 230, 232
アメリカ大学教授協会（AAUP） 220, 230, 232, 284
イェール・カレッジ 87
イェシバ事件 221, 229, 231
医学校進学試験（MCAT） 258
意思決定 58, 59, 209, 226
一年次教育 137
一般教育 95-97, 99, 100, 102, 104, 107, 108, 113, 116, 118, 123, 138, 282
一般教養教育 125
岩手大学 130
インターナショナル・マネジメント・センター 197
インターネット 15, 69, 184, 217, 250
ウィスコンシン大学マジソン校 201, 232
ヴォーゲル，E.F. 106
営利教育企業 183, 184
営利大学 21, 183
愛媛大学 254
エリオット学長 88
遠隔教育 14, 20, 184

欧州連合（EU） 9, 11, 243, 275
「大きな政府」 12, 23, 206, 277
大阪外国語大学 127
オックスブリッジ 92, 198
オハイオ大学 227
親代わりの理念 93

〔か行〕

「カーネギー大学教授職国際調査・日本版」 31, 34, 73, 282
「カーネギー大学教授職国際調査」 30, 34, 281, 282
カーネギーの大学分類 102, 282
外注（アウトソーシング） 17
外部評価 71, 241
課外活動 100, 121, 123, 145
科学技術基本計画 158
科学技術基本法 39, 158
学士 83, 97, 115, 117
学士課程教育 84, 119
学習環境 167, 168, 177, 279
学習成果 117, 118, 256-258, 263, 272, 273
学術政策 38, 39
学術大学院 88, 91, 94, 102, 171, 178
学生 63, 64, 66, 67, 220, 235, 239, 261, 279
学生生活 136
学生による授業評価 7, 27, 42, 77, 254, 261, 269-271
学生の質 41, 47, 75
学生文化 172, 173
学長 63, 207, 217

学長選考会議	211	旧ポリテクニク大学	196, 198
学長のリーダーシップ	63	教育	188, 257
学部学生	49, 179, 220	教育研究評議会	207
学部教育	31, 44, 83, 96, 98, 100, 104, 107, 109, 110, 143, 148, 161, 167, 179	教育志向	45, 72, 73
		教育重視型大学	14, 21, 198, 200, 256
学部教育課程	97, 233	教育助手	174, 175, 177, 188, 233
学部教育カリキュラム	124, 126, 129, 135, 147, 148, 176	教育助手 (TA)	165, 173, 180, 187, 232
		教育と研究のバランス	36, 45, 46, 86, 166, 167
学問の自由	190, 227, 233, 252, 253, 278		
学問の中心地	23	教育能力	48, 74, 91
隠れたカリキュラム	100	教育評価	49, 255, 260, 269, 271, 273
価値教育	120, 134, 145	教員組合	64, 220
学校教育法	150, 241	教員研修 (FD)	7, 42, 47, 74, 90, 167, 188, 238, 254
学校法人	205, 212, 235		
課程制大学院	152, 158, 186	教員評価	49, 74, 166, 188, 271
株式会社立大学	197	教学担当副学長(プロボスト)	219
ガムポート, P.J.	173	教授会	204, 205, 207, 228, 260
カリキュラム	83	教授団革命	60, 61, 219
カリキュラム改革	6, 18	教職大学院	115
カリフォルニア州立大学群	232	行政主導	4, 31, 43, 147, 153, 185, 192, 241, 248
カリフォルニア大学群	232		
カリフォルニア大学バークリー校	101, 195, 201	行政主導の大学改革	6, 76, 79, 81, 91, 178, 211, 228, 260, 277
監事	207, 213	京都大学	139, 157
管理運営	17, 31, 36, 58-60, 62, 65, 76, 187, 190, 193, 200, 204, 214, 217, 226, 228, 235, 279	教養ある人間	85, 86, 92, 98, 278
		教養カレッジ	42, 85, 101, 195, 201
		教養教育	83, 84, 86, 91-93, 95, 98, 102, 108, 113, 120, 121, 123, 125, 130, 144, 146, 260
官僚制	58, 59, 77		
官僚性	194, 195		
機関別評価	255	近代化	9, 112
危機管理	214	近代科学	10, 87, 94, 95, 99, 120, 143, 145
企業性	195, 197, 200, 202	近代大学	16, 89, 196
基礎学力	112, 139-142, 144	グローバルCOEプログラム	19, 246
キャンパスライフ	50, 51, 71, 74, 145	経営学修士 (MBA)	115
九州大学	28, 254	経営学大学院	44, 101, 115

経営管理修士（専門職） 151
経営協議会 207, 210
慶応大学 28
経営学修士（MBA） 176
経済学教育 128
経済のグローバル化 9, 22
研究 88, 89, 122, 179, 185, 188
研究業績 48, 74, 80, 91, 166, 172
研究志向 45, 46, 60, 72
研究指導 162, 173
研究重視型大学 14, 18, 86-88, 102, 152, 169, 179, 198, 205
研究助手（RA） 165, 173-175, 177, 187, 232, 233
研究大学 25, 35, 37, 42, 45, 48, 49, 53, 61, 68, 74, 101, 103, 172, 179, 232, 282
研究費 53, 75, 76
研究評価 255, 268
権限共有型管理運営 31, 220-223, 225-227, 233, 285
ケンブリッジ大学 199
高学歴化 41
高学歴社会 82
高学歴人材の育成 14, 25, 38, 81, 82, 278
交渉代表 230, 232
高等教育 28, 29, 34
高等教育機会 43, 44, 106
高等教育サービス 11
高等教育適格認定協議会（CHEA） 69, 262
高等教育品質保証機関国際ネットワーク（INQAAHE） 249
高等専門学校 245
高等専門学校設置基準 123, 244
高度専門職業人 161, 162
神戸大学 157

効率化 62, 203, 278
公立大学 16, 63, 194, 204, 211, 212, 217, 230, 235, 245, 282
公立大学法人 211
公立大学法人評価委員会 245
公立短期大学（コミュニティ・カレッジ） 36, 90, 196, 200, 233
コーネル大学高等教育研究センター 223
国際会計教育協議会 248
国際基督教大学 85
国際コミュニケーション言語 24
国民国家 35
国立大学 6, 31, 55, 60, 63, 75, 76, 125, 135, 194, 204, 206, 235, 282
国立大学協会 22, 65, 283
国立大学財務・経営センター 207
国立大学法人 194, 207, 211
国立大学法人評価 245, 251, 264, 268
国立大学法人評価委員会 241, 245, 264

〔さ行〕

資格試験 175
自己点検・評価 6, 27, 32, 65, 69, 70, 240, 244, 250, 251, 253, 273
自己点検・評価委員会 254
市場競争の原理 12, 14, 18, 83, 154, 216, 242
自助努力 5, 12, 16, 83, 154, 206, 252, 279
実学志向 170, 176, 183
実績による資金配分 19, 26, 68, 200, 264-266, 268, 277
実績による予算形成 265, 266, 268
実績の報告 265-267
社会化 172, 176, 177, 186
社会のグローバル化 8, 11, 20, 25, 199

索引 303

自由教育	85, 92-95
州高等教育調整委員会	266, 267
修士	150, 151, 169, 171, 172, 176
終身在職権（テニュア）	48, 55, 57, 180, 231, 234
自由選択	100, 123
受験学力	42, 139, 142
主専攻	99
準学士	97
生涯教育	37, 39, 40
上級大学管理者	77, 191, 195, 204, 215, 217, 228, 279
情報技術（IT）革新	8, 14, 20, 26
情報リテラシー	133, 135
職員研修（SD）	7, 238
職業教育	84, 85, 164
職業資格	184
職業準備教育	37, 40, 92
初等中等教育	82, 97, 103, 105, 111, 141, 163, 186, 237
初年次教育	118, 137, 138
ジョンズ・ホプキンズ大学	87, 88
シラバス（講義要項）	6, 27, 42, 90
私立学校法	204
私立大学	16, 60, 75, 106, 137, 157, 199, 201, 204, 212, 214, 217, 229, 235, 282
私立大学連盟	65, 146
人格形成	92-94
進学準備教育	97, 111
進学適性検査（SAT）	42, 139, 284
新保守主義（新自由主義）	12, 13, 23, 154, 281
「隙間（ニッチ）」志向の大学	21, 26
世界貿易機関（WTO）	9, 10
関口正司	254
全学委員会	196, 208
専攻	95, 99, 100, 102, 104, 108, 113, 116, 123
専攻制	95
全国労働関係委員会（NLRB）	229, 232
全国労働関係法（NLRA）	229
選択制	95
全米カレッジ・大学協会（AAC & U）	117, 119
全米教育協会（NEA）	230, 232
全米自動車労組（UAW）	230-232
全米州立・国有地付与大学協会（NASULGC）	217
全米州立大学協会（AASCU）	217
専門学校	29, 39, 41, 84, 124, 184
専門基礎教育	131
専門教育	85, 104, 116, 125, 146, 164
専門職学位	150, 175
専門職教育	86, 164, 189
専門職業教育	44, 83, 85, 88, 89, 93, 94, 99, 109, 113, 115, 123, 128, 144, 146, 154, 161, 170
専門職業団体	68, 163, 175, 177, 183, 186
専門職大学院	85, 88, 94, 102, 115, 150, 156, 159, 170, 171, 188, 249
専門大学院	150
専門分野	147, 167, 170, 172
専門分野別適格認定協会	68, 255, 262
専門分野別評価	255
双方向メディア	15
組織文化	193, 199, 201, 202, 205, 226, 236

〔た行〕

大学アドミニストレータ	238
大学院	150

大学院学生	152, 159, 173, 174, 176, 180, 220, 229, 231, 232	大学組織モデル	192, 193, 198, 204, 226, 236
大学院教育	31, 44, 83, 90, 98, 169, 178, 185	大学のアメリカ・モデル	24, 84, 96, 104, 108, 275
大学院設置基準	123, 153, 240, 244	大学の自治	190, 195, 211, 265
大学改革	5, 7, 11, 30, 33, 50, 103, 191, 201, 235, 275	大学の社会的責任（USR）	214
大学科目履修課程	139	大学の制度的自律性	203, 236, 276
大学管理者	47, 62, 67, 93, 196, 202, 214, 217	大学のドイツ・モデル	60, 87, 89, 93, 94, 96, 198
大学基準協会	22, 65, 70, 97, 128, 159, 247, 248, 255, 273	大学評価	31, 36, 42, 64, 65, 67, 68, 71, 78, 240
大学教育	31, 65, 75, 79, 83, 91, 110, 167, 235, 263, 279	大学評価・学位授与機構	70, 125, 241, 248, 255, 273
大学教育センター	254	大学文化	72, 78, 107, 233
大学教員	34, 47, 50, 80, 93, 190, 202, 214, 217, 223, 279	大学理事者協会（AGB）	220, 222
大学教員組合	230, 231, 233	大学類型	35, 45, 100, 101
大学教員の団体交渉	31, 221, 228, 231, 233, 234	大学令	89, 206, 244
大学経営	8, 16, 17, 62, 90, 155, 168, 203, 215, 217, 221, 237, 279	大学連合組織	22, 149, 186, 264, 273, 280
		第三者組織	68, 242, 243, 245
		第三者組織による大学評価	247-249, 251, 261, 264
大学経営陣	197, 203, 215, 217, 222, 227, 236, 239, 279	第三者評価	19, 71, 206, 241, 243, 244, 276
大学主導の大学評価	250, 261, 272, 279	「第2の科学革命」	10, 87, 120
大学職員	63, 196, 229, 233, 234, 239, 260, 279	短期大学	36, 123
		短期大学基準協会	22, 248
大学進学準備校	111	短期大学士	83, 115, 117
大学審議会	5, 39, 153, 191	短期大学設置基準	123, 244
大学生活	54	団体交渉	230, 234, 235
大学生活の満足度	51	団体交渉単位	229
大学政策	4, 13, 19, 40, 191, 216, 267, 277, 278	地域別適格認定協会	68, 255, 262, 267
		「小さな政府」	8, 12, 13, 20, 23, 27, 37, 154, 185, 191, 206, 216, 241, 276, 281
大学設置・学校法人審議会	243	知識	120, 135, 136, 141, 145, 203, 228, 236, 276
大学設置基準	6, 43, 65, 104, 122, 206, 243		
大学組織	77	中央教育審議会	6, 118, 119, 192

中央集権化	58-60, 76, 221, 239	入学事務部	27, 28
通信制大学院	156	入学者選考	43, 44, 65, 90, 134, 139, 141, 142, 173, 175, 177
筑波大学	28		
ティーチング・ポートフォリオ	271	ニューヨーク市立大学（CUNY）	229
帝国大学	88	ニューヨーク大学	231
適格認定	248, 262	任期制	55
適格認定協会	68, 69, 97, 243, 256, 261-263, 272	人間形成	120, 145
		認証評価	71, 241, 245, 247, 260, 263, 268, 273
デジタルハリウッド大学大学院	197	認証評価機関	241, 247, 248, 255, 264, 273
転換期	3, 34, 39, 153		
東京医科歯科大学	157	〔は行〕	
東京工業大学	157		
東京大学	88, 139, 157, 206	バーク，J.C.	265, 267, 268
同志社大学	28	バーダール，R.	199
導入教育	130, 136	ハーバード・カレッジ	87, 91
東北大学	28, 129	ハーバード大学	88, 195
同僚教員による授業評価	270	配分必修	95
同僚制	59, 62, 77	博士	150, 151, 169, 170
同僚性	193, 195, 198, 200, 202, 227, 228, 236	博士課程教育	178, 179, 181, 182
		パリ大学	86
同僚評価（ピア・レビュー）	68, 269	非専任教員	229, 231
特色ある大学教育支援プログラム	19, 157, 246	一橋大学	157
		評議員会	213
独立行政法人評価委員会	245	評議会	221, 223, 227, 228, 234
		広島大学	157
〔な行〕		フェニックス大学	197
名古屋大学	254	部局長会議	208
21世紀COEプログラム	19, 157, 245, 268	副専攻	99
「2001年大学管理運営調査」	223, 284	プリンストン大学	195
日弁連法務研究財団	248	分権化	58-60, 76, 216
日本技術者教育認定機構（JABEE）	70, 128, 249	分離管理型管理運営	219, 221, 222, 225
		文理系学部カレッジ	85
日本高等教育評価機構	248	ベルリン大学	195, 198, 205
日本助産評価機構	248	法科大学院	115
日本私立大学連盟	22	法人性	194, 196

放送大学	156		217, 222, 228, 258
法務博士（専門職）	152	利害関係者（ステークホルダー）	8, 17,
法令遵守	214		18, 64, 185, 190, 216, 235,
補習教育	27, 42, 130, 134, 137,		236, 239, 243, 261, 276, 279
	138, 163, 179, 188	理事	67, 77, 202, 213, 217, 228, 279
ポスト大衆化	34, 64	理事会	205, 213, 214
ポストドクター	182, 233	理事長	213
ボストン大学	229	立命館大学	28
ボローニャ大学	86	琉球大学	130
		臨時教育審議会	4

〔ま行〕

		ルドルフ，F.	170
マクネイ，I.	193, 198	連邦商船大学校	229
みえない大学	195	労使協約	230
南フロリダ大学	227	労働組合	221, 235
民主化	62, 63, 239	ロンドン大学インペリアル・カレッジ	199
モリル法	94	論文博士	151, 159
文部科学省	3, 20, 122, 128, 152, 206,		
	207, 243, 245, 246, 264, 268, 277		

〔わ行〕

ワイドマン，J.C.	177
ワシントン大学シアトル校	232

〔や行〕

夜間大学院	155, 156
役員会	207
4文字学部	115, 147

〔欧字〕

ABEST 21	248
ACT テスト	42, 139
AO 入試	27, 28
LEC 東京リーガルマインド大学	197
PDCA (Plan-Do-Check-Action)	250

〔ら行〕

ラピダス，J.B.	178
リーダーシップ	195, 201, 207,

著者紹介

江原　武一（えはら　たけかず）

1941年生まれ。東京大学教育学部卒業。同大学大学院博士課程単位取得。教育学博士。比較教育学・教育社会学を専攻。東京大学教育学部助手、奈良教育大学教育学部助教授、京都大学大学院教育学研究科教授を経て、現在、立命館大学教育開発推進機構教授。

編著書

『現代高等教育の構造』（東京大学出版会、1984年）、『国際化社会の教育課題』（共編著、行路社、1987年）、『現代アメリカの大学』（玉川大学出版部、1994年）、『大学のアメリカ・モデル』（玉川大学出版部、1994年）、『自己意識とキャリア形成』（共編著、学文社、1996年）、『大学教授職の国際比較』（共編著、玉川大学出版部、1996年）、『多文化教育の国際比較』（編著、玉川大学出版部、2000年）、『世界の公教育と宗教』（編著、東信堂、2003年）、『大学院の改革』（共編著、東信堂、2004年）、『大学の管理運営改革』（共編著、東信堂、2005年）、『基礎教育学』（共編著、放送大学教育振興会、2007年）。

翻訳書

『リースマン　高等教育論』（共訳、玉川大学出版部、1986年）。

Japanese Higher Education Reforms at a Turning Point:
From Comparative Perspectives between Japan and the United States

---

転換期日本の大学改革──アメリカとの比較　　定価はカバーに表示してあります。

2010年3月15日　初　版第1刷発行　　〔検印省略〕

著者©江原武一／発行者　下田勝司　　印刷・製本／中央精版印刷

東京都文京区向丘1-20-6　　郵便振替00110-6-37828
〒113-0023　TEL (03) 3818-5521　FAX (03) 3818-5514　　発行所　株式会社 東信堂
Published by TOSHINDO PUBLISHING CO., LTD.
1-20-6, Mukougaoka, Bunkyo-ku, Tokyo, 113-0023 Japan
E-mail : tk203444@fsinet.or.jp　http://www.toshindo-pub.com

ISBN978-4-88713-968-8　C3037　© T. EHARA 2010

東信堂

大学の自己変革とオートノミー──点検から創造へ	寺﨑昌男	二五〇〇円
大学教育の創造──歴史・システム・カリキュラム	寺﨑昌男	二八〇〇円
大学教育の可能性──教養教育・評価・実践	寺﨑昌男	二五〇〇円
大学は歴史の思想で変わる──FD・評価・私学	寺﨑昌男	二八〇〇円
大学改革 その先を読む	寺﨑昌男	一三〇〇円
大学教育の思想──学士課程教育のデザイン	絹川正吉	二八〇〇円
あたらしい教養教育をめざして──大学教育学会25年の歩み：未来への提言	大学教育学会25年史編纂委員会編	二九〇〇円
高等教育質保証の国際比較	羽田貴史	三六〇〇円
大学における書く力考える力──認知心理学の知見をもとに	杉本和弘 米澤彰純	三二〇〇円
ティーチング・ポートフォリオ──授業改善の秘訣	井下千以子	二五〇〇円
ラーニング・ポートフォリオ──学習改善の秘訣	土持ゲーリー法一	二〇〇〇円
津軽学──歴史と文化	土持ゲーリー法一	二五〇〇円
IT時代の教育プロ養成戦略──日本初のeラーニング専門家養成ネット大学院の挑戦	弘前大学21世紀教育センター・土持ゲーリー法一編著	二〇〇〇円
資料で読み解く南原繁と戦後教育改革	大森不二雄編	二六〇〇円
大学教育を科学する──学生の教育評価の国際比較	山口周三	二八〇〇円
一年次（導入）教育の日米比較	山田礼子編著	三六〇〇円
大学の授業	山田礼子	二八〇〇円
大学授業の病理──FD批判	宇佐美寛	二五〇〇円
授業研究の病理	宇佐美寛	二五〇〇円
大学授業入門	宇佐美寛	一六〇〇円
作文の論理──〈わかる文章〉の仕組み	宇佐美寛編著	一九〇〇円
学生の学びを支援する大学教育	溝上慎一編	二四〇〇円
大学教授職とFD──アメリカと日本	有本章	三三〇〇円

〒113-0023 東京都文京区向丘1-20-6
TEL 03-3818-5521　FAX03-3818-5514　振替 00110-6-37828
Email tk203444@fsinet.or.jp　URL:http://www.toshindo-pub.com/

※定価：表示価格（本体）＋税

東信堂

転換期を読み解く——潮木守一時評・書評集	潮木守一	二六〇〇円
大学再生への具体像	潮木守一	二五〇〇円
フンボルト理念の終焉？——現代大学の新次元	潮木守一	二五〇〇円
いくさの響きを聞きながら——横須賀そしてベルリン	潮木守一	二四〇〇円
国立大学・法人化の行方——自立と格差のはざまで	天野郁夫	三六〇〇円
大学の責務 D.ケネディ著	立川明・坂本辰朗・井上比呂子訳	三八〇〇円
政策立案の「技法」——職員による大学行政政策論集	(社)私立大学連盟編	四七〇〇円
私立大学マネジメント	市川太一	二五〇〇円
30年後を展望する中規模大学——マネジメント・学習支援・連携	近森節子編著	二三〇〇円
もうひとつの教養教育——職員による教育プログラムの開発		
改めて「大学制度とは何か」を問う	伊藤昇編著	二五〇〇円
大学の管理運営改革——日本の行方と諸外国の動向	江原武一編著	三六〇〇円
教員養成学の誕生——弘前大学教育学部の挑戦	杉田孝均編著	三三〇〇円
戦後日本産業界の大学教育要求——経済団体の教育言説と現代の教養論	福島裕敏編著 遠藤敏夫	一一〇〇円
原点に立ち返っての大学改革	舘昭	一一〇〇円
現代アメリカの教育アセスメント行政の展開——マサチューセッツ州（MCASテスト）を中心に	北野秋男編	五四〇〇円
アメリカの現代教育改革——スタンダードとアカウンタビリティの光と影	松尾知明	四八〇〇円
現代アメリカのコミュニティ・カレッジ——その実像と変革の軌跡	宇佐見忠雄	二七〇〇円
アメリカ連邦政府による大学生経済支援政策	杉本和弘	三八〇〇円
戦後オーストラリアの高等教育改革研究	犬塚典子	五八〇〇円
大学教育とジェンダー——ジェンダーはアメリカの大学をどう変革したか	ホーン川嶋瑤子	三六〇〇円

〈講座「21世紀の大学・高等教育を考える」〉

大学改革の現在【第1巻】	有本章編著	三二〇〇円
大学評価の展開【第2巻】	山野井敦徳・山本眞一編著	三二〇〇円
学士課程教育の改革【第3巻】	絹川正吉・舘昭編著	三二〇〇円
大学院の改革【第4巻】	江原武一・馬越徹編著	三三〇〇円

〒113-0023 東京都文京区向丘1-20-6 TEL 03-3818-5521 FAX 03-3818-5514 振替 00110-6-37828
Email tk203444@fsinet.or.jp URL:http://www.toshindo-pub.com/

※定価：表示価格（本体）＋税

東信堂

比較教育学——越境のレッスン	M・ブレイ編 馬越徹・大塚豊監訳	三六〇〇円
比較教育学——伝統・挑戦・新しいパラダイムを求めて	馬越徹編著	三六〇〇円
世界の外国人学校	末藤美津子・大塚豊編著	三八〇〇円
ヨーロッパの学校における市民的社会性教育の発展——フランス・ドイツ・イギリス	新井浅浩・藤井典子編著	三八〇〇円
世界のシティズンシップ教育——グローバル時代の国民／市民形成	嶺井明子編著	二八〇〇円
市民性教育の研究——日本とタイの比較	平田利文編著	四二〇〇円
多様社会カナダの「国語」教育（カナダの教育3）	関口礼子編著	三八〇〇円
国際教育開発の再検討——途上国の基礎教育普及に向けて	浪田克之介編著	二四〇〇円
中国教育の文化的基盤	顧明遠 著 / 牧野篤 訳	二九〇〇円
中国大学入試研究——変貌する国家の人材選抜	大塚豊	三六〇〇円
中国高等教育独学試験制度の展開	大塚豊	三二〇〇円
大学財政——世界の経験と中国の選択	南部広孝	四六〇〇円
中国の民営高等教育機関——社会ニーズとの対応	鮑瀬龍夫監訳	四五〇〇円
「改革・開放」下中国教育の動態	阿部洋編著	五四〇〇円
中国の職業教育拡大政策——背景・実現過程・帰結	劉文君	五〇四八円
中国の後期中等教育の拡大と経済発展パターン——江蘇省と広東省の比較	呉琦来	三八二七円
中国高等教育の拡大と教育機会の変容——江蘇省と広東省の比較	王傑	三九〇〇円
バングラデシュ農村の初等教育制度受容	日下部達哉	三六〇〇円
オーストラリア学校経営改革の研究——自律的学校経営とアカウンタビリティ	佐藤博志	三八〇〇円
オーストラリアの言語教育政策——多文化主義における「多様性と」「統一性」の揺らぎと共存	青木麻衣子	三八〇〇円
マレーシア青年期女性の進路形成	鴨川明子	四七〇〇円
「郷土」としての台湾——郷土教育の展開にみるアイデンティティの変容	林初梅	四六〇〇円
戦後台湾教育とナショナル・アイデンティティ	山崎直也	四〇〇〇円

〒113-0023 東京都文京区向丘1-20-6　TEL 03-3818-5521　FAX03-3818-5514　振替 00110-6-37828
Email tk203444@fsinet.or.jp　URL:http://www.toshindo-pub.com/

※定価：表示価格（本体）＋税

東信堂

グローバルな学びへ——協同と刷新の教育	田中智志編著	二〇〇〇円
教育の共生体へ——ポディエデュケーショナルの思想圏	田中智志編	三五〇〇円
人格形成概念の誕生——近代アメリカの教育概念史	田中智志	三六〇〇円
社会性概念の構築——アメリカ進歩主義教育の概念史	田中智志	三六〇〇円
教育の自治・分権と学校法制	結城忠	四六〇〇円
ミッション・スクールと戦争と正義	前田一男編	五八〇〇円
教育の平等と正義	大桃敏行・中村雅子・後藤武俊・田川ハウ編	三三〇〇円
学校改革抗争の100年——20世紀アメリカ教育史	末藤・宮本・佐藤訳著 D・ラヴィッチ著	六四〇〇円
国際社会への日本教育の新次元——今、知らねばならないこと	関根秀和編	一二〇〇円
ヨーロッパ近代教育の葛藤	関根秀和編	三三〇〇円
多元的宗教教育の成立過程——地球社会の求める教育システムへ	太田美幸	三二〇〇円
文化変容のなかの子ども——アメリカ教育と成瀬仁蔵の「帰一」の教育	大森秀子	三六〇〇円
教育的思考のトレーニング——経験・他者・関係性	高橋勝	二三〇〇円
NPOの公共性と生涯学習のガバナンス	相馬伸一	二六〇〇円
進路形成に対する「在り方生き方指導」の功罪——高校進路指導の社会学	高橋満	二八〇〇円
「夢追い」型進路形成の功罪——高校改革の社会学	望月由起	三六〇〇円
教育から職業へのトランジション——若者の就労と進路職業選択の教育社会学	荒川葉	二八〇〇円
「学校協議会」の教育効果——「開かれた学校づくり」のエスノグラフィー	山内乾史編著	二六〇〇円
教育と不平等の社会理論——再生産論をこえて	平田淳	五六〇〇円
オフィシャル・ノレッジ批判——保守復権の時代における民主主義教育	小内透	三三〇〇円
新版 昭和教育史——天皇制と教育の史的展開	野崎・井口・小笠・池田監訳 M・W・アップル著	三八〇〇円
地上の迷宮と心の楽園〔コメニウス・セレクション〕	久保義三	一八〇〇〇円
	J・コメニウス著 藤田輝夫訳	三六〇〇円

〒113-0023 東京都文京区向丘1-20-6　TEL 03-3818-5521　FAX03-3818-5514　振替 00110-6-37828
Email tk203444@fsinet.or.jp　URL:http://www.toshindo-pub.com/
※定価：表示価格（本体）＋税

東信堂

《未来を拓く人文・社会科学シリーズ〈全17冊・別巻2〉》

科学技術ガバナンス	城山英明編	一八〇〇円
ボトムアップな人間関係——心理・教育・福祉・環境・社会の12の現場から	サトウタツヤ編	一六〇〇円
高齢社会を生きる——老いる人／看取るシステム	清水哲郎編	一八〇〇円
家族のデザイン	小長谷有紀編	一八〇〇円
水をめぐるガバナンス——日本、アジア、中東、ヨーロッパの現場から	蔵治光一郎編	一八〇〇円
生活者がつくる市場社会	久米郁夫編	一八〇〇円
グローバル・ガバナンスの最前線——現在と過去のあいだ	遠藤乾編	二三〇〇円
資源を見る眼——現場からの分配論	佐藤仁編	二〇〇〇円
これからの教養教育——「カタ」の効用	葛西康徳・鈴木佳秀編	二〇〇〇円
「対テロ戦争」の時代の平和構築——過去からの視点、未来への展望	黒木英充編	一八〇〇円
企業の錯誤／教育の迷走——人材育成の「失われた一〇年」	青島矢一編	一八〇〇円
日本文化の空間学	桑子敏雄編	二三〇〇円
千年持続学の構築	木村武史編	一八〇〇円
多元的共生を求めて——〈市民の社会〉をつくる	宇田川妙子編	一八〇〇円
芸術は何を超えていくのか？	沼野充義編	一八〇〇円
芸術の生まれる場	木下直之編	二〇〇〇円
文学・芸術は何のためにあるのか？	岡田暁生・吉岡洋編	二〇〇〇円
紛争現場からの平和構築——国際刑事司法の役割と課題	城山英明・石田勇治・遠藤乾編	二八〇〇円
〈境界〉の今を生きる	荒川歩・川喜田敦子・谷川竜一・内藤順子・柴田晃芳編	一八〇〇円
日本の未来社会——エネルギー・環境と技術・政策	城山英明・鈴木達治郎・角和昌浩編	二三〇〇円

〒113-0023 東京都文京区向丘1-20-6　TEL 03-3818-5521　FAX 03-3818-5514　振替 00110-6-37828
Email tk203444@fsinet.or.jp　URL:http://www.toshindo-pub.com/

※定価：表示価格（本体）＋税